**커뮤니티에
입장하셨습니다**

커뮤니티에 입장하셨습니다

각자의 현실 너머, 서로를 잇는 정치를 향하여

권성민 지음

을유문화사

추천의 글

사회갈등의 뿌리를 깊게 고민한 자만이 내놓을 수 있는 정교한 해답. 누구든 이 책을 읽는다면 상대가 '인간'임을 잊고 게으르게 혐오하는 선택지는 더 이상 존재하지 않을 것이다.

_김소연(《뉴닉》 대표)

'방금 그 얘기, 내 눈 보고 다시 말해봐.' 거짓말이나 거친 말을 뱉었을 때, 상대방이 눈 맞춤을 요구하면 누구나 당황한다. 사람은 눈을 맞추면 자기 검열을 하게 되기 때문이다. 거짓 정보와 모욕이 난무하는 '인터넷 커뮤' 시대. '좌빨'과 '우좀', '페미'와 '일베'가 모니터 밖에서 처음으로 눈을 마주쳤다. 과연 무슨 일이 일어났을까? 다음 이야기는 책을 펼치고 읽으시면 된다.

_김정인(《어피티》 CCO)

우리의 뇌는 기본적으로 사람들을 분류하기 좋아한다. 사람들에 대한 정보를 신속하게 판단하는 것이 진화의 과정에서 매우 중요했기 때문이리라. 하지만 「더 커뮤니티」가 재미있고 감동적인 이유는, 처음에는 출연자 각각에 대해서 무의식적으로 생겼던 호감과 반감이 시간이 갈수록 희석되면서 한 인간이 몇몇 잣대로만 분류되지 않는다는 것을 자연스레 깨닫게 해주기 때문이다. 우리 모두는 서로 다 다르면서도 비슷하다. 한 사람에게 존재하는 면면들은 우리 눈에 보이는 부분보다 훨씬 많다. 이 예능을 만든 권성민 피디가 방송을 만들어내기까지 품어온 여러 고민과 생각을 본인의 경험과 철학으로 풀어 책으로 냈다. 우리에게는 왜 더 큰 공론장이 필요한지, 그리고 인간이란 존재는 얼마나 크고 다양한 면면을 갖고 있는지 많은 질문과 인사이트를 던지는 책이다. 우리 뇌가 담을 수 있는 세상의 그릇을 넓히기 위해 우리 모두가 꾸준히 노력해야만 하는 이유를 매우 설득력 있게 제시한다.

_장동선(뇌과학자, 『뇌 속에 또 다른 뇌가 있다』 저자)

예능으로 정치의 작동 방식을 보여준 저자는 세심한 설계자였다. 깊은 사유와 탐구로 판을 짰고 진보, 보수라는 납작한 분류 대신 복잡한 본성을 건드리며 묻는다. 우리, 대화할 수 있을까? 공론장을 상상하자.

_정혜승(전 청와대 디지털소통센터장, 북살롱 오티움 공동대표)

「더 커뮤니티」 출연으로 누군가의 삶의 맥락을 알면 괴물이 아닌 사람으로 바라보게 된다는 걸 배웠다. 그렇다면 이런 프로그램의 연출자는 어떤 맥락을 갖고 있을까? 그는 어떤 사람이고 시청자들과 어떤 대화를 하고 싶었을까? 이 책에 그 흥미진진한 답이 실려 있다.

_이승국(유튜브 「천재이승국」 운영자)

권성민 피디가 세팅한 가상의 정치 서바이벌 세계에서 하나의 초기 국가를 형성해 본 경험을 나는 내 인생 최고의 행운으로 여긴다. 이 경험은 정치를 소비하는 것이 아니라 온몸으로 체험하게 했다. 이제 그는 그 놀라운 실험을 책으로 확장해, 독자에게도 같은 행운을 선물한다. 유희적 공론장으로서의 예능 방송과 정치사회 입문서로서의 책이 맞물려, 사람들 사이에서 수많은 이야기와 질문을 움트게 할 것이다. 단순히 입장을 고르고 특정 정치인을 숭배하거나 증오하는 걸 넘어, 정치를 살아 있는 경험으로 만들어줄 책이다. 방송과 출판, 시청자와 독자, 웃음과 토론이 만나는 지점에서 피어나는 가능성을 즐겁게 목격했다.

_**하미나**(작가, 『미쳐있고 괴상하며 오만하고 똑똑한 여자들』 저자)

들어가며

듣는 이를 향해 말하기

　병역을 수행할 때 흔히 듣는 조언 중 하나는 군대에서 뭔가를 할 줄 안다는 사실을 들키지 말라는 것이다. 군대는 노력과 노동에 대가를 지불하는 곳이 아니니 뭔가 잘한다는 사실을 들키면 공연히 일만 늘어나 얻는 것 없이 고달파지기만 한다는 의미다. 하지만 대가가 주어지지 않더라도 뭐라도 열심히 하고 있어야 살아 있다는 감각을 느끼는 사람들이 있다. '살아 있다'보다 '버틴다'는 표현이 더 잘 어울리는 곳일수록 더욱 그렇다. 나 역시 그런 사람 중 한 명이었고, 할 줄 아는 많은 것들을 숨기지 않은 덕분에 군 복무 동안 온갖 일을 다 떠맡게 되었다. 영상을 찍고 편집하는 일 또한 그중 하나였다.
　내가 복무하던 부대가 전국에서 손꼽힐 만큼 강도 높은 훈련에 참가하게 되자, 겨울 내내 이어진 혹독한 준비 과정을 영상으로 기록하고 최종 보고하는 일이 나에게 맡겨졌다. 사소한 문제가 하나 있다면, 내가 이 모든 과정에 그다지 애정 어린 시선을 보내고 싶지 않았다는 점이었다. 징병제로 병역을 치르는 수많은 남자들이 그렇겠지만, 20대의 나는 더더군다나 한국 사회 전반에 깔려 있는 군사 문화나 수직적인 위계가 못마땅한 터였다. 그래서 영상을 만드는 내 마음은 텅 비어 있었고, 손은 아주 습관적으로 움직였다. 그냥 공식대로 여긴 이렇게 붙이고 여긴 이런 음악을 깔아주면 좋아 보이지, 중얼거리며.

결과는 몹시 당황스러웠다. 완성된 영상을 상영하는 보고 자리에서 군 경력이 20년, 30년이 넘어가는 상사들이며 원사들의 눈시울이 붉어진 것이다. 군 생활 내내 감성적인 면이나 약한 모습을 보인 적 없던 고목 같은 얼굴들에 글썽이는 눈물은 그 자체로도 놀라웠지만, 무엇보다 내가 그 영상을 아주 성의 없이 만들었다는 사실이 자꾸 거슬렸다. 진심은 통한다는 낡은 진리를 내내 품고 살아왔는데, 진심이 전혀 들어 있지 않은 결과물로도 누군가의 마음을 뒤흔들 수 있다니.

'진정성'이라는 가치는 너무 많은 사람들이 이야기한 나머지 오히려 의미가 퇴색된 감이 있다. 다분히 결과론적이기도 하다. 누군가의 진심 덕분에 성공한 콘텐츠나 메시지의 사례는 이야기하기 좋지만, 정말 간절한 마음을 가득 담았음에도 제대로 전해지지 못하고 사라진 이야기들 또한 너무나 많으니까. 나는 여전히 진정성이 중요하다고 생각하지만, 그건 만드는 사람 내면의 윤리에 가깝다. 진정성이 항상 결과를 보장하지는 못한다.

중요한 것은 이야기를 듣는 사람의 입장이다. 나의 무성의한 영상이 노련하고 무뚝뚝한 직업군인들의 마음을 움직였다면, 그건 그 영상이 그들의 이야기였기 때문일 것이다. 자신들의 모습과 삶이 그 안에 가득 담겨 있었기 때문에, 거기에는 나의 진정성이 아니라 그들의 진정성이 넘쳤다. 듣는 사람을 고려하지 않는 발신자의 일방적인 진정성은 오히려 힘이 없다. 하지만 듣는 사람의 언어와 맥락을 고려한 메시지는 그 자체로 또 다른 진정성을 갖는다.

청자에게 주목하는 일의 중요성은 이 책에도 두 가지 의미를 가진다. 첫째로는 전문성에 있어서다. 나는 수십 년을 군에서 보낸 직업군인들에 비하면 훈련에 대해 아무것도 모르는 사병에 불과했지만, 내 시선이 담긴 영상은 그들의 눈에도 충분히 만족스러운 듯했다. 이 책에서 나는 「사상검증구역: 더 커뮤니티」를 기획하고 연출한 피디로서, 프로그램에 등장한 한국 사회의 다양한 사회적·정치적 담론들에 대해 좀 더 자세히 다루려 한다. 프로그램을 소재로 쓴 책이긴 하지만 프로그램 자체보다는 그 배경에 깔린 이야기를 폭넓게 다루기 위해 방송을 접하지 않은 독자들을 고려하여 글을 썼다. 나아가 프로그램은 출연자들의 의견을 중심으로 균형감을 유지하기 위해 노력했지만, 나의 언어로 쓴 책에서는 프로그램에 비해 좀 더 주관적인 관점들이 들어가 있기도 하다. 예능 피디는 사회·정치의 전문가가 아니니 이러한 시도가 독자에 따라서는 주제넘은 일로 여겨질 수도 있을 것이다. 동의하는 바이지만, 이런 문제에 종종 영화 「아마겟돈」이 하나의 비유로 동원될 때가 있다. 「아마겟돈」은 지구를 위협하는 소행성에 구멍을 뚫고 그 안에 핵폭탄을 터뜨려 해결하는 영화다. 시간이 촉박한 가운데 우주비행사들에게 땅에 구멍을 뚫는 기술인 '드릴링'을 가르칠 것인가, 아니면 드릴링의 전문가들인 세계 최고의 시추 전문가들에게 우주비행을 가르칠 것인가가 극 중에서 중요한 문제가 되고, 영화는 후자로 전개된다. 물론 이 영화는 과학적으로 말이 안 되는 이야기로, 나사 NASA에서는 훈련생들에게 '과학적 오류를 얼마나 많이 찾을 수 있는가'를 시험하는 데 쓰이기도 했다. 하지만 우주비행사와 시추 전문가에 대한 질문은 비유로서 흥미롭다. 나는 사회학에 대해서는 학부에서 관련 전공을 했을 뿐인 일반 독자의 한 사람이지만, 동시에 예능 피디로서 대중에게 말을 거는 일을 직업으로 삼아왔다. 우주비행에는 미숙해도 땅 파는 일에 있어서는 전문가에 속할 것이다. 그만큼 이 책은 대중적으로 익숙하지 않은 사회학적 개념들을 부드럽게 풀어보는 일에 집중했다. 이 책에 등장하는 사회학 이론들이나 사상가들은 영화로 따지면 「스타워즈」나 스티븐 스필버그의 대표작들, 책으로 따지면 『정의란 무엇인가』나 한강 작가의 작품들 정도에 해당할 만큼 가장 대표적이고 기본적인 내용들이다. 내공 넘치는 애호가들에게는 다소 익숙하거나 경우에 따라서는 좀 순진하게까지 들리는 이야기들도 있겠지만, 그만큼 이 분야에서 빼놓을 수 없는 내용들을 다루고 있다고 생각해 주면 좋겠다. 이 때문에 2025년 현재 한국 사회가 겪은 위헌적인 계엄과 탄핵, 대선 등 시의적인 이슈보다는 좀 더 긴 호흡의 역사와 담론을 다루고 있기도 하다.

또 하나의 측면은 서로 다른 의견을 가진 사람과 대화할 때, 듣는 사람의 입장과 언어를 생각하게 만든다는 점이다. 말하는 사람의 입장에서는 논리가 완벽하고 지극히 당연한 당위를 다루고 있더라도, 듣는 이의 삶과 언어에 대한 고려가 없다면 그 말은 전달되지 않는다. 만드는 입장에서는 대단한 열의가 없었지만 보는 이의 삶이 담겨 있던 영상이 고목 같던 얼굴들을 무너뜨렸던 것처럼. 서로 다른 의견이 부딪히는 곳에서 자신의 당위와 무결함을 확인하는 것만이 목적이 아니라면, 함께 발을 디디고 있는 땅에서 합의점을 찾아내고 각자가 꿈꾸는 사회를 아주 조금씩이라도 실현해 나가고자 한다면, 우리는 상대의 언어를 이해하고 상대가 서 있는 자리를 살펴볼 필요가 있다. 경우에 따라서는 정말 오답일 수도 있는 상대의 생각 자체를 인정하기 위해서가 아니라, 설령 오답이라 할지라도 그가 왜 거기에 이르게 되었는지를 이해하고 내 의견을 더 잘 관철시키기 위해서라도 말이다. 이 책은 이런 이야기들을 다루고 있다.

차례

추천의 글　　4

들어가며　듣는 이를 향해 말하기　　7

1부 서로 만나지 않는 세상

1장　세계를 넓히는 불편한 만남　　17

2장　예능, 유희적 공론장　　37

3장　갈등을 자세히 들여다보면　　57

4장　차원과 스펙트럼　　78

2부 각자의 입장을 점검하기

- 1장 정치, 자유 대 평등 너머로 · 101
- 2장 기울어진 파란색 · 122
- 3장 계급, 실력과 노력으로 성공했다는 당신에게 · 145
- 4장 내가 왜 부유야 · 173
- 5장 젠더, '이퀄리즘'의 세계 · 190

3부 정답 없이 공존하기

- 1장 개방성, 너의 문제가 우리의 문제가 될 때 · 237
- 2장 무지의 장막이 걷힐 때 · 266
- 3장 누구에게나 인정이 필요하다 · 292
- 4장 '위선'이 작동하는 사회 · 330

주 · 350

1부

서로 만나지 않는 세상

1장 세계를 넓히는 불편한 만남

　권위주의. 우연히 초등학생 때 썼던 자기소개 숙제를 발견했는데 '싫어하는 것' 칸에 쓰여 있던 단어다. 태어난 지 10년을 겨우 넘긴 그 어린이는 짧은 인생에서 무엇을 보았기에 '숙제'도 '시험'도, '거미'도 '당근'도 아닌 '권위주의' 같은 개념어를 적어두었을까. 그 맥락이 전부 기억나진 않았지만 당황스럽지는 않았다. 실제로 내 인생에서 고달팠던 순간들은 대부분 권위주의(라고 느꼈던 것들)와의 충돌에서 발생한 결과였으니까. 그 역사가 내 생각보다 훨씬 더 오래전에 시작되었다는 사실이 좀 징그럽긴 했다.

사전에서는 '권위주의'를 "어떤 일에 있어 권위를 내세우거나 권위에 순종하는 태도"라고 설명한다. 건조한 서술에 권위주의 주변에서 벌어지는 현실 속 긴장과 충돌이 다 담기지 않는 느낌이다. 해석의 해상도를 조금 더 높여서 "어떤 일에 있어 합리적인 근거 대신 우월한 지위나 권력을 활용하여 상대의 의사와 무관하게 자신의 입장을 관철시키려는 태도"로 정리해 보자. 그렇다면 권위주의에 일관적으로 강하게 반발하는 태도는 보통 '반골 기질'이라 불린다.

나는 내내 반골이었다. 고등학교 미술 시간에는 내 생각에 학생들 그림을 지나치게 평가 절하하는 것 같았던 교사에게 예의를 차리지 않고 따지다가 제대로 서 있기 어려울 만큼 손발로 두들겨 맞기도 했고, 군 복무 시절 아무리 계급이 있는 조직이라지만 부당한 지시를 너무 자주 내렸던 장교를 신고해 전출을 보내기도 했다. (후일 이 장교는 전출지의 보직이 마땅치 않다는 이유로 몇 달 만에 다시 돌아와 내 남은 군 생활이 아주 곤란해지기도 했다.)

그 밖에도 비슷한 장면은 많았다. 당연하게도 매번 나에게 타당한 명분이 있었던 것은 아니었다. 적당히 넘어갈 수 있는 일을 침소봉대한 적도, 식견이 부족해 오해한 순간도 있었다. 혈기 왕성한 치기도 자주 섞였다. 설령 정당했던 순간이었다 해도 치솟는 반골 기질을 드러내는 것보다 더 현명한 방법이 있었으리라는 것을 이제는 안다. 반골 기질은 문제 해결에는 아무 도움이 안 되니까. 다만 이미 깨달은 바를 실천하며 사는 것도 쉽지 않은데, 정작 인생에서 중요한 깨달음은 필요한 시점보다 늘 늦게 찾아온다는 게 문제다. 어쩌면 깨달음이란 후회나 반성을 재료로 삼는 일인지도 모른다.

반골을 당황시킨 만남

반성은 문제의 인식에서부터 출발한다. 문제가 문제인 것을 모르면 개선할 수 없다. 나의 경우 중학교 2학년 즈음 스스로의 반골 기질을 어렴풋이 자각했다. 그래, 하필 많은 이들이 폭발하는 자의식에 집어삼켜지는 중2. 그때 난 이상할 정도로 교장선생님을 싫어하고 있었다. 구령대와 운동장 조회가 존재하던 시절, 매주 월요일 아침 교장선생님은 구령대 위에서 짜증 섞인 목소리로 전교생을 나무랐다. 마치 '교장'이 그런 일을 하려고 존재하는 자리인 것처럼. 그에게는 우리가 늘 성에 차지 않는 듯했고, 우리도 그런 그를 좋아해 주어야 할 이유를 찾을 수 없었다. 하지만 구령대 위에서 출력 좋은 마이크를 들고 있는 교장선생님에 비해 그를 싫어하는 내 마음을 드러낼 방법은 많지 않았다. 그러니 반골 기질이란 이런 것이다. 싫어하는 마음을 반드시 당사자에게 인지시켜야 완성되는, 통제하기 어려운 에너지. 중학교 2학년이던 나는 그 에너지에 힘입어 조회 시간에 최선을 다해 삐딱하게 서 있거나(학생주임에게 혼났다.), 교장의 말에 보란 듯이 인상을 찌푸리거나(멀어서 안 보인다.), 그것도 충분하지 않다 싶으면 주변에 서 있던 친구들과 냉소 어린 대꾸를 달며 키들거렸다(담임한테 혼났다.).

맞다. 중학교 2학년 남학생의 반골 기질이란 참 전형적으로 못났다. 그리고 많은 '못남'에는 보통 자기객관화의 결여가 포함되어 있다. 자기 모습이 다른 사람에게 어떻게 보일지 상상할 겨를이 없을 때 못나 보이기 쉽다. 물고기가 물 밖에 나오지 않는 한 물의 존재를 알 수 없듯, 나 역시 나의 반골 기질을 스스로 자각했을 리 없다. 나의 반골 기질을 깨닫게 해준 것은 바로 그 교장선생님이었다. 계기는 동아리였다. 그때까지만 해도 중학교의 동아리 활동은 교사들이 정해놓은 프로그램 가운데 학생들이 골라 참가하는 학습활동의 연장이었다. 그러던 어느 날 어떤 교육정책의 일환이었는지, 학생들이 자체적으로 만든 동아리도 구성요건을 갖추기만 하면 정식 지원금을 받을 수 있다는 소식이 들려왔다. 마침 교회 친구들과 밴드를 준비하고 있었던 나는 쾌재를 부르며 신규 동아리 신청서를 제출했다. 그리고 반려당했다. 종교와 관련된 동아리는 허가 대상이 아니라는 이유였다. 다른 설명은 없었다. 나는 당연히 받아들일 수 없었다. 공지 사항에 그런 말은 없었으니까. 나는 공지된 신청 조건을 분명히 다 갖추었는데!

반골 기질은 이럴 때 고개를 쳐든다. 단순히 신청이 반려되어 아쉽다거나 부당하다는 감각에서 끝나지 않는다. 상대의 언어 아래 깔린 '너한테는 이래도 된다.'라는 태도를 읽어내고야 만다. 합리적으로 설득하려는 최소한의 노력도 하지 않았다는 사실을 실제보다 부풀려 받아들인 뒤, 위계 서열의 위쪽에서 나를 내려다보고 있다는 과감한 결론에 도달한다. 그렇게 키운 분노를 기어코 상대에게 알리고 싶은 열망, 모든 것을 잃더라도 내가 화났다는 사실만큼은 꼭 전해야 한다는 사명감. 이런 것들이 반골 기질을 움직이는 원리다. 당연히 당면한 문제를 해결하는 데는 전혀 도움이 되지 않는다. 유일한 순기능이라면 '나를 이렇게 대하면 너도 언젠가는 귀찮아질 것이다.'라는 경고를 던질 수 있다는 것 정도다. 이 경고 하나에 모든 것을 걸어버리는 아주 비효율적인 기질인 것이다. '지렁이도 밟으면 꿈틀한다.'가 인생 속담인 사람…….

부당하게 반려된 동아리 신청서 앞에서, 담당 교사에게 따져봤자 답이 없다는 사실을 알게 된 나는 중학교 2학년답게 목표 대상을 곧장 최상위로 바꾸어 교장실로 향했다. 모든 권한은 그곳에 있을 터였다. 권위주의가 뿌리내린 조직은 합리적인 소통이 어렵지만, 가장 큰 권위와 교통정리만 잘되면 비합리적일 만큼 문제가 빠르게 해결되는 곳이기도 하다. '교장선생님과의 대화' 같은 제도가 있었느냐고? 1990년대 말 학교의 권위주의에는 그런 요식조차 없었다. 나는 방과 후 적막한 복도를 가로질러 교장실 창문 너머로 방 주인이 있는지 확인한 뒤 문을 두드렸다. 일단은 정중하게, 드릴 말씀이 있어서 찾아왔습니다.

나이를 먹으면서 깨닫게 된 것이지만 어떤 조직이든 위계의 최상단에 있는 사람은 다른 구성원과 평범하게 교류할 기회가 드물다. 이들은 조직의 상징이자 기능으로 비인격화되기 쉽고, 구성원들과는 점점 더 절차와 격식을 통해서만 만나게 된다. 그래서 학생이 다짜고짜 방문을 두드리는, 보통은 무례하다고 여겨질 행동이 오히려 의외의 즐거움이 될 수도 있다. ('나에게 이렇게까지 한 여자는 네가 처음이야.'는 설득력 있는 클리셰다.) 그래서였을까. 문을 열고 무슨 일인지 묻는 교장선생님은 온화하고 정중했다. 구령대 위의 짜증 섞인 모습은 사라지고 없었다. 그는 나에게 교장실 한가운데 있는 지나치게 낮고 푹신한 소파에 앉기를 권했고, 내 맞은편에 앉아 의아함이 조금 섞인 반가움을 얼굴에 드리웠다.

당황스러웠다. 부당함에 항의할 목적으로 잔뜩 충전해 온 내 전투력은 저런 얼굴을 향한 것은 아니었다. 동아리 승인 문제를 꺼내는 내 목소리는 별안간 날이 무뎌지고 엉덩이를 파묻은 소파처럼 푹신거렸다. 교장선생님은 무슨 말인지는 잘 알겠지만, 그런 동아리를 다 허락해 주다 보면 학교가 종교의 장이 되어버릴 수도 있어서 허용할 수 없다고 말했다. 태도만 정중해졌을 뿐 새로운 내용이나 논리는 없었다. 그런데도 나는 차분하고 부드러운 그의 목소리 앞에서 제대로 된 반론을 내놓지 못했다. 당시의 나는 명분과 분노만 챙겨 갔다. 설득과 조율이 필요하리란 예상은 하지 못했다. 그는 좋은 사람이면 안 됐다. 구령대 위에서처럼 학생을 무시하며 짜증 섞인 표정을 짓고 있어야만 했다. 그래야 그를 마음껏 미워할 수 있었다.

결국 지원금 없이 친구들과 힘을 모아 밴드를 꾸려야 했다. 그런데 나는 그날 이후 운동장 조회 시간에 삐딱하게 서 있는 일이 조금 줄었다. 또래 친구들에게 "아무리 이상한 선생님도 일대일로 만나면 괜찮은 사람인 경우가 많아."라고 말하는 일도 늘었다. 반골 기질이 꺾인 것은 아니었다. 동아리 문제로 교장실에 찾아간 것은 중학생 때였지만 교사에게 두들겨 맞던 것은 고등학생 때였고, 간부를 신고해서 피곤해진 것은 군 복무 시절, 회사의 행태를 공개적으로 문제 삼았다가 부당해고를 당한 것은 피디가 된 이후였으니까. 나는 여전히 내 동아리 신청서는 승인되었어야 한다고 생각한다. 인근 고등학교마다 기독교 중창단이 정식 동아리로 활발히 활동하고 있었으니 교장의 해명은 이유가 될 수 없었다. 그러니까 내가 친구들 앞에서 "일대일로 만나면 괜찮은 사람"일 수 있다며 교사를 두둔할 때는, 그가 틀리지 않았다거나 그에게도 사정이 있으니 이해해야 한다는 뜻이 아니었다. 그저 납작하게 덮어놓고 비난하는 것은 그 비난을 듣지도 못할 그에게가 아니라, 나 자신에게 좋지 않기 때문이었다. 납작하게 눌러놓으면 속 편히 미워할 수 있다. 하지만 당연하게도 진짜 사람은 그렇게 납작하지 않다. 머릿속에서 눌러놓은 모양을 벗어나는 순간, 우리는 당황하고 대처할 수 없게 된다. 설득할 수도, 조율할 수도, 대화할 수도 없게 된다. 멀리서 안전하게 미워할 때 얻을 수 있는 것은 별로 없다.

중학교 2학년을 지나오면서 나는 조금씩 모든 것의 '이면'을 생각하게 되었다. 사람들은 내 눈에 보이는 것보다 복잡하고 세상은 항상 내가 보는 것보다 훨씬 더 크다. 한 사람이 그 모든 이면을 다 볼 수는 없다. 하지만 끝내 보지 못하더라도, 그러한 이면이 존재한다는 것을 아는 것과 모르는 것은 전혀 다르다. 시간이 지날수록 사람들이 매번 나처럼 반골을 드러내며 씩씩거리지는 않는다는 것을 서서히 깨달았는데, 이면을 생각하는 일은 그래서 나에게 더욱 중요한 안전장치가 되어주었다. 반골이 불쑥 솟을 때마다 숨을 고를 명분이 되어주었으니까. 자기 생각이 강한 사람일수록 자신이 틀릴 수도 있음을 잊지 말아야 한다.

분노마저 간편해진 세상

그런데 사람들이 나처럼 씩씩거리지는 않는다고 생각했던 것은 2010년대 초반까지의 이야기였던 것 같다. 내가 대학교를 졸업하던 2011년 전후부터 모두가 소셜미디어 계정을 하나씩 가지기 시작하더니 이윽고 인터넷은 언제든 폭발할 준비가 된, 흡연실이 딸린 거대한 화약고로 변했다. 소셜미디어와 커뮤니티, 온라인 뉴스가 일상에 깊숙이 자리 잡으면서 사람들이 예전보다 더 화가 많아진 것일까? 열받는 소식들을 더 쉽게 볼 수 있어서? 그럴 수도 있겠지만, 이전보다 더 보기 쉬워진 것은 열받는 소식 그 자체보다는 그 소식에 화를 내는 사람들일 것이다. 인터넷 시대 이전에도 뉴스와 입소문은 늘 욕지기가 뒤섞인 안줏거리였다. 차이가 있다면 예전에는 그 모든 욕이 물리적 거리 안에 머물렀다는 점이다. 하지만 이제 사람들은 시공간을 뛰어넘어 누구에게나 마음껏 화를 쏟아낼 수 있게 되었다. 그중에는 마땅히 분노할 만한 일도 있고, 오해나 무지에서 비롯된 경우도 있으며, 분노의 물결에 편승하는 것을 스포츠처럼 즐기는 이들도 있다. 이 경우들은 항상 뒤섞여 있다. 분노의 명분이 온전히 정당하고 순전하기만 한 때는 드물다. 반면 오해가 섞여 있다 한들 분노 자체는 정당할 때도 많다. 인류사에서 벌어진 수많은 혁명과 변화의 물결 안에는 그저 군중심리에 휩싸였던 이들도 적잖이 섞여 있었다. 하지만 그들의 존재가 매번 그 진의를 훼손하지는 못한다.

그럼에도 오랜 세월 변하지 않은 진실이 하나 있다. 분노에는 어떤 식으로든 대가가 따른다는 것이다. 분노는 공격성의 표출이고, 누군가를 공격하는 일은 당연히 반발에 부딪힌다. 일상에서도 눈앞에 있는 사람에게 화를 내는 것은 부담스러운 일이다. 분노가 정당한 경우에도 마찬가지다. 정당한 분노는 보통 불의와 부당을 향하는데, 불의는 불의이기 때문에 정당한 분노를 받아들이지 못한다. 그러니 정당한 분노는 필연적으로 불이익을 감수해야 한다. 상대에 대한 오해나 무지로 경솔하게 분노하는 경우 치러야 하는 대가는 말할 필요도 없다. 그에 비해 군중심리에 휩쓸린 분노는 상대적으로 안전하다. 사람들과 대가를 나눌 수 있고, 군중 안에 숨을 수도 있기 때문이다. 그래서 군중의 분노는 들불처럼 번져나간다. 인터넷은 군중의 크기가 다른 어떤 곳과 비교할 수 없을 만큼 거대한 공간이다. 눈앞의 사람에게 분노를 표할 때 감당해야 하는 감정적 부담조차 온라인 속 익명의 분노에는 따라붙지 않는다. 온라인은 모든 것을 간편하게 만들어주었다. 분노마저도.

화가 치밀어 오르는 이유, 화의 정도, 모양새는 사람마다 다르다. 분노뿐 아니라 멸시, 혐오, 조롱, 냉소와 같은 다른 부정적인 감정들도 마찬가지일 것이다. 하지만 그런 감정을 억누르지 않고 타인을 향해 드러낼 때의 이유는 대부분 비슷하다. 그래도 된다고 생각하기 때문이다. 자신에게 돌아오는 반작용이 없을 때, 혹은 그렇다고 확신할 수 있을 때 분노는 쉬워진다. 어떤 대가가 따르더라도 감수하겠다는 각오를 다지며 분노하는 사람은 드물다. 인터넷에서 회자되는 '마동석 앞에서도 조절이 안 돼야 진짜 분노조절장애'라는 말처럼, 반작용이 없을 거란 기대는 내가 상대보다 권력과 지위가 높기 때문일 수도 있고, 주변 여론과 상황이 내 편이라는 확신에서 비롯될 수도 있다. 또 익명성과 군중 안에 숨을 수 있어서이기도 하다. 자연재해로 위기에 처한 사람들을 조롱하는 일은 일반적인 맥락에서는 절대 지지를 얻지 못하지만, 인터넷 커뮤니티와 소셜미디어상에서는 일본의 태풍이나 지진을 농담거리로 삼는 일이 왕왕 벌어진다. 심지어 평소 사회적 불평등과 부정의에 목소리를 내던 공간에서도 이런 발언이 공공연히 등장한다. 이는 과거 한국을 식민 지배했던 일본을 조롱하는 일은 정당하다는 생각을 공유하고 있기 때문일 것이다. 상황이 내 편이라는 확신, 그리고 그러한 군중 안에 숨을 수 있다는 안도감이 만들어낸 결과다.

    이럴 때 우리는 상대방이 나와 똑같은 힘과 의지를 가진 인간이라고 여기지 않게 된다. 그렇기에 부정적인 감정에 따르는 대가를 생각하지 않을 수 있다. 또 부정적 감정의 대가가 항상 상대방에게서 비롯되지도 않는다. 그 대가의 본질은 나의 내면이 치러야 하는 감정적 부하다. 우리는 생각보다 마음이 약하다.

문명화된 인간은 물리적으로든 심리적으로든 타인을 공격하는 과정에서 내면의 저항에 부딪힌다. 그러나 상대를 인간으로 생각하지 않으면 이 저항을 쉽게 넘어설 수 있다. 사회심리학에서는 이를 '비인간화dehumanizing'라고 부른다.

일상 속 비인간화

전쟁과 학살이 인류를 충격에 몰아넣은 20세기 중반, 서구 사회는 같은 인간이 어떻게 다른 인간에게 이토록 끔찍한 일들을 저지를 수 있었는지를 자문하며 본격적으로 비인간화 현상을 연구하기 시작했다. 그 과정에서 전쟁과 학살이 이루어지기 한참 전부터 자신들의 문명이 인간으로 취급하지 않았던 존재들 또한 돌아보게 되었다. 여성, 유색인, 성소수자, 장애인 등을 '같은 인간'으로 받아들이기 시작한 것도 비교적 최근의 일이다. 오랜 세월이 지나 백인 남성들이 죽고 나서야 '어떻게 인간이 같은 인간에게 이런 일을 저지를 수 있는가?' 하고 질문하기 시작한 것이다.

하지만 비인간화에 대한 충격으로 이루어진 연구들은 오히려 다시 사람들을 비인간화하는 데 활용되기도 했다. 가령 실제로 수많은 전쟁에서 군인들은 적군을 향해 직접 총을 쏘거나 무기로 찌르는 일에 심리적 저항감을 느껴왔다. 남북전쟁과 제2차 세계대전의 전장에서 한 번도 격발되지 않은 총이 대량으로 회수되었다거나 일부러 총알이 빗겨 가도록 사격했다는 증언과 자료가 다수 존재한다. 이를 다룬 책 『사격을 거부한 병사들Men Against Fire』*은 데이터 신뢰성을 둘러싼 논란이 있지만, 그 진위와 무관하게 이후 전쟁에서 군인들의 심리적 저항감을 사전에 제거하는 훈련이 도입되는 데 일정 부분 영향을 주었다. 사격 훈련용 표적은 과녁에서 사람 모형으로 바뀌었고, 군인들은 특정 문화권의 이미지를 주입받은 뒤 증오심을 반복 학습했다. 오늘날 비디오게임 세대에게는 이러한 학습조차 새삼스러운 일이다. 이들은 그 어느 때보다 생생하게 구현된 화면 속 적에게 쉼 없이 총을 쏘는 데 익숙하며, 드론과 모니터로 전쟁을 치르는 시대에 살아간다. 우리는 이러한 모든 과정을 '시뮬레이션' 혹은 '모의실험'이라고 부른다. 시뮬레이션은 본래 현실에서 실행하기 어려운 상황을 재현해 제반 사항들을 점검하기 위해 행해졌지만, 참여자가 특정한 행동과 상황을 내면화하도록 훈련시키는 과정이기도 하다.

이처럼 비인간화는 전쟁터나 수용소처럼 타인을 살상하고 학살해야 하는 극한 상황에서 사람들의 심리적 저항감을 줄여주는 기제로 주로 설명되어 왔다. 하지만 이 개념은 평범한 일상에서도 쉽게 포착된다. 가장 흔히 거론되는 사례는 운전할 때다. 평소에는 그렇게 점잖던 사람이 운전대만 잡으면 입이 거칠어

---

* 미 육군 군사사관 출신의 S.L.A. 마셜의 1947년 저작으로 제2차 세계대전 당시 대부분의 병사들이 적을 향해 실제로 사격하지 않았다는 조사 결과를 담은 책. 넷플릭스 시리즈 「블랙미러」의 같은 제목을 차용한 에피소드에서는 군인들에게 특수 장비를 제공해 사살 대상인 민간인들을 바퀴벌레 형상의 외계인으로 보이게 만든다.

지더라는 말은 누구나 한 번쯤 들어보았을 것이다. 운전할 때 눈앞에 있는 것은 사람이 아니라 차량이다. 평소에는 타인을 배려하고 고운 말을 쓰려고 노력하는 사람도 위협적으로 달려드는 커다란 쇳덩이 앞에서는 쉽사리 욕설을 내뱉을 수 있다. 차는 사람이 아니니까.

미국의 저널리스트 톰 밴더빌트는 도로 위의 심리학을 다룬 책 『트래픽』에서 사람들이 운전할 때 더 쉽게 분노하는 이유 중 하나로 "시선 교환이 불가능한 상황"을 꼽는다. 인간은 다른 어떤 동물보다 흰자가 크게 발달했는데, 진화론에서는 이를 시선을 주고받으며 생각과 감정을 나누기 위함이라고 설명한다. 그런데 자동차는 시선 교환을 불가능하게 만들어 상호 인식과 공감을 어렵게 하고, 결국 서로를 비인간화하게 한다는 것이다. 밴더빌트는 이 주장을 뒷받침하기 위해 흥미로운 실험 하나를 소개한다. 무인자판기 앞에 서로 다른 기간에 각각 꽃 사진과 사람의 눈 사진을 붙여놓은 결과, 눈 사진을 붙여놓은 기간에 더 많은 돈이 지불되었다.[1] 최근 한국에서도 화물 트럭 후면에 한국도로공사의 '왕눈이 스티커'가 붙어 있는 것을 종종 볼 수 있는데, 이 역시 동일한 실험 결과에 기반한 것이다. 실제로 한국도로공사의 체험단 평가 결과 94퍼센트 이상의 운전자가 후면 추돌 예방에 효과가 있다고 응답했다.[2]

시선을 교환할 수 없는 차 안에서 상대가 듣지 못할 욕설을 내뱉는 일은 비인간화가 작동하는 가장 일상적인 장면이다. 같은 책 『트래픽』에서 밴더빌트가 꼽은 최악의 사례는 인질이나 사형수를 살상할 때 얼굴에 씌우는 두건이나 복면이다. 언뜻 보면 피살되는 이를 위한 인도적 조치로 보이지만, 실제 목적은 시선을 차단함으로써 사형을 집행하는 사람의 감정적 부담을 덜어주는 데 있다. 우리는 눈만 마주치지 않아도 상대방을 훨씬 더 쉽게 사람이 아닌 것처럼 여길 수 있다.

비인간화가 작동하는 일상의 또 다른 예는 미디어 속 유명인이다. 주로 연예인이며 종종 정치인이기도 하다. 사람들은 미디어에 등장하는 유명인을 부를 때 지위나 나이와 관계없이 존칭을 붙이지 않는다. 단지 그 당사자가 대화를 들을 수 없기 때문만은 아니다. 의외로 사람들은 직접적인 관계망 안에 있는 사람을 지칭할 때는 그 사람이 자리에 없더라도 존칭을 붙일 때가 많다. 악감정이 섞인 뒷담화가 아니고서야 누구누구 선생님(쌤), 부장님, 선배, 형, 언니라고 자연스레 호칭을 붙인다. 그들이 나 혹은 대화 상대와 직접적인 상호작용을 이어가고 있는, '진짜 사람'이기 때문이다. '사람'을 무시하는 데는 감정적인 부담이 든다. 다시 한번, 우리는 생각보다 마음이 약하다.

하지만 연예인 혹은 정치인 같은 유명인은 나와 마주칠 일이 없고, 설령 우연히 마주친다 해도 유의미한 관계로 이어질 가능성이 거의 없으니 진정한 의미에서 '사람'으로 느껴지지는 않는다. 거리를 돌아다니며 불특정 다수를 상대로 인터뷰하는 예능 프로그램의 장면을 유심히 살펴보자. 지나가던 시민을 붙잡고 이상형을 물어보면 "차은우요!", "카리나! 카리나!" 하며 이름을 외친다. 반면 비슷한 예능에 출연한 동종업계 종사자들은 차은우 '선배님', 카리나 '씨' 하며 존칭을 반드시 붙여 말한다. 카메라 앞이라서만은 아니다. 피디나 작가 같은 방송업계 종사자들 역시 당사자가 없는 사석에서도 꼬박꼬박 '재석이 형'이라든지 '나래 언니'라는 말을 쓴다. 반면 자신이 한 번도 같이 작업해 본 적이 없는 연예인은 다른 사람들처럼 존칭 없이 부를 때가 많다. 간단하다. 나와 관계가 있으면 사람, 그렇지 않으면 개념이나 캐릭터에 더 가까워지는 것이다. 인간은 어디까지나 내 손에 닿는 거리 안에 있을 때만 '진짜'가 된다. 그만큼 비인간화는 일상적으로 일어난다.

그러니까 우리는 생각보다 마음이 약하지만, 그 약한 마음을 넘어서는 일도 생각보다 잘한다. 비인간화가 운전석에서 내뱉는 욕설이나 소일거리로 주고받는 연예인 가십에 그친다면 큰 문제가 아닐 수도 있다. 하지만 이 두 예시는 인터넷 시대 이전의 대표적인 비인간화 현상이었을 뿐이다. 우리는 이제 온라인에서 훨씬 더 많은 상호작용을 한다. 아니, 온라인에서 이루어지는 상호작용에 비하면 얼굴을 마주하고 나누는 대화의 양은 초라하게 느껴질 정도다. 하루 종일 실제 사람과는 한마디도 나누지 않은 채 온라인상에서는 수많은 정보를 접하고 끊임없이 소통하는 일은 이제 특별하지 않다. 팬데믹 이후 급속도로 갖추어진 수많은 비대면 시스템은 이러한 흐름을 가속화했다. 오늘날 너무 많은 상호작용들이 상대를 온전히 '사람'으로 느끼기 어려운 조건 위에 놓여 있다. '모니터 너머에 사람이 있다.'라는 말이 무엇을 호소하는지는 자명하다. 우리는 도로 위의 다른 운전자나 화면 속 유명인에게 그러했듯, 직접 만날 일이 없는 온라인 속 수많은 아이디를 일일이 사람으로 인식하지 않는다.

이런 세상은 우리를 어떤 모습으로 이끌고 있을까. 이제 사람들은 자신과 같은 의견을 가진 사람들, 자신을 불편하게 하지 않을 사람들에게 둘러싸여 안락하게 지낸다. 모르는 것, 미지의 것, 낯선 것, 내가 옳다고 생각하는 방향과 어긋나는 것을 만나는 일은 스트레스를 준다. 물리적인 세계에서는 이런 것들을 완전히 피할 수 없기 때문에 자연히 감당하고 처리할 방법을 찾게 된다. 모르는 것과 낯선 것을 알아가고, 내가 옳다고 생각했던 바를 수정하거나 확장하기도 한다. 그 과정에서 신념이 더 단단해지고 구체화되기도 한다. 모든 생각은 반론에 자주 부딪혀야 해상도를 높일 수 있다. 하지만 온라인 세상에서는 그럴 필요가 없다. 스트레스를 유발하는 '헛소리'를 눈앞에서 치우고 다시는 보이지 않도록 차단하는 일은 너무나 손쉽다. 기술이 구현한 개인화된 안전지대에는 바깥세상이 존재하지 않는다. 그럴수록 다른 의견, 다른 존재에 대한 면역력은 극도로 약해지고, 각각의 의견이 위치한 맥락과 역사를 들을 기회는 점점 사라진다.

그때 울타리 너머의 가장 자극적이고 피상적인 사례들, 그래서 가장 손쉽게 공격할 수 있는 대상들만 더욱 두드러진다. 나와 다른 입장들 중에서 가장 설득력 없고 허술한 의견들만 유독 더 잘 보이는 것이다. 그럼 분노하고 공격하는 데 드는 비용도 줄어든다. 대가 없는 분노에는 쾌감이 있다. 주변에는 함께 분노할 사람들이 얼마든지 준비되어 있다. 간편하게 분노를 쏟아낼

수록 성벽은 더욱 공고해진다. 외피가 단단할수록 속살은 무른 법. 우리는 더욱 나약해지고 있다. 교장실에 나와 같은 '사람'이 앉아 있을 거라고는 상상도 못 했던 중학교 2학년 때의 나처럼. 무른 소파에 파묻힌 채 한마디도 제대로 못 했던 그때처럼.

서로 만나지 않는 사람들

온라인 알고리즘이 이용자의 과거 이용을 바탕으로 비슷한 정보만을 선별적으로 제공하는 현상이나 이용자 스스로 그 안에 머무르려고 하는 경향을 뜻하는 필터 버블, 이용자가 자신과 비슷한 의견이나 정보만을 선택적으로 소비하려는 경향인 선택적 노출, 비슷한 의견을 가진 사람들끼리 폐쇄적인 환경에서 상호작용하며 편향을 더욱 강화하는 반향실 현상 등은 온라인의 상호작용을 설명하는 데 가장 자주 인용되는 개념들이다. 이제 인터넷은 외부 집단에 대한 비인간화와 분노를 반복적으로 시뮬레이션하는 장으로 기능한다. 전쟁에 앞서 망설이는 본능을 제거받은 군인들처럼, 울타리 바깥을 향해 오랫동안 분노해 온 사람들이 과연 서로의 이면을 제대로 볼 수 있을까?

상대를 납작하게 바라보게 될 때의 가장 큰 문제는 그것이 진실이 아니라는 점이다. 오직 하나의 기준으로만 형성된 사람이란 존재하지 않는다. '히틀러도 자기 부하에게는 좋은 사람이었다.'라는 말을 하려는 것이 아니다. 모든 입장이 다 중요하고 세상에 옳은 입장이란 없다는 상대주의를 표방하려는 것도 아니다. 맥락과 시대를 초월해 절대 선을 내세우는 일은 위험하지만, 그럼에도 매 순간 더 나은 선택은 있다고 생각한다. 게다가 오랜 시간 여러 충돌을 겪어온 나의 반골 기질을 돌아보면, 아마도 나는 평균보다 더 선명한 입장과 강한 실행 충동을 가진 사람일 것이다. 그러한 나 스스로도 나를 둘러싼 세계가 점점 더 균일해지는 것을 느낄 때 내면의 경고등이 요란하게 울린다. 나와 생각이 다른 사람과 부딪히는 것은 내게도 껄끄러운 일이지만, 나와 입장이 비슷한 사람들이 울타리 너머를 자꾸만 납작하게 바라보는 것을 발견할 때도 위기감을 느낀다. 외부를 향한 조롱은 내부를 더 끈끈하게 만들지만, 진실과 동떨어진 시선 위에서 제대로 된 선택이 이루어질 가능성은 희박하다.

맞다. 세상엔 '다른 선택'이 아니라 '틀린 선택'을 하는 사람들이 분명히 있다. 양비론은 언제나 정답이 될 수 없다. 하지만 지금의 사회는 점점 더 그 '틀림'을 몰아세우고 조롱하는 방식만을 발달시켜 가는 것 같다. 사람은 본래 스스로의 오류를 쉽게 인정할 수 있는 존재가 아니다. 오류를 몰아세울수록 악에 받쳐 극단적인 선택을 향해 움직이는데, 문제는 우리가 서로 연결되어 있기에 결국에는 그러한 선택이 만드는 세상을 모두가 공유하며 살아야 한다는 것이다. '틀린 사람'이 극소수라면 적당히 무시하고 조롱하는 것으로 끝낼 수 있을지도 모른다. 하지만 서로가 틀렸다고 여기는 사람들이 점점 더 많아져 비슷한 규모가 된다면, 우리는 극단의 선택들이 만들어내는 최악의 세상을 떠안아야 한다. 지금 '틀린 사람'이란 표현 안에 계속해서 어떤 종류의 사람들을 떠올리고 있다면 잠시만 멈춰보자. 그 안에 나와 당신이 포함될 수도 있다. 우리는 어떤 상황에서도 항상 옳을 수는 없다.

　나는 제법 긴 시간 동안 이러한 문제의식을 지닌 시민의 한 사람으로서 비슷한 고민을 다룬 여러 책을 읽어왔다. 물론 이런 문제를 이론적으로 분석할 수 있는 전문가는 아니다. 작은 접점이 있다면 대학교에서 사회학부를 다녔다는 정도일 것이다. 반면 내게 직업인으로서 전문적인 영역이 있다면, 복잡한 정보나 이야기를 가장 대중적인 방식으로 풀어서 전달하는 일이다. 어떤 내용이 주어지든 '어떻게 하면 사람들이 이걸 쉽고 재미있게 보게 할까?'를 고민해 온 것이 14년 동안 나의 일이었던 셈이니까. 그래서 이 책에서 사회와 관련된 내용이 등장할 땐 내가 읽어온 책과 자료에서 전문가들이 다룬 내용을 좀 더 부드러운 방식으로 소개한다고 생각해 주면 좋겠다. 로버트 퍼트넘의 『나 홀로 볼링』, 조너선 하이트의 『바른 마음』, 에이미 추아의 『정치적 부족주의』, 뤼트허르 브레흐만의 『휴먼카인드』, 이언 레슬리의 『다른 의견』, 바스티안 베르브너의 『혐오 없는 삶』, 리 매킨타이어의 『지구가 평평하다고 믿는 사람과 즐겁고 생산적인 대화를 나누는 법』, 제이슨 스탠리의 『우리와 그들의 정치』, 조 코헤인의 『낯선 사람에게 말을 걸면』, 이졸데 카림의 『나와 타자들』……. 목록은 얼마든지 길어질 수 있고, 지금도 이런 주제를 다루는 책들은 끝없이 나오고 있다. 민주주의를 높은 수준으로 실현했다고 스스로 믿어온 여러 나라에서 동시다발적으로 같은 위기의식을 느끼고 있다는 이야기다.

    그리고 이 문제를 다루는 거의 모든 책들이 동일하게 내어놓는 해결책은 사실상 하나다. '온라인 소통을 줄이고 면대면으로 직접 만나는 기회가 많아져야 한다.'

    「사상검증구역: 더 커뮤니티」(이하 「더 커뮤니티」)는 이러한 토대 위에서 만들어졌다. 방송에서는 서로 다른 입장을 가진 다양한 출연자들의 말과 행동을 통해서만 모든 이야기를 전달했지만, 이 책에서는 그 배경에 사용된 개념들과 담론들을 자세히 소개해 보려 한다. 더불어 '커뮤니티'라는 제목에 걸맞게 방송을 시청한 사람들이 쏟아놓은 다양한 반응들과 이야기들 속에서 서로 다른 사람들이 직접 만난다는 프로그램의 화두가 어떻게 확장되었는지도 함께 확인해 보자.

2장

예능, 유희적 공론장

 그런데 왜 '예능'이어야 할까? 동시대가 필요로 하면서도 예민한 문제의식을 다루기에 예능은 적절하지 않은 장르로 보인다. 상업적 성공을 위한 자기 증명이 제일 우선에 놓이기 때문에 자극적인 흥미 요소들을 포함하는 것은 필연이다. 연출자가 거의 모든 것을 통제할 수 있는 영화나 드라마와 달리, 예능은 만드는 사람도 전개를 예측하기 어려워 내용과 메시지를 통제할 수 없다는 위험도 있다. 게다가 하나의 주제를 양질의 정보와 함께 깊이 있게 다루기에는 보통 다큐멘터리나 시사교양 프로그램이 더 적절하다. 물론 이 모든 이유에도 불구하고「더 커뮤니티」의 경우는 내가 예능 피디이기 때문에 다른 선택권이 없었던 것도 사실이다. 솔직히 '왜 예능인가?'라는 질문은 내게 현실적으로 무의미하다. 예능 피디인 내가 직업적으로 어떤 주제를 다루는 형식은 예능일 수밖에 없으니까. 자기반성을 좀 해보자면, 자신의 한계를 아는 예능 피디는 이러한 현실을 고려해 중요하다고 생각하는 주제일수록 적당한 거리를 두는 편이 오히려 담론을 더 안전하게 보호하는 태도일지도 모른다.

하지만 적어도 사람들이 파편화된 작은 집단 안에만 갇히게 되는 집단 극화group polarization 현상 앞에서는 예능이 분명히 유용한 지점이 있다. 이 이야기를 좀 더 자세히 설명하기 위해 나의 학부 시절 강의실로 잠시 돌아가 보자.

인터넷 공론장의 부상

2011년 대학교 졸업을 앞둔 4학년, 나는 '사이버 커뮤니케이션'이라는 수업을 듣고 있었다. 이름에서 알 수 있듯 온라인에서 사람들이 어떻게 상호작용 하고 사회 여론이 어떻게 형성되는지를 공부하는 수업이었다. 그해 아랍권 국가들은 '아랍의 봄'이라 불리는 정치적 격변의 한복판에 있었고, 국내에서는 서울시장 보궐선거가 화제였다. 두 사건 모두 한창 주가를 올리던 소셜미디어가 중요한 역할을 했다는 점에서 학계의 주목을 받았다. 오랜 세월 신문·방송이 독점해 온 뉴스와 여론의 유통 경로가 트위터와 페이스북으로 옮겨 가던 상징적인 시기였고, 이 현상은 커뮤니케이션 학계 내에서도 가장 중요한 화두였다. 사이버 커뮤니케이션은 이러한 변화에 학문적 틀을 적용해 분석하고 이해하는 수업이었다.

사회과학에서 소통의 문제를 다룰 때 반드시 등장하는 개념 중 하나가 공론장이다. 공론장, 많이 들어본 단어 아닌가? 학문적 개념이라고는 하지만 일상에서도 종종 쓰이고, 특별히 풀어서 설명하지 않아도 대충 무슨 뜻인지 알 것 같다. 공론, 그러니까 사적인 거 말고 공적인 문제를 논하는 장. 뭔가 막 토론하는 곳 같은 느낌. 그런데 이게 꽤 정확한 정의다. 공론장은 독일의 철학자 위르겐 하버마스(의외로 아직 살아 계시다.)가 1962년 자신의 논문 『공론장의 구조 변동』에서 처음 제시한 개념으로, 사적 영역과 구분되는 공적 논의의 장을 뜻한다. 뜻만 보면 조금 시시해 보이지만 학문은 개념 정의에서 끝나지 않는다. 그렇다면 공적인 것과 사적인 것은 어떻게 구분될까? 그 범주를 어디까지 규정할 수 있을까? 두 경계를 나누는 데 다른 권력이 작동하지는 않을까? 공적인 문제를 합리적으로 논의하기 위해서는 어떤 조건들이 필요할까? 공적 논의에 참여하는 사람들은 어떻게 구성될까? '공론장'이라는 개념 안에는 이렇듯 복잡한 쟁점들이 촘촘히 얽혀 있다. 그 하나하나가 모두 의미 있고 깊이 있는 주제이기에 공론장의 뜻이 평이해 보인다고 얄팍하게 볼 일은 아니다.

한편 공론장의 '장場'은 물리적인 공간을 뜻하기도 하지만 추상적 공간까지 포괄하는 개념이다. 하버마스는 과거 물리적인 공간에 직접 모여 의견을 주고받던 사람들이 매스미디어가 발달하면서 메시지를 일방적으로 소비하는 대중으로 전락했다며 공론장의 쇠퇴 문제를 지적했다. 그런 점에서 이론상 불특정 다수와 무한히 의견을 주고받을 수 있는 소셜미디어의 등장은 확실히 공론장을 다시 소환할 만한 사건이었다. 언론학계가 들썩였던 것도 충분히 이해된다.

2011년 당시 한국 사회에는 직전 정권이었던 노무현 대통령의 당선을 인터넷 선거운동의 성공으로 분석하는 시각이 많았다. 그만큼 인터넷은 이미 명실상부 새로운 공론장으로 자리잡은 때였다. 실제로 다음 포털의 '아고라' 서비스에서 꽤나 뜨거운 토론이 왕성하게 이루어졌고, 정당이나 시민단체, 지자체가 운영하는 정책·토론 게시판들도 곳곳에서 활발히 운영되고 있었다. 내가 수강했던 사이버 커뮤니케이션 수업의 담당교수 역시 그 연장선상에서 정치사회 여론을 직접 생산하는 소셜미디어의 부상을 주목하고자 했고, 그 밖에 온라인에서 일어나는 다양한 커뮤니케이션 현상을 부수적으로 함께 다루었다.

그런데 나는 이 '공론장을 표방하는 공론장들'이 조금 미심쩍었다. 그러니까 공적인 문제를 토론하자고 판을 깔아주는 공간들 말이다. 그것은 마치 MBC 시사 프로그램 「100분 토론」 같아 보였다. 물론 「100분 토론」은 좋은 프로그램이다. 민감한 현안들을 다룰 때는 최소한 전문성을 갖춘 사람들의 중재 아래 토론이 이루어져야 그나마 쓸 만한 이야기들을 건질 수 있다. 「100분 토론」은 우리 사회의 다양한 쟁점들에 대해 서로 다른 입장을 가진 사람들의 이야기를 듣고, 시청자가 균형 있게 자기 생각을 정리할 수 있도록 하자는 취지에서 만들어진 프로그램일 것이다. 그런데 이러한 의도는 시청자가 양측의 이야기를 비판적으로 수용하리라는 전제 위에 놓여 있다. 그러니까 아직 이 문제에 대해 잘 모른다는 것을 인정하고 두 입장을 충분히 들어보고 판단하려는 사람, 혹은 내 입장이 있긴 하지만 상대 측의 입장도 최소한 들어보고 판단하고 싶은 사람이 「100분 토론」의 이상적인 시청자일 것이다.

실제로는 어떨까? 내 체감으로 「100분 토론」은 흡사 월드컵 한일전이다. 양쪽 다 자기 팀이 한국이라고 생각하는 한일전. 「100분 토론」을 일부러 챙겨 보는 시청자들은 이미 대부분 자기편이 정해져 있다. 심지어 실제 한일전에서는 '우리 편 이겨라!' 응원하는 마음이 더 크지만, 「100분 토론」의 경우 '저 새끼 무슨 헛소리 하는지 보자!' 하면서 날을 세우고 보는 쪽에 더 가깝다. 상대가 입을 여는 순간, 이미 머릿속은 반박 논리를 짜기 위해 분주해진다. 아직 머릿속이 바쁜데 마침 자기편 토론자가 그 반박을 잘해내면 '우리 편 잘한다!' 하며 쾌감을 느낀다. 물론 아주 드물게 대통령 선거처럼 국민의 관심사가 집중되는 이슈에는 더 다양한 시청자들이 모여들기도 한다. 하지만 매주 방송되는 「100분 토론」을 일부러 찾아보는 사람들은 이미 입장이 결정되어 있는 '한일전의 관중'에 더 가깝다. 여기서 합의점을 발견할 수 있을까?

온라인에서 공공의 이슈를 전면에 내걸며 공론장을 표방

하는 공간들의 생리도 비슷하다. 고객센터에 전화를 거는 많은 사람들처럼, 그 공간을 발 벗고 찾아오는 사람들은 대개 벌써 화가 나 있다. 입장은 결정되어 있으며, 다른 의견을 들어보고 자기 의견을 일부라도 수정할 가능성은 거의 없다. 반면 상대의 논리를 무너뜨리기 위한 보완과 강화의 작용은 빈번히 일어난다. 온라인에는 자신의 입장을 든든히 방어해 줄, 출처가 불분명한 온갖 근거가 무수히 쌓여 있으니까. 그곳에는 공론의 역동이 없다. 다양한 의견이 교류되며 여론의 다변화가 생긴다고 보긴 어렵다. 서로를 반대 끝으로 끊임없이 밀어낼 따름이다.

특별한 용건 없이 사람들이 모이는 곳

'짤'이라는 단어를 들어보았을 것이다. 온라인에서 밈*으로 활용되는 거의 모든 종류의 이미지를 가리키는 말로, 휴대전화에 저장된 이미지를 메신저로 주고받을 때도 흔히 짤이라고 부를 만큼 일상적으로 쓴다. 웃긴 이미지는 '웃짤', 징그러운 이미지는 '혐짤'이라고 부르는 식이다. 하지만 대부분의 언어가 그렇듯, 이 말을 일상적으로 사용하는 사람 중에서 그 어원을 정확히

---

* 밈$_{meme}$은 『이기적 유전자』의 저자 리처드 도킨스가 미메시스 Mimesis(모방)와 유전자$_{Gene}$를 결합해 만든 단어로 1976년 해당 저서에서 처음 제안한 개념이다. 도킨스는 유전자가 자기 복제를 통해 진화하고 확산되듯 문화적·정신적 개념도 유사한 방식으로 전파되고 공유된다고 보았다. 밈은 이러한 문화적 아이디어나 행동, 스타일이 모방을 통해 퍼져나가는 가장 기본적인 단위를 의미한다.

알고 있는 사람이 많지는 않을 것이다. 나는 어떤 말의 유래와 변천을 추론하는 일을 좋아하는데, 짤의 경우는 명확한 편이다. 이 말은 국내의 대표적인 온라인 커뮤니티 중 하나인 디시인사이드에서 본래 '짤림 방지'라고 사용하던 표현에서 유래했다. 디시인사이드는 1999년 '디지털카메라 인사이드Digital Camera Inside'라는 이름으로 시작한 디지털카메라 동호인을 위한 사이트였다. 당시의 디지털카메라 이용층을 생각하면 이 커뮤니티가 남성 이용자 중심으로 발달한 것도 이해할 수 있다. 카메라 사용자들이 모인 공간인 만큼, 글을 올린다는 뜻의 게시판 대신 이미지를 전시하는 공간인 갤러리라는 이름을 사용한 것도 독특한 지점이다. 명색이 갤러리인 만큼 글을 올릴 때는 반드시 디지털카메라로 촬영한 이미지를 첨부해야 했고, 이미지 없이 글만 있는 게시물은 관리자가 삭제, 즉 '짤랐'다.

하지만 사람이 많이 모인 곳에서는 잡담이 오가기 마련이다. 특별한 용건이 없어도 수시로 소셜미디어를 들여다보며 시간을 보내는 행태는 PC통신 시절부터 이어져 온 유구한 전통이다. 모처럼 비슷한 취미를 가진 사람들이 모였는데 어찌 서로 작품 감상, 정보 공유만 하고 있으랴. 누군가는 최근에 본 다른 작가의 흥미로운 사진을 올리고, 누군가는 그냥 웃긴 사진을 올린다. 그러다 보면 어느새 사진 없이 우스갯소리도 하고 싶은 법이다. 하지만 이미지 파일을 첨부하지 않으면 글이 '짤리'니까 사람들은 글 내용과 상관없는 이미지를 '짤림 방지'용으로 함께 게시하기 시작했다. 이왕이면 자기 취향을 반영해 좋아하는 연예인, 캐릭터, 감성적인 글귀, 책 속 한 구절, 우스꽝스러운 사진, 귀여운 동물 사진 등등을 곁들이다 보니 이미지 자체가 하나의 생명력을 갖게 됐다. 그중 어떤 이미지들은 인기를 얻으며 확산되었고, 그렇게 자주 불릴수록 말이 짧아져 '짤림 방지'는 '짤방'이 되었다가 끝내 '짤'이라는 한 글자 단어로 인터넷 문화 전반에 완전히 정착했다.

뜬금없이 짤의 유래를 설명한 것은 사이버 커뮤니케이션 수업에서 내가 연구 대상으로 삼은 것이 유머 커뮤니티였기 때문이다. 나는 인터넷 시대의 보편적인 언어가 대부분 유머 커뮤니티에서 출발했다는 사실에 주목했다. 짤 외에도 사람들이 온라인에서 자연스럽게 사용하는 수많은 표현들 중 절대다수는 유머 커뮤니티에서 처음 만들어져 일상 전반으로 확산된 것이다. 온라인 유희 문화의 확산력을 고려하면, 때로는 그 안에 사회적 여론도 함께 실렸을 거라 추론하는 것은 자연스럽다. 내가 연구 대상으로 삼은 커뮤니티는 디시인사이드, 오늘의 유머, 웃긴대학, 루리웹, 보배드림, 엠엘비파크, 인스티즈처럼 당시 기준으로 이용이 활발한 사이트들이었다.* 나는 당시 가장 뜨거웠던 몇 가지 사회적 이슈들에 이용자들이 얼마나 활발하게 반응하

---

* 대부분 남성 이용자 위주의 개방형 커뮤니티들이다. 다음 카페를 비롯한 여성 이용자들의 커뮤니티는 가입자를 철저하게 관리하는 폐쇄 형식으로 운영되어 진입이 까다롭다. 다만 2011년에는 커뮤니티별 성별 분화가 상대적으로 덜 뚜렷했으며, 연구 대상이 되었던 커뮤니티들 내에서도 활발하게 활동하는 여성 이용자들이 유의미하게 존재했다.

고 있는지, 관련 글이나 이미지가 유머 커뮤니티에서 최초로 작성되어 인터넷 전반으로 확산된 경우가 있는지를 추적해 나갔다. 그 결과 실제로 이에 해당하는 여러 사례들을 정리할 수 있었다. 사람들은 '토론하는 사이트'가 아니라 '놀러가는 사이트'에서 더 활발하게 공적인 이슈에 대해 떠들고 있었다.

    물론 학부생 시절의 학문적 완성도가 부족한 연구였지만, 이 과정에서 나는 유희적 공론장의 중요성을 생각하게 되었다. 처음부터 토론을 하자고 모인 곳에서 형성되는 담론은 그 자체로 커다란 한계를 갖는다. 논쟁할 준비가 된 이들 사이의 충돌은 대개 각자의 기존 입장을 더욱 강화하는 데 그치며, 무엇보다 이러한 논쟁이 존재한다는 사실조차 모르는 이들을 담론 안으로 참여시키지 못한다. 사실 하버마스가 처음 지목한 공론장의 원형 역시 18세기 유럽의 부르주아 지식인들이 모이던 살롱과 커피하우스였다.

21세기의 살롱과 커피하우스, 예능

    '부르주아'라는 단어는 오늘날 한국 사회에서는 '돈이 많은' 혹은 '귀족적인'이라는 의미로 쓰인다. 그러나 원래는 귀족이 아닌, 도시의 부유한 평민을 가리키는 말에서 출발했다. 앞은 맞고 뒤는 반대인 셈이다. 프랑스어 부르주아지bourgeoisie의 어원인 bourg는 도시를 뜻한다. 중세는 영주와 농노의 시대였고, 평민들은 영주의 봉토에 귀속되어 소작과 노동을 통해 생계와 신분을 유지하며 살았다. 그러나 중세 후기, 상업이 발달하고 교역이 활발해지면서 농지에 얽매이지 않은 채 도시에서 자유 신분으로 부를 축적하는 평민들이 등장하기 시작했다. 더 이상 영주의 봉토와 직접적인 관계를 맺을 필요가 없으니 봉건적 의무로부터 자유로웠고, 부를 통해 일정한 사회적 특권을 얻어낼 수 있었다. 15세기 전후로 유럽에서 영주와 교회, 왕의 권력이 균형을 이루던 봉건 질서가 무너지고 절대왕정의 기운이 피어나기 시작하자, 새로운 군주는 자신의 권력을 위협하는 봉건 귀족들의 영향력을 견제하기 위해 이 새로운 도시의 자유민들과 결탁했다. 동시에 중상주의 정책 아래 자본주의가 발흥하면서 부유한 상인 부르주아는 점차 정치적 영향력을 확대해 나갔다. 즉 부르주아는 도시에 사는 사람을 뜻하는 말에서 출발해, 귀족은 아니지만 부와 권력을 가진 평민 계층을 가리키는 단어가 되었다.

하버마스가 공론장의 원형이 형성되었다고 본 18세기 유럽은 이미 근대국가가 태동하고 부르주아 계층이 공적 담론의 주체로 떠오르던 시대였다. 18세기 부르주아들은 당대 최고의 오락이었던 문학과 예술에 대해 이야기하기 위해 시간이 날 때마다 카페와 살롱을 드나들었다.* 디지털카메라를 좋아하는 사람들이 사진 이야기를 하러 디시인사이드를 찾았던 것처럼 말이다. 마찬가지로 처음에는 예술 이야기를 하러 모였겠지만 사

* 카페는 지금도 쉽게 떠올릴 수 있는 커피하우스에 가깝고, 살롱은 주로 부유한 귀부인들이 자신의 저택 안 큰 응접실을 사교 모임 장소로 제공하던 공간이다.

람이 모인 곳에 어찌 잡담이 없으랴. 게다가 이들은 비슷한 계급에 비슷한 이해관계를 공유하는, 사회적으로 힘 있는 사람들이었다. 국가의 결정에 비슷한 영향을 받는 이들끼리 모여 있으니 당연히 정치적 대소사에 대해 의견을 공유했을 테다. 그렇게 공적 영역에 대한 의견 교환이 활발하게 이루어지는 공론장이 형성된 것이다. 여기서 중요한 점은 이 공론장이 토론장이나 회의실이 아닌, 문화와 예술을 이야기하던 사적 공간인 카페와 살롱에서 출발했다는 점이다.

토론을 위한 공간은 해당 주제에 관심이 있는 사람만 찾아온다. 그 이슈가 잠잠해지면 토론장을 찾을 이유도 사라진다. 대통령 선거처럼 온 국민의 정치적 관심이 최고조에 이르는 시기에는 평소 정치에 관심이 없던 사람도 대선 후보들이 등장하는 토론 방송을 챙겨보기도 하고, 그 과정에서 후보들이 다루는 사회문제나 정책을 접하며 자신이 속한 사회에 대한 정보와 입장을 업데이트하기도 한다. 하지만 이러한 관심은 대선이 끝남과 동시에 사라진다. 이후에도 토론 방송은 여전히 사회의 여러 현안들을 다루지만, 대통령이 누가 되는지에만 관심이 있던 사람들에게는 더 이상 그 프로그램을 시청할 유인이 없다. 이제는 자신과 상관 없는 문제라고 느끼기 때문이다.*

하지만 모든 것이 복잡하게 연결되어 있는 현대 사회에서

---

* 하버마스 역시 공론장을 표방하는 토론 프로그램들을 이미 '정치 마케팅'이라며 비판한 바 있다. 산업화 이후 살롱은 텔레비전으로, '토론하는 문화'는 '소비하는 문화'로 이양되었다고 지적했다.

나와 상관없는 현안이란 없다. 고가의 주택을 가진 사람들에게만 부과되는 종합부동산세는 집이 없는 사람과는 상관없는 문제 같지만, 그렇게 걷어진 세금은 다시 집이 없는 사람이 받을 수 있는 여러 복지의 재원이 되므로 상관이 있다. 다만 종합부동산세가 복지 재원이 되는 과정은 여러 단계를 거치면서 직접적인 연관성이 줄어들기 때문에 대통령 선거만큼 많은 관심이 쏠리기엔 한계가 있다. 그렇게 따지면 세상 모든 일에 다 관심을 가져야 하는데 이토록 분주한 일상에서 그럴 여유를 갖기란 쉽지 않다. 하지만 「100분 토론」이나 신문을 챙겨보지 않는 사람의 상당수는 그보다 더 많은 시간을 쇼츠나 릴스를 보는 데 쓰고 있다. 조롱이 아니라 너무나 자연스러운 일이다.

우리의 일상은 점점 더 많은 인지 자원을 필요로 한다. 피디인 나는 촬영지 답사를 위해 이동하는 차 안에서도 일을 멈추지 않는다. 수정된 견적서를 검토하면서 회의실의 동료들과 수시로 파일을 주고받고, 메일이나 메신저로 들어오는 다른 연락도 실시간으로 처리한다. 인터넷이 보편화되기 전이었다면 촬영지 답사를 다녀오는 날은 그것만 하는 날이었을 것이다. 그 시절 한 사람이 하루 동안 처리할 수 있었던 업무량을 생각해 보면 오늘날 우리가 하루에 얼마나 많은 일을 처리하고 있는지 실감하게 된다. 그런 하루를 보내고 집에 돌아오면 완전히 지쳐서 아무것도 하고 싶지 않다. 미디어는 점점 더 유희와 휴식을 위한 도구가 되어간다. 최근 몇 년 동안 한국인이 스마트폰에서 가장 많은 시간을 쓰는 앱은 세대 구분 없이 유튜브다.[1] 유독 거대한 존재감을 자랑하는 몇몇 정치 채널들이 있긴 하지만, 조회 수나 구독자 수가 가장 높은 채널들을 살펴보면 사람들이 그 많은 시간을 학습을 하거나 시사 상식을 접하는 데 쓰고 있는 것 같진 않다. 대부분의 사람들은 그저 쉬고 싶어 한다. 골치 아픈 사회 문제나 정치로부터 벗어나 아무 생각 없이 볼 수 있는 유희를 원한다.

그런데 이것이 바로 하버마스가 말한 살롱과 카페다. 그리고 디지털카메라 이용자들이 딱히 특별한 목적 없이 들락거리던 디시인사이드이기도 하다. 18세기의 부르주아들도 처음부터 어떤 공적인 목적이 있어서 공론장을 찾았던 것이 아니다. 재미있는 얘깃거리 없나, 커피 한잔하면서 누구 만날 사람 없나 기웃거리다가 '뭐, 그런 일이 있었어?' 하며 예상치 못한 이야기를 듣게 되었던 것이다.

세계를 넓히는 예기치 못한 조우

복잡하게 파편화된 사회에서, 공론장에서 의견을 나누려면 지금 우리 사회에 어떤 일들이 벌어지고 있는지부터 알아야 한다. 매스미디어의 시대에는 그것이 자연스럽게 이루어졌다. 텔레비전은 가구마다 한 대뿐이었고, 채널 선택권이 있는 중장년층은 약속이라도 한 듯 9시 뉴스를 틀었다. 내가 관심 없는 이야기도 뉴스가 선별해서 들려주니 접할 수밖에 없었고, 뉴스 편집자의 입장과 지위가 갖는 편향성을 고려하더라도 자신이 속한 사회에서 벌어지는 굵직한 사건들을 비교적 두루두루 들을 수 있었다. 또 독점적인 영향력을 끼치는 매스미디어에는 그에 걸맞은 윤리적·질적 수준을 유지할 책임이 따랐고, 이에 따라 이루어진 사회적 감시와 견제는 시청자들 입장에서도 미디어의 입장와 편향성을 고려하며 수용할 수 있도록 도왔다.

꼭 매스미디어가 아니더라도 다수의 아날로그미디어는 예기치 못한 소식을 마주치게 한다. 종이신문은 첫 장부터 마지막 장까지 한 장 한 장 넘겨가며 읽어야 한다. 특별히 읽고 싶은 이야기만 골라 읽더라도 그 외의 기사들을 훑지 않을 수 없다. 예를 들어, 내가 관심 있는 기사가 3면 하단에 배치되어 있어도 그 위나 양옆에 배치된 기사들을 자연스럽게 만나게 된다. 아날로그미디어는 디지털 알고리즘과는 달리 이용자의 기호와 무관하게 정보를 배치하기 때문이다. 대학교 캠퍼스나 광장 같은 물리적 공간도 하나의 미디어의 역할을 한다. 캠퍼스 정문에 들어서서 강의실을 향해 걸어가는 동안, 곳곳에 걸려 있는 대자보와 현수막을 접하게 된다. 그 주장에 동의하지 않을지언정 학생회가, 청소노동자들이, 생활협동조합이, 교직원들이 무엇을 요구하고 호소하는지는 알게 된다.

아날로그는 연속적인 물리량의 세계다. 1페이지 없이는 2페이지가 존재할 수 없다. 반면 디지털은 단절된 신호의 세계다. 내가 175페이지를 원하면 174페이지까지는 아예 존재하지 않는 것처럼 바로 건너뛸 수 있다. 디지털 세계에는 과정이 없기에 예기치 못한 조우encounter가 일어나기 어렵다. "나 사실 국민기초

생활보장법에 대해서는 잘 몰라."라고 말할 수 있을 때는 정말로 모르는 것이 아니다. "그런 게 있었어?"라는 말이 진짜 모르는 사람의 반응이다. 그러니까 내가 모른다는 사실조차 모르는 것이 진짜 모르는 상태다. 내가 아는 세상에는 아예 존재하지 않는 것. 그런 사안에 대해서는 의견을 가지는 것도 불가능하다.

인터넷이 처음 등장했을 때 학자들은 물리적 제약에서 벗어난 사람들이 더욱 자유롭게 만나고 연결될 것이라 예측했다. 하지만 낯선 세계를 접하고 다른 의견을 마주하는 것은 생각보다 피곤한 일이었고, 인터넷은 우리로 하여금 너무 빠르게 너무 많은 일을 할 수 있게 만들어 더 큰 피로 속으로 몰아넣었다. 이제 피곤한 사람들은 쉬는 시간까지 사서 고생하려 들지 않는다. 디지털 세계는 단절된 신호의 집합이다. 그 안에서 나를 불편하게 만드는 것을 눈에 보이지 않게 차단하는 것은 너무나 쉽다. 이제 목적을 가지고 공론장을 찾는 사람은 화가 난 사람들뿐이다. 혹은 화를 내는 것으로 피로를 잊는 사람들이거나.

그런데 이들이 그저 시간을 때우거나 재미를 찾으려고 좋아하는 연예인, 자동차, 화장품, 옷, 카메라, 게임 등에 대해 수다를 떨려고 찾아간 곳에서 온갖 이야기를 만나게 된다. 늘 사람들이 북적이는 공간이니 잡담 사이사이에 종종 흥미로운 이야기도 있고, 억울한 사연이나 뉴스와 정책에 관련된 이야기도 흘러나온다. 어떤 주제에는 흥분하며 참여하기도 하고, 때론 서로 의견이 달라 대판 싸우기도 하지만 그러다 또 금세 아무 일 없었던 것처럼 다른 화제를 향해 모인다. 거긴 원래 특별한 목적 없이 기웃거리는 곳이니까.

이것이 내가 주목했던 유희적 공론장으로서의 유머 커뮤니티였다. 공론장을 위한 공론장이 아닌 '사람들이 모여 있어서 내가 몰랐던 이야기를 만나게 되는 살롱'으로서의 공론장. 모른다는 것도 몰랐다는 사실을 알게 되는 공간.

물론 2011년으로부터 10여 년이 훌쩍 지난 지금은 앞서 언급한 온라인 커뮤니티들도 균질한 집단끼리 강하게 결집한 지 오래다. 정치 성향과 성별, 세대에 따라 활동하는 커뮤니티가 더욱 파편화되었고, 그 안에서 점점 더 비슷한 의견만 만나게 되었다. 예기치 못한 조우의 가능성은 소셜미디어로 이동한 듯 보였지만, 그 역시 잘 관리된 피드 안에서 선택적 노출을 강화하는 구조로 금세 굳어졌다. 소셜미디어에서 다른 의견에 노출되는 일은 오직 안전한 내집단으로 그 의견을 가져와 함께 분노하거나 조롱할 때만 일어난다.

그나마 한동안은 이용자에게 자신의 피드에 노출되는 정보를 스스로 선택하고 통제할 수 있는 권한이 주어졌지만, 그마저도 소셜미디어 서비스를 제공하는 플랫폼 사업자들에게 주도권을 빼앗기고 있다. 일례로 인스타그램의 주요 기능은 '해시태그'를 이용한 검색이었는데, 검색 결과를 시간순으로 정렬해 볼 수 있었던 기능을 의도적으로 없애더니 점차 검색 결과에 의도적으로 다른 게시물을 뒤섞어 제공한 끝에, 지금은 검색 기능 자체를 사실상 무력화시켰다. 이유는 간단하다. 이용자가 원하는 결과를 바로 찾지 못하고 헤맬수록 이용 시간이 늘어나고, 광고에도 더 많이 노출되기 때문이다. 이것은 중독 설계의 핵심 원리이기도 하다. 이용자가 어떤 행동을 했을 때 원하는 결과가 즉각적으로 주어지지 않고 무작위적인 운이 일정 비율로 개입해 결과를 계속 바꾸면, 이용자는 원하는 결과에 집착하며 그것이 나올 때까지 같은 행동을 중독적으로 반복한다. 마치 계속해서 슬롯머신을 당기는 것처럼 말이다. 그렇다고 소셜미디어가 무작위로 제공하는 콘텐츠가 세계를 넓히는 조우를 가능케 하는 것도 아니다. 이용자의 기존 데이터를 철저하게 반영하는 알고리즘은 이용자가 안락하게 여기는 닫힌 세계와 기꺼이 지갑을 열 만 한 광고, 마음 놓고 분노할 수 있는 먹잇감을 적절하게 제공하며 더욱 좁고 조악한 울타리 안에 가둔다.

예능, 재미와 유희의 공론장

그렇다면 이 시대에 무엇이 새로운 조우를 만들어낼 수 있을까? 예능 피디인 내게는 예능이 그 가능성 중 하나로 보인다. 벌써 30년 전인 호시절 MBC의 「!느낌표」 같은 교양 예능을 말하는 게 아니다. 간혹 인터넷에는 그 시절의 따뜻하고 교양 있는 예능을 그리워하는 사람들이 있는 것 같지만 인터넷 여론을 다 믿으면 안 된다. 아쉬워하는 사람들도 정말 그런 예능이 다시 만들어지면 안 볼 가능성이 더 높다. 당시에는 방송사가 독과점적 위치에 있었고, 그 덕분에 상업적 경쟁력을 지금보다 덜 고려할 수 있었다. 무엇보다 미디어가 그 시절의 권위를 잃어버린 시대에 이런 계몽적인 메시지는 좀처럼 수용되기 어렵다. 이제 시대의 감성이 달라졌다. 실제로 최근 몇 년 사이 「러브하우스」나 「이경규가 간다!」의 '양심 냉장고'처럼 과거의 교양 예능 포맷을 차용한 시도들이 간혹 있었지만, 달라진 시대만 절절하게 체감하고 조용히 사라진 바 있다. 사람들은 이제 가르치려 드는 미디어를 곱게 봐주지 않는다.

그러나 이러한 '계몽형 예능'이 아니더라도 동시대의 텔레비전이나 OTT 예능은 여전히 매스미디어의 성격을 어느 정도 유지하고 있다. 완전히 파편화된 뉴미디어에 비하면 텔레비전이나 OTT의 예능은 조금 더 다양한 시청자에게 열려 있다. 훨씬 더 자유로운 대신 질적 완성도나 윤리적 책임을 담보할 수 없는 유튜브에 비하면, 기업이 큰 비용을 들여 제작하는 방송 예능 프로그램들에는 최소한의 책임과 감시가 따르기도 한다. 무엇보다 예능은 매스미디어 가운데서도 사람들이 특별한 목적 없이 쉬고 싶을 때 찾는 유희적 공론장이다. 기후 위기의 심각성을 다룬 다큐멘터리나 근대사 속 인물들을 추적하는 시사교양 프로그램은 기후 위기의 심각성을 체감하지 못하거나 근대사에 전혀 관심이 없는 사람이 보았을 때 그 효용이 가장 크겠지만, 실제로는 해당 주제에 관심이 있는 기후 위기 활동가나 역사 덕후들이 가장 열심히 챙겨 본다. 싸울 준비가 되어 있는 사람이 「100분 토론」을 보는 것처럼.

하지만 「무한도전」에서 기후 위기를 다룬 '나비효과' 편이나 근현대사를 다룬 '배달의 무도' 편은 이런 주제에 크게 관심이 없었던 시청자들에게 깊은 인상을 남겼다. 이렇게 직접적으로 메시지를 전한 사례가 아니어도 예능은 힘이 세다. 「1박2일」의 '외국인 근로자' 편은 이주 노동자와 관련한 사회적 이야기를 직접적으로 전달하지 않았음에도, 이주 노동자를 한 명의 입체적이고 능동적인 사람으로 바라보게 하는 데 대단히 효과적이었다. 「아빠! 어디가?」나 「진짜 사나이」 같은 프로그램들은 남성의 육아 참여나 징병제의 군 문화를 예능적으로 미화하고 재구성한 판타지에 가깝지만, 소재 자체가 사회 전반의 관심을 끌어내면서 '방송과 현실은 얼마나 다른가?', '왜 현실은 그렇지 못한가?'에 대한 논의가 이루어지게 만들었다. 왜 현실의 아빠들은 아이들과 저렇게 시간을 보낼 수 없을까? 그게 가능하려면 무엇이 필요할까? 프로그램 속 군대의 모습은 진실에 얼마나 가까울까? 각자가 경험한 징병제는 무엇이 문제였고, 어떻게 바뀌어야 할까? 군대와 축구 이야기는 금기라는 농담이 있듯, 군대는 징병제의 경험 바깥에 있는 사람들에게는 화두가 되기 어려웠다. 그런데 군대에 아무 관심이 없던 사람이 「진짜 사나이」를 가리키며 "군대 재밌던데?"라고 말하는 순간, 그게 현실과 얼마나 다른지를 토로하며 이야기하는 것이 가능해진다.

그게 가능했던 이유는, 재미있었기 때문이다. 재미있었기 때문에 사람들이 기꺼이 시간을 내서 보았고, 본 것에 대해서 떠들었고, 그 과정에서 서로 다른 입장들과 이전까지는 몰랐던 사실들을 만나게 되었다. 그것이 「100분 토론」이나 다큐멘터리와 다른 점이다. 예능은 만만하다. 그래서 더욱 다양한 사람들이 본다. 재미있으면 더 열심히 본다. 그리고 만약 그 재미 속에서 몰랐던 세상을 만나게 된다면 그때부터 공론장이 펼쳐진다. 애초에 입장을 가지고 보기 시작한 것이 아니니까. 예능은 판을 까는 데서 멈추면 된다. 사람들이 질문하게 만들면 된다. 질문에 대한 대답까지 예능이 마련해 두고 있을 필요는 없다. 대답을 위한 공간은 이미 사회에 곳곳에 존재한다. 사람들이 그곳을 찾아가게 만드는 통로가 되어주면 충분하다.

    18세기 유럽의 정치권력은 부르주아들의 살롱에서 형성되었지만, 평민들의 여론은 시장과 빨래터에서 만들어졌을 것이다. ("그 얘기 들었어?", "아이고 그게 무슨 일이래!") 그 시절 시장과 빨래터의 평민들은 정치권력을 가질 수 없었지만, 민주주의 시대의 시장과 빨래터를 오가는 사람들은 동등한 주권을 가지고 있다. 그렇기에 공론을 목적으로 하지 않는, 그냥 기웃거리게 되는 일상의 수많은 공간이 모두 제 나름의 공론장이 될 수 있다. 예기치 못한 조우가 더 많이 일어나는 곳일수록 더 유의미한 이야기가 시작될 수 있다. 미디어의 영역에서는 예능이 그러한 조우에 가장 용이한 곳이라고 나는 생각한다. 파편화된 사람들의 교류를 다루기에 이보다 더 유연하고 효과적인 장르가 어디 있단 말인가.

3장

갈등을 자세히 들여다보면

「더 커뮤니티」는 2024년 1월부터 3월까지 스트리밍 플랫폼 웨이브에서 방영된 11회짜리 예능 프로그램이다. 서로 다른 사회윤리적 태도와 이해관계를 가진 출연자들이 합숙하며 투표와 토론을 통해 탈락을 피하고 리더를 뽑으며 상금을 획득해 나가는 과정을 다루었다. 탈락과 상금이 걸려 있는 이러한 쇼를 통상 '서바이벌 리얼리티'로 분류하는데, 이 장르는 다시 퍼즐이나 퀴즈, 유사 포커 등의 게임을 통해 대결하는 '두뇌 서바이벌'과 신체 능력을 겨루는 '신체 서바이벌' 두 갈래로 나뉜다. 최근에는 이 두 요소를 적절하게 조합한 프로그램들도 인기를 끌었다. 그런데 이 장르에서 최종 승리자가 되기 위해서는 두뇌 서바이벌이든 신체 서바이벌이든 제3의 능력이 필수다. 이른바 '정치력'이다. 왜냐하면 이 장르의 게임들은 항상 공정한 룰과 일대일 대결로만 이루어지지 않기 때문이다. 아무리 뛰어난 참가자라도 다수의 견제를 받으면 능력을 발휘할 기회조차 얻지 못하고 조기에 탈락할 수 있다. 심지어 이러한 패턴이 반복되다 보니, 장르에 익숙해진 참가자들이 처음부터 연합을 결성해 유력한 우승 후보부터 견제하는 장면은 일종의 클리셰가 되었다.

시청자들이 '정치질'이라고 부르는 이 세력 싸움은 이 장르를 좋아하는 팬들 사이에서도 평가가 엇갈린다. "정정당당한 두뇌(또는 신체) 대결을 보고 싶었는데 비겁한 세력 싸움이 끼어들어서 싫다."라는 의견도 있는 반면 "다양한 인간 군상들의 리얼한 심리전을 볼 수 있어서 더 재미있다."라고 하는 사람들도 적지 않은 듯하다. 연출자는 이러한 의견들 사이에서 자기 프로그램의 성격을 대략 정한다. 구성과 장치에서 '정치질'의 요소를 배제할수록 쇼는 스포츠 게임에 가까워지고, 반대로 이를 적극적으로 활용할수록 일종의 사회실험에 가까워진다.

그런 가운데 「더 커뮤니티」는 '본격 정치 서바이벌'을 표방했다. 그동안 서바이벌 프로그램에서 공식적으로는 부차적인 요소였지만 실제로는 핵심적인 역할을 했던 정치를 아예 본격적인 구성 요소로 삼겠다고 선언한 것이다. 다만 비공식적인 세력 싸움과 배신으로 이루어지던 이른바 '정치질'이 아니라, 투표를 통해 권력을 획득하고 제도를 통해 그 권력을 행사하는 진짜

'정치'를 재현하는 데 중점을 두었다. 피디들은 종종 자신의 프로그램을 한 줄로 요약해 보라는 요청을 받는데, 나는 「더 커뮤니티」를 이렇게 소개하곤 한다. "좌파, 우파, 페미니스트, 반페미니스트, 집단주의자, 개인주의자, 부유층, 서민, 이민자 등등이 모여서 리더를 뽑으면 누가 리더가 될까?"

본격 정치 서바이벌 프로그램

그렇다면 '정치政治'란 무엇일까? 보통 한자어를 설명할 때는 단어를 파자破字해 글자의 뜻을 하나하나 풀어쓰는 데서 시작하지만, 이 경우에는 그다지 도움이 되지 않는다. 다스릴 치治 자는 둘째 치고, 정政 자 자체가 애초에 '나라를 다스리는 일'이라는 뜻이기 때문이다. (인문서를 쓰자는 것이 아니니 부수를 다시 쪼개는 데까지는 가지 말자.) 사전적 정의를 따질 때는 이런 일이 종종 벌어진다. '반복하다'의 뜻을 찾으면 '되풀이하다'라고 되어 있고, '되풀이하다'를 찾으면 다시 '반복하다'라고 적혀 있는 일이 부지기수다. 사전적 의미를 넘어, 맥락과 배경을 종합적으로 다루는 개념어는 이럴 때 필요하다.

물론 개념어는 맥락과 배경에 따라 의미가 조금씩 달라진다는 문제가 있지만, 정치라는 개념을 어떻게 정의하든 거의 빠지지 않고 등장하는 핵심 단어들이 있다. 바로 이해관계, 갈등, 권력이다. 즉 정치를 거칠게 요약하면 '서로 다른 이해관계로 발생한 갈등을 권력을 이용해 조정하는 일'이라고 할 수 있다. 여기서 '권력'의 무게감을 최대한 줄이고, '합의'라는 개념을 추가해 방점을 찍는 방향으로 정의를 달리할 수도 있다. 하지만 온전한 합의만으로 이해관계를 조정할 수 있는 집단은 그 규모가 한정적이었다는 것이 가장 전통적인 역사학적·정치학적 설명이다. 이 관점에 따르면 사람들이 모여 사는 규모가 일정한 크기를 넘어서면 반드시 권력을 통한 강제력이 개입하게 된다. 권력과 제도가 발생한 과정을 거슬러 올라가면 인류가 농업혁명을 거치며 정주 생활을 시작하고 인구가 급격히 증가했던 순간들이 포착된다. 이 과정은 집단의 크기와 권력의 형성이 밀접하게 연결되어 있음을 보여준다.

그렇다면 권력은 무엇일까? 기본적으로는 '타인의 의사에 반하더라도 어떤 행동을 하도록 설득하거나 강제하는 힘'으로 정의할 수 있다. 정치의 정의가 '서로 이해관계가 달라 갈등하는 사람들'을 전제하고 있음을 떠올리면, 타인의 의사에 반하더라도 결정을 밀어붙일 수 있는 힘인 권력이 왜 정치에서 중요한지가 명확해진다. 설득을 하든 강제를 하든, 어쨌거나 누군가는 뭔가를 포기해야만 일이 진행된다. 권력은 그 과정을 가능하게 하는 도구다. 이러한 권력을 선거를 통해 획득하는지 무력을 통해 획득하는지, 또 획득한 권력을 법에 근거하여 사용하는지, 자의적으로 휘두르는지, 어떤 수준의 제한이 존재하는지에 따라 현실 정치제도의 형태가 나뉜다.

사실 정치와 권력을 본격적인 화두로 삼은 리얼리티 프로그램이 한국에 없었던 것은 아니다. 대표적으로 이 장르의 팬들에게는 고전으로 꼽히는 「소사이어티 게임」 시리즈가 있다. 이 프로그램은 2016년 tvN에서 방영되어 화제를 모았고, 1년 뒤 두 번째 시즌이 제작되기도 했다. "당신의 사회를 선택하라!"라는 카피와 함께 두 종류의 사회가 맞붙는 대담한 사회실험을 표방했다. 여기서 두 사회는 '민주주의'와 '독재'다. 물론 민감한 단어인 만큼 대놓고 이러한 표현을 사용하지는 않았다. 그 대신 "강인한 리더가 하나의 의견으로 이끄는 사회"와 "합리적인 대중이 협의된 결정으로 만드는 사회"라고 우회적으로 서술했다. 하지만 출연자도 시청자도 그것이 무엇을 의미하는지는 당연히 알고 있었다.

그리고 그 시청자 중에 나도 있었다. 서바이벌 리얼리티에는 크게 관심이 없었지만 이러한 사회적 소재를 좋아하는 사람으로서 호기심을 갖고 지켜보았다. 시청한 소감은 첫째, 이 장르의 대가가 연출한 작품답게 다양한 인간군상을 이끌어내고 두뇌와 신체 대결을 아우르는 구성을 스케일에 짓눌리지 않으며 완숙하게 보여주었다는 점에서 감탄스러웠다. 제작 규모가 커질수록 모든 촬영을 매끄럽게 관리하고, 긴 분량에 걸쳐 서사의 긴장감을 유지하는 일은 더욱 어려워진다. 그런 점에서 이런 결과물을 보면 감탄밖에 안 나온다. 그리고 둘째, 그럼에도 사회실험으로서는 아쉬운 지점이 많았다. 이유는 간단하다. 두 사회를 비교하며 어떤 사회가 더 효율적인지를 가려보겠다고 선언했으나(실제 1회 오프닝 멘트 중에 언급된 내용이다.) 애초에 민주주의는 효율을 지향하는 체제가 아니기 때문이다.

민주주의를 구성하는 몇 가지 제도적 원칙이 있다. 첫째, 보통선거, 평등선거를 통한 권력의 정당성 확보다. 주권자인 국민이 투표를 통해 권력을 직접 선출해야 한다. 둘째, 삼권분립과 임기제다. 선출된 권력은 서로 분산되어 상호 견제하며 아무리 유능한 권력이라도 일정한 시간이 지나면 반드시 교체되어야 한다. 마지막으로 법치주의다. 권력의 행사는 반드시 성문화된 법에 근거하여 이루어져야 한다. 이 모든 제도가 지향하는 바는 명확하다. 권력은 반드시 비효율을 통해 견제되어야 한다는 것이다. 아무리 뛰어난 권력이라도 견제받지 않으면 반드시 부패하며, 한번 부패한 권력을 청산하는 데에는 너무 많은 대가가 따른다는 사실을 인류는 여러 차례 경험했다. 민주주의는 그 핏빛 학습 끝에 만들어낸 안전장치다. 그래서 민주주의는 본질적으로 비효율적이다.

때때로 이러한 비효율성은 답답하게 느껴진다. 하다못해 간단한 팀 과제만 해보더라도 여러 의견을 민주적으로 취합하는 것보다 한 사람이 총대를 메고 앞장서는 것이 훨씬 효율적임을 쉽게 알 수 있다. 게다가 「소사이어티 게임」에서 체제의 우수성을 증명하는 방식은 결국 두 마을의 대결, 즉 전쟁에서 승리하는 것이다. 완숙한 민주주의 체제를 갖춘 국가에서도 전쟁을 수행할 때는 독재적 리더십이 결정권을 갖는다. 그것이 바로 계엄이다. 전시·사변 등의 국가 비상사태 시에 국민의 기본권을 제한할 수 있는 제도. 이 계엄마저도 제대로 된 민주주의 사회에서는 대통령이 자의적으로 시행할 수 없도록 여러 겹의 안전장치를 마련해 놓는다. 사회제도의 우수성을 겨루는 프로그램에서 이를 증명하는 방식이 전쟁이라면, 민주주의가 제대로 작동하는 모습을 기대하긴 어렵다. 무엇보다 사회제도의 목표는 전쟁에서 이기는 것이 아니라, 구성원들의 종합적인 안녕을 보장하는 데 있어야 한다.

물론 방송의 목적은 진짜 사회실험이 아니다. 거액의 제작비를 들여 시청률을 확보하기 위해 만들어지는 만큼 직관적인 재미를 고려할 수밖에 없다. 「소사이어티 게임」이 방영되던 시점은 이제 막 서바이벌 쇼의 시장을 본격적으로 개척해 나가는 단계였다. 그만큼 게임 요소보다 사회실험적인 성격을 더 강조하는 것은 당시로서는 너무 위험한 모험이었을 것이다. 그 이후로 연출자인 정종연 피디의 새로운 기획들은 꾸준히 한국 방송 시장의 지평을 넓혀왔고, 그 토양 위에서 후배 연출자들도 새롭고 다양한 시도를 쌓아올리며 시청자들이 어떤 문법의 콘텐츠까지 수용하고 반응하는지 확인할 수 있었다. 덕분에 「더 커뮤니티」는 이제 시장에서도 제법 익숙해진 서바이벌 리얼리티라는 토대 위에서 대결과 탈락을 넘어, 사회 내부로 향하는 권력과 안녕의 구조를 실험하고 고민할 수 있었다. 모든 이야기는 항상 이전의 작품에 어떤 식으로든 빚이 있기 마련이다.

미디어 속 갈등은 현실과 얼마나 가까울까?

한 가지 짚고 넘어갈 사실은 「더 커뮤니티」의 모체가 된 기획안은 기획팀의 다른 동료들에게서 나왔다는 것이다. 당시의 기획안은 서로 다른 성향을 가진 남녀가 합숙하는 동안 낮에는 성향을 감춘 채 대면하며 생활하고, 밤에는 익명으로 찬반 토론을 벌인다는 아이디어 중심이었다. 예를 들어, 비건인 참가자와 고기 없이 못 사는 참가자가 함께 생활하면서 밤에는 '비건은 단체 식사에서 배려받아야 하는가?'에 대한 토론을 진행하는 식이다. 토론을 지켜본 참가자들이 투표한 결과에 따라 다음 날 식사 메뉴가 결정되고 최종 상금도 지급된다. 공교롭게도 나 역시 그로부터 몇 개월 전 '온라인에서 서로 조롱하며 싸우는 사람들이 실제로 만나도 똑같이 싸울 수 있을까?'라는 질문을 담은 '현피'*라는 기획 아이디어를 제출했었고, 덕분에 기획팀의 기획안 초안을 내가 맡아 개발하게 되었다. 그 무렵 이런 사회현상에 문제의식을 느낀 사람들이 많았는지, 그 밖에도 유사한 아이디어를 담은 기획안들이 다수 있었다. 나는 이 기획안이 미시적인 다툼에 집중하기보다 현실 정치에 대한 이해를 담아내면 좋겠다고 생각했고, 본격적인 정치와 권력에 대한 장치들을 도입하며 지금의 「더 커뮤니티」로 발전시켰다.

시청자들은 갈등을 보고 싶어 한다. 그것도 아주 치열한 갈등을. 사실 정말로 그걸 좋아하는지는 모르겠지만, 실제로 예능

---

* 온라인상에서 시비가 붙은 사람들이 실제로 만나 다툼을 벌이는 일. 온라인 게임에서 컴퓨터가 플레이하는 캐릭터인 NPC$_{Non\text{-}Player\ Character}$가 아닌, 다른 사람이 직접 플레이하는 캐릭터를 공격하는 일을 PK$_{Player\ Kill}$이라고 하는데, 여기에 현실을 뜻하는 '현'이 붙어 만들어진 말이다.

프로그램상에서 날것의 갈등이 터져 나오면 시청률과 화제성이 급상승하는 현상이 자주 목격된다. 당시 사회갈등을 소재로 한 몇몇 기획안들은 이런 반응을 기대했던 것 같다. 당장 '서로 다른 성향을 가진 남녀가 합숙하며 찬반 토론으로 생활을 결정'한다는 기획 내용을 들으면 사람들은 가장 먼저 어떤 장면을 떠올릴까? 정치, 젠더, 정체성 같은 민감한 주제들 앞에서 서로 공격하고 조롱하며 파국을 맞이하는 모습을 상상하지 않을까? 멀리 갈 것도 없이 앞의 예시를 다시 가져와 보자. 비건 참가자와 고기 없이 못 사는 참가자가 다음 날 식사 메뉴를 두고 토론한다는 이야기를 들으면 아마 많은 사람이 '평범한 식생활을 비난하는 외골수 비건'과 '비건의 모순을 조롱하며 보란 듯이 고기를 먹는 육식주의자'의 대환장 파티를 상상할 것이다. 그간 미디어와 온라인 공간에서 자주 재현되어 온 모습이 그랬기 때문이다. 시청자가 갈등을 보고 싶어 한다고 굳게 믿는 미디어는 가장 날이 서 있는 사람들을 카메라 앞으로 불러들인다.

하지만 우리 주변에는 다양한 이유로 채식을 실천하는 사람들이 실제로 많다. 만약 이들이 항상 이러한 갈등에 부딪힌다면 일상을 영위하기 어려울 것이다. 현실 속 많은 채식주의자는 각자 나름의 방식으로 타인과 공존하고 있다. 자기가 먹을 것을 직접 챙겨 다니고, 채식을 하지 않는 사람과 식사를 할 때는 선택지가 다양한 식당을 찾는다. 정말로 이해받기 어려울 것 같은 자리에서는 자신의 지향을 드러내지 않고 알아서 고기를 피해 먹는 경우도 적지 않다. 함께 사는 가족이 채식을 하지 않는다면 더 많은 고민이 필요하겠지만, 가끔 같이 밥을 함께 먹는 사이에서는 보통 이러한 지향을 고려하며 서로 접점을 찾는다. 물론 한국 사회에서 채식주의를 실천하기란 여전히 어렵고, 늘 이렇게 많은 노력을 들여야 하는 상황이 바람직하다고 할 수는 없지만, 중요한 것은 사람들이 저마다의 방식으로 공존해 나가고 있다는 점이다.

미디어에 자주 등장하는, 가는 곳마다 고기 먹는 사람들을 대놓고 비난하며 야만인 취급하는 채식주의자는 실제로는 거의 찾아보기 어렵다. 그럼 사람들에게 채식주의에 대해 어떻게 생각하는지 물어보면 '존중한다'는 응답은 얼마나 나올까? 미디어나 온라인에서 반복되는 갈등을 보다 보면 그 비율이 높을 것 같지 않지만, 여론조사기업 한국리서치의 2022년 조사에 따르면 "채식은 개인취향의 문제"라는 의견은 약 91퍼센트, "채식이 환경에 도움이 될 것"이라고 응답한 사람도 64퍼센트로 과반이 넘는다.[1] 이처럼 미디어상에서 이슈가 되는 갈등은 사람들로 하여금 나는 그렇지 않지만 다른 사람들은 극단적인 의견을 갖고 있을 것이라고 생각하게 만든다. 모두가 서로를 그렇게 여긴다.

이러한 맥락에서 『숫자 한국』의 저자 박한슬 씨가 들려준 개인적인 경험은 인상적이다. 어느 날 그는 중소 공단이 밀집한 경기도 외곽의 한 소도시 식당에 식사를 하러 들어갔다. 그곳은 공장 노동자들이 주로 찾는 곳이었다. 때마침 외국인 손님들이 김치찌개와 된장찌개를 주문했고, 음식이 나오자 된장찌개에 고기가 있는 것을 본 한 손님이 자신은 채식주의자라며 메뉴를 바꿔달라고 요청했다. 된장찌개는 보통 다시마와 멸치 육수로 끓이는 경우가 많아 채식의 선택지가 되는데, 이 식당의 된장찌개에는 고기가 들어 있었던 것이다. 이를 지켜보던 그는 지방 소도시의 식당 사장님들이 대개 보수적인 성향을 가진 경우가 많은 만큼, 어쩐지 곤란한 장면이 펼쳐질 것이라 예상했다고 한다. 하지만 의외로 군말 없이 새로운 메뉴를 가져다주는 모습이 신선한 충격이었다고. 애초에 지방 공단은 이주 노동자 비율이 워낙 높아, 다양한 문화권의 손님들을 상대로 장사해야 하는 식당역시 이런 상황에 익숙해졌을 거라고 덧붙였다. 정말 그랬는지, 아니면 원래 채식을 존중하는 사장님이었는지야 정확히 알 방법은 없다. 하지만 자주 만나고 많이 마주치면 그러려니 하게 되는 것이 사람의 일이다. 더구나 생업과 직접적으로 관련 있는 사람이라면 받아들이지 않을 도리가 없다. 그렇게 일단 받아들이고 일상의 영역에서 자주 접하다 보면, 의외로 많은 것들이 생각보다 그리 번거롭지 않다.

하지만 이런 이야기는 자극적이지 않다. 미디어는 언제나 예외에 관심을 둔다. 1000명이 모인 시위대가 평화롭게 시위를 마치고 해산했더라도, 유독 공격적인 두 사람이 기물을 파손하고 경찰과 충돌했다면 뉴스는 그 두 사람을 중심으로 보도한다. 그리고 뉴스를 읽는 사람들은 두 사람의 이미지로 시위대 전체를 기억하게 된다. 터무니없는 요구를 하는 채식주의자와 평범한 요청에도 불쾌하게 반응하는 사장님. 우리는 정말 이런 사람들을 현실에서 자주 마주쳤을까? 인터넷에서 접한 몇몇 사례를 실제보다 훨씬 흔하게 여기는 것은 아닐까? 인터넷 시대 이전에는 일상에서 겪은 크고 작은 불편함은 그 순간이 지나가면 사라지곤 했다. 대단히 부당한 일이 아니고서야 주변 사람 몇몇에게 이야기하며 해소할 수 있었다. 하지만 이제는 작은 불편과 갈등도 인터넷에 공유하면 많은 사람의 공분을 불러일으킬 수 있다. 이런 이야기들은 시공간을 넘어 끝없이 확산되며, 심지어는 맨 처음 글을 쓴 사람이 까맣게 잊은 뒤에도 사라지지 않는다.

또 이런 이야기에는 주관적인 왜곡이 섞이는 경우가 많지만, 인터넷상에서 이를 구분할 수 있는 방법이 없다. 다수의 공분을 사 이례적으로 공론화가 이루어진 경우, 공권력이나 언론의 취재를 통해 실제로는 전혀 다른 상황이었음이 밝혀지는 경우도 많다. 하지만 이런 간접경험은 사실 여부와 무관하게 차곡차곡 쌓여 하나의 이미지로 구축된다. 그리고 이렇게 완성된 이미지는 '사이다'를 표방하는 웹툰이나 드라마 같은 서사예술 안에서 재활용되며 고착된다. '사이다'는 갈등 상황을 권선징악의 단순한 구도로 설정하고 통쾌한 응징을 통해 재미를 극대화한다. 하지만 현실의 갈등이 그렇게 단순한 경우는 극히 드물다. 그런데도 우리는 점점 더 복잡해지는 현실 속에서 '사이다'를 찾는다. 현실이 서사를 만들어내듯, 서사는 다시 현실을 주조한다.

게다가 인터넷에 이런 글을 쓰는 사람들은 전체 이용자의 극소수에 불과하다. 2018년 스탠퍼드 연구팀이 세계 최대 규모의 온라인 커뮤니티 레딧Reddit*을 분석한 논문에 따르면, 전체 게시판의 1퍼센트 미만에서 갈등의 74퍼센트가 시작되며, 단

0.1퍼센트의 사용자가 부정적인 상호작용이 이루어지는 글과 댓글의 38퍼센트를 작성한다고 한다. 나머지 99.9퍼센트에 해당하는 대다수 이용자들은 이러한 공격적인 이용자들에게 질려 커뮤니티 활동을 줄이게 되고, 그 결과 극소수의 극단적 의견이 커뮤니티의 주류를 지배하는 '식민화 효과'가 발생한다.[2] 미국의 연구를 인용했지만 한국도 다르지 않다. 정보통신정책연구원의 조사에 따르면 실명을 드러내는 소셜미디어에서는 좀 더 활발하게 활동하더라도, 뉴스와 토론 게시판에서 정보를 생산해 본 경험을 묻는 질문에는 대부분의 응답자가 "전혀 하지 않"거나, "거의 하지 않는다"라고 답했다.[3]

　이 글을 읽는 당신은 온라인 커뮤니티에 분노에 가득 찬 글을 올리는 사람인가? 나는 아니고, 그런 사람을 본 적도 없다. 그 많은 글은 다 누가 쓰고 있는 것일까? (사실 나는 평생 딱 한 번 온라인에서 공론화를 시도한 적이 있다. 그때는 실명을 공개했으니 이 사례에서는 빼주면 어떨까…….) 특정한 목소리가 커질수록 반대편에 선 사람들은 스스로가 소수라는 생각에 침묵하게 되고, 이러한 침묵이 다시 기존의 목소리를 강화하면서 전체 여론 구조를 서서히 왜곡시킨다. 이 같은 현상은 인터넷 시대 이전에도 이미 존재했으며, 정치학과 커뮤니케이션학에서는 이를 '침묵의 나선 이론 spiral of silence'이라 불러왔다. 침묵의 나선 이론과 현대의 온라인 여론 왜곡에 근본적인 차이가 있다면, 침묵의 나선 이론에서는

---

* 2024년 기준 일일 활성 사용자 규모가 약 1억 1700만 명에 이른다. 디시인사이드의 일일 활성 사용자는 약 300만 명이다.

처음부터 다수의 목소리가 힘을 얻으며 소수의 목소리를 침묵시킨다고 설명하는 반면, 온라인 커뮤니티에서는 극소수의 극단적인 목소리가 절대다수를 침묵시킨다는 점이다.

「더 커뮤니티」에서 다루는 입장들, 예컨대 좌파와 우파, 페미니스트와 반페미니스트, 계급과 진보성에 대한 다양한 입장들은 온라인과 미디어 속에서 오랜 세월 극단적이고 정형화된 모습으로 제시되어 왔다. 같은 주장이어도 가장 급진적이고 선명한 목소리가 눈에 띄어 더 많은 스포트라이트를 받는다. 극단적일수록 논지가 단순하고 명확해 이해하고 소비하기도 훨씬 편리하다. 하지만 누군가가 어떤 입장에 동의한다고 해서 그 입장의 모든 주장에 동의하는 것은 아니다. 또 가장 선명한 목소리까지 동의할 수 있어야 그 입장에 속할 수 있는 것도 아니다. 대부분의 사람은 이러한 입장의 스펙트럼 어딘가에 머물러 있다. 우리 삶은 늘 부조화의 영역 안에 있고, 심리학의 가장 유명한 이론인 '인지부조화 이론'이 알려주듯 인류 역사에서 가장 비합리적인 행동들은 항상 이 부조화를 억지로 해소하려 할 때 나타났다. 「더 커뮤니티」에서는 그동안 전형적으로 소비되어 온 이런 입장들을 살아 있는 사람의 입체성을 통해 보여주고 싶었다. 명확한 논리로 양극단을 차지하고 있는 의견들 사이에 어수선하고 애매하게, 때로는 앞뒤가 맞지 않는 채로 존재하는 수많은 입장들은 그 자체로 중요한 가치가 있다.

'취향'에서 '정치'로, 현실에서 갈등이 등장하는 순간

하지만 「더 커뮤니티」는 서바이벌 리얼리티 쇼다. 앞서 극단적인 사례에만 초점을 맞추는 미디어에 대해 여러 차례 짚었지만, 미디어 종사자들이 악의를 품었다거나 윤리의식이 부족해서 그렇게 하는 것은 아닐 테다. 쇼는 현실이 아닐 뿐이고, 서사에는 갈등이 필요하기 때문이다. 시나리오 작법서의 경전으로 꼽히는 로버트 맥키의 책 『스토리』는 "이야기의 본질은 갈등이다."라는 문장으로 요약된다. 그가 계승한 미국의 극작가 윌리엄 아처 역시 "드라마는 갈등이다."라고 강조했으며, 이는 오늘날까지 모든 서사 창작의 기본 원리로 받아들여지고 있다.

이야기에 비하면 현실은 훨씬 지루하고 단조롭다. 서사예술은 그 안에서 갈등의 순간을 포착해 현실을 재구성해 낸다. 실제로 「더 커뮤니티」와 같은 리얼리티 쇼의 경우 거의 24시간 카메라를 돌리는데, 일주일만 촬영해도 170시간이 넘는 분량이 나온다. 하지만 시청자가 보게 되는 것은 아무리 길어도 20시간 내외로 편집된 영상이다. 물론 그 20시간 내내 사람들이 싸우는 것도 아니다. 의도적으로 갈등을 만들어내기 위해 연출된 상황임에도 실제 방송에 담을 만한 장면은 극히 일부에 불과하다는 뜻이다. 현실을 있는 그대로 옮겨서는 쇼를 만들기 어렵다. 서로 다른 사회적·정치적 입장을 소재로 리얼리티 쇼를 만들려면 어느 정도 두드러지는 인물을 설정하는 것은 피할 수 없을 것 같다. 하지만 이런 인물들이 자꾸 강조될수록 공론장의 지형은 점점 왜곡된다. 한 사람 내에서도 교차하는, 다양한 스펙트럼 위에 놓인 입장을 담아내면서도 동시에 이야기의 본질인 갈등을 재현할 수는 없을까?

채식주의 이야기로 돌아가 보자. 앞서 소개한 조사에서 응답자의 91퍼센트는 채식을 개인의 취향이라며 존중한다고 답했다. 하지만 같은 조사에서 "채식주의자에 대한 호감 여부"를 묻는 질문에는 51퍼센트만이 호감이 간다고 응답했고(성소수자 33.4퍼센트나 페미니스트 29.9퍼센트보다 높은 수치다.), "채식을 권유하는 채식주의 활동가"에 대한 호감으로 질문을 바꾸면 응답 비율은 36.4퍼센트로 떨어진다. "채식선택권을 법적으로 보장해야 한다."라는 문항에 동의한 사람도 38퍼센트에 그쳤다.[4] 여기서 '개인의 취향'이라는 말의 함의가 드러난다. 사람들이 "개인의 취향이니 존중한다."라고 말할 때는 사실상 휴전을 선언하듯 강력한 유보적 태도를 전제하는 것이다. 네가 나를 건드리지 않으면 나도 너를 건드리지 않겠다. 네가 나에게 채식을 강요하지 않으면 나도 너의 채식을 존중하겠다. 이러한 존중은 내 삶에 어떤 식으로든 영향을 미칠 가능성이 감지되는 순간, 곧바로 철회된다.

"채식을 권유하는 활동가"에 대한 호감이 낮은 것은 예상할 수 있는 반응이다. 하지만 "채식선택권을 법적으로 보장해야 한다."에도 반대 여론이 높은 것은 눈여겨볼 만하다. 채식주의자 입장에서는 대다수 식당에 채식 메뉴가 있으면 다른 사람 눈치 볼 일도 줄고, 비용과 에너지도 훨씬 절감되며, 궁극적으로는 이러한 신념에 다른 사람이 접근할 수 있는 가능성도 높아질 테니 바라마지않겠지만, 법적으로 보장받기엔 여론의 벽이 아직은 너무 높아 보인다. 공공기관 및 식당 등에서 채식의 선택지를 늘리는 것이 곧 기존의 선택지를 줄인다는 뜻이 아님에도 사람들은 자신이 영향을 받을 수 있다는 가능성에 민감하게 반응한다. '법적인 보장'은 즉각적으로 권력의 개입을 떠올리게 하고, 이때부터 '취향'은 '정치'가 된다. 상대가 극단적이거나 나쁜 사람이어서가 아니다. 어떤 문제가 내가 속한 시스템의 이해관계로 느껴지는 순간, 갈등은 언제든 시작될 수 있다. 우리는 연결되어 있으니까. 서로에게 어떤 식으로든 영향을 주고받을 수밖에 없으니까.

한국 사회에서는 사실상 논의가 끝난 것으로 보이는 개고기 문제로 이야기를 바꿔보자. 2023년 조사에 따르면 응답자의 94.5퍼센트는 최근 개고기를 먹은 적이 없고, 앞으로도 먹을 의향이 없다고 답했다.[5] 한편 2020년 이루어진 한국의 가장 큰 전수조사인 인구주택총조사에서 반려견을 키우는 가구는 11.6퍼센트로 집계되었다. 가구 단위에 조사 당시 평균 가구원 수인 2.37을 곱하면 대략 27.5퍼센트 정도의 사람들이 반려견을 키운다고 가늠해 볼 수 있다.[6] 반려견을 키우는 인구는 꾸준히 늘고 있으니 5년 사이 이 숫자는 더 커졌을 것이다. 이러한 흐름에 따라 2024년 식용을 목적으로 개를 기르거나 도살하는 행위를 금지하는 특별법이 통과되었다.[7] 문제는 일부 고령층을 중심으로 여전히 개고기를 먹거나, 개고기 판매를 생업으로 삼고 있는 사람들이 존재한다는 사실이다. '개식용 금지법'은 2027년 시행 전까지 관련 종사자들의 폐업과 전업을 보상하고 지원하는 내용을 포함하고 있지만, 하루아침에 생업을 바꾸는 게 쉬울 리 없다. 게다가 기존 농장에서 기르던 개들을 자연사할 때까지 보존하고 관리해야 할 책임도 져야 한다. 당사자들에게는 날벼락 같은 소식이 아닐 수 없다.

이러한 법안이 통과된 가장 큰 이유는 국민의 27.5퍼센트에게 반려견은 가족이나 다름없기 때문이다. 이들이 개와 함께 가족으로 지내는 일상은 여러 경로를 통해 널리 공유되었고, 덕분에 개를 키우지 않는 사람들도 비슷한 인식을 갖게 됐다. 보다 정확히 말하면 그 이전부터 다양한 방식으로 개를 사랑하고 개의 매력을 알려온 이들 덕분에 반려견을 키우는 인구가 약 27.5퍼센트에 이를 수 있었을 테다. 2000년대 초반까지만 하더라도 '애완견'을 가족의 일원으로 생각하는 모습은 비교적 유난스러운 것으로 여겨졌으며(2000년에 개봉한 봉준호 감독의 영화 「플란다스의 개」만 봐도 당시 반려견에 대한 사회적 인식이 오늘날과 얼마나 달랐는지 실감할 수 있다.) 확인할 수 있는 가장 오래된 자료인 2012년에도 개를 키우는 가구 비율은 2023년의 절반 수준에 불과했다. 그사이 반려견에 대한 인식은 꾸준히 달라져 왔고, 결국 절대적으로 수가 적은 식용견 관계자들은 정치적 결정에 따라 생업을 접게 되었다.

이전까지는 반려견을 키우는 사람들과 개고기를 먹는 이들이 서로를 없는 듯 여기며 공존해 왔다. 하지만 이제는 누군가가 우리 집 개를 훔쳐 가거나 나에게 개고기를 권유하지 않더라도, 한 사회 안에서 가족 같은 개가 식용으로 도축되고 있다는 사실을 더는 취향으로 존중할 수 없게 된 것이다. '취향 존중'이라는 휴전 선언은 언젠가 한계에 부딪히고 정치의 대상이 된다. 심지어 개식용 문제는 재화의 분배가 걸린 이해관계도 아닌 감정의 영역이다. 만약 반대로 개고기 식용이 일상적이고 합법적으로 이루어져 식료품점 곳곳에서 개고기를 흔하게 만나는 사회였다면 반려견을 가족으로 여기는 사람들은 다른 것을 떠나 감정적으로 도저히 그 사회에 살 수 없을 것이다. 그곳을 떠나거나, 그럴 수 없다면 사회의 인식을 바꿔 공식적인 유통이라도 중단시켜야 숨통이 트일 테다. 다시 말해 정치를 통해 사회를 바꾼다는 이야기다. 가장 유용한 방법은 강아지가 얼마나 사랑스러운 존재인지를 자연스럽고 꾸준하게 알리는 일일 것이다. 실제로 한국 사회가 그렇게 바뀐 것처럼.

    이런 사회에 대한 가정이 너무 비현실적이라고 느껴지는가? 하지만 개가 조금만 더 못생기고 개고기가 더 맛있었다면, 그리고 돼지가 조금만 더 날씬하고 맛이 없었다면 얼마든지 가능했을 일이다. 개식용 반대자들은 개의 뛰어난 지능을 다른 가축과 구분하는 근거로 삼지만, 돼지의 지능이 개의 지능과 비슷하다거나 종종 더 뛰어나다는 사실은 여러 차례 입증되었다. 소 역시 인간과 유대감을 형성하는 능력과 지능 또한 결코 낮지 않다. 단지 개가 인간에게 더 적극적으로 상호작용을 시도했다는 이유로 외모와 유대감을 중심으로 개량되어 오는 동안, 돼지와 소는 고기가 맛있어지는 방향으로 만들어져 왔을 뿐이다. 가축과 반려동물 사이에서 우리가 자연스럽게 받아들이는 분리가 실제로는 인간의 인위적인 선택에 불과하다는 사실은 채식주의자들에게 중요한 윤리적 근거가 된다. 개고기가 일상적으로 유통되는 사회에서 반려견을 가족으로 여기는 사람이 살기 어렵다는 '가정'은 윤리적인 이유로 비건을 실천하는 사람들에게는 가정이 아닌 '현실'에 가깝다. 이들은 개의 사례를 바탕으로 소나 돼지 또한 사랑스럽고 감정이 있는 존재임을 알리려 한다. 하지만 소와 돼지의 고기는 이미 뿌리 깊은 식문화로 자리 잡은 반면, 반려 존재로서 이들을 인식할 수 있는 사례는 너무 드물다. 그래서 감정을 표현하는 소나 돼지의 모습은 도리어 불편함을 유발해 더욱 적극적으로 감정을 분리하거나 외면하는 반응으로 이어진다. '개식용 금지법'을 지지한 82.3퍼센트[8]와 채식선택권 법제화에 동의한 38퍼센트 사이에는 설득과 이해관계, 감정의 정치가 놓여 있다. 극단적이고 공격적인 인물을 내세우지 않더라도 한정된 자원과 충돌하는 감정 사이에서 의사결정이 필요해지는 순간, 갈등과 정치는 자연스럽게 형성된다. 그리고 나는 이쪽이야말로 진짜 사회 속 갈등에 더 가깝다고 생각한다.

한편 흥미로운 사실은 질문을 조금만 바꿔도 응답이 달라진다는 것이다. "채식선택권을 법적으로 보장해야 한다."에는 38퍼센트만 동의했던 사람들이, 구체적인 기관으로 범위를 좁혀 묻자 더 많은 수가 보장해야 한다고 응답했다. 같은 자료에서 병원의 경우 64퍼센트, 직장은 57퍼센트, 중고등학교에도 51퍼센트의 사람들이 채식선택권을 보장해야 한다고 답했다. 법으로 보장해야 한다고 하면 왠지 나를 둘러싼 모든 곳에서 채식을 강요할 것 같은 기분이 들어서 싫지만, 병원·직장·학교처럼 개인의 의지와 무관하게 머물러야 하는 공간에서는 채식선택권이 필요하다고 느끼는 것이다. 사실 통상적인 판례나 입법례를 생각하면 애초에 법이 선택권을 보장하는 대상은 학교나 공공기관처럼 공공성이 강한 기관으로 한정된다. 보통 자영업자의 식당이나 사기업의 구내식당에는 적용되지 않는다. 그러니까 "채식선택권을 법적으로 보장해야 한다."라는 문항 자체가 사실상 공공 영역을 전제하고 있음에도 불구하고, 여기에 반대했던 사람들이 장소를 구체적으로 묻자 민간 영역인 직장과 병원에까지 채식선택권을 보장해야 한다고 과반이 넘게 응답한 것이다. 정치는 감정과 밀접하게 연결되어 있다. 말만 잘 골라서 해도 동의하는 사람을 두 배 가까이 늘릴 수 있다는 뜻이다.

    그렇다면 어떤 사람들에게 어떤 말이 필요할까? 미디어에서 극단적으로 다뤄지던 입장들 사이에는 얼마나 많은 '보통 사람들'이 존재할까? 결코 좁힐 수 없을 것 같아 보이는 미디어의 극단적인 의견 차이들과 달리, 현실 속 사람들의 다양한 입장은 질문을 다듬고 감정을 좀 더 헤아리는 것만으로도 의외로 많은 조율이 이루어지기도 한다. 그러기 위해서는 수많은 사람의 입장과 감정이 어떻게 구성되어 있는지 더 자세히 살펴볼 필요가 있다.

4장

스펙트럼 차원과

　마음에 들지 않는 사실일 수 있지만, MBTI는 오늘날 한국의 젊은 세대가 타인과 자신을 인식하는 데 사용하는 가장 대중적인 분류 틀이다. 물론 세상에는 모든 종류의 테스트와 분류법을 그다지 좋아하지 않는 사람들이 있기 마련인데, 애석하게도 나 역시 그중 하나다. MBTI를 좋아하지 않는 사람들은 보통 과학적인 신뢰도를 문제 삼는다. 더욱 전문화된 성격심리 테스트를 활용하는 조직심리학자들, 그중에서도 가장 유명한 로버트 호건은 MBTI를 "포춘쿠키보다 조금 나은 정도"라고 일축하기도 했다. 하지만 나는 설령 신뢰할 수 있는 분류법이라 하더라도 분류 자체를 달가워하지 않는 쪽이다. 분류법은 큰 노력을 들이지 않고 세상을 빠르게 이해할 수 있게 도와주지만, 대개 그 효율성은 분류에 딱 들어맞지 않는 수많은 개별 사례들을 대대적으로 무시하고 제거함으로써 얻는 것이라 왜인지 손해 보는 기분이다. 과일 엄청 못 깎는 사람이 두꺼운 과육을 껍질과 함께 잔뜩 도려낸 과일을 먹는 기분이랄까. 누군가 나의 테스트 결과를 묻기에 INFP가 나왔다고 대답하며(이럴 때 정색하면서 MBTI 싫다고 말하면 친구 못 사귄다.) "그렇지만 저는 이게 저를 그다지 잘 설명하는 것 같진 않아요."라고 덧붙였더니 "INFP들이 꼭 그렇게 말한대요."라는 대답이 돌아왔다. 이 과일은 도무지 앙상하다.

그럼에도 나를 비롯한 테스트 냉소주의자들이 대부분 동의하는 지점이 있다면, 지금까지 유행했던 다른 테스트나 분류법에 비하면 그래도 MBTI가 가장 낫다는 사실이다. 단 두 가지 분류뿐인 "화성에서 온 남자, 금성에서 온 여자"*는 말할 것도 없고, 적혈구의 항원·항체로 인류의 성격을 네 가지로 나누는 혈액형 성격론과 비교해도 거대한 진보다. 일단 유형이 16가지나 된다는 점에서 껍질에 붙어 버려지는 과육이 훨씬 줄어든다. 포춘쿠키보다 조금 나은 정도의 신뢰도라지만 최소한 수십 개의 질문에 대한 자기 서술을 산술적으로 종합해 보여주는 결과인데, 아예 스스로를 설명할 기회조차 주지 않는 성별, 혈액형, 사주, 별자리보다야 당연히 나을 수밖에 없지 않나.

* 1992년에 출간된 베스트셀러. 남자와 여자를 명확한 이분법으로 설명한 가장 유명한 책이다.

무엇보다 MBTI에서 썩 마음에 드는 지점은 이 테스트가 한 사람의 성격을 정의하는 방식이다. 사람의 성격을 임의로 분류하는 것이 아니라, 서로 다른 네 가지 차원으로 구성한 뒤 그 조합으로 표현한다. 요즘엔 MBTI의 네 가지 차원을 달달 외우고 있는 것도 상식에 가까운 것 같지만 여기서 다시 한번 소개하자면 에너지의 방향을 보여주는 내향(I)/외향(E), 세상을 인식하는 방식을 설명하는 감각(S)/직관(N), 사고와 행동의 주요 동력이 무엇인지 말해주는 사고(T)/감정(F), 그리고 외부 세계를 얼마나 많이 통제하고 자신의 기준으로 조직하고 싶어 하는지를 드러내는 판단(J)/인식(P)의 분류가 그것이다. 이처럼 네 개의 차원으로 나누고 그 조합으로 성격을 서술하는 방식은 신뢰도 면에서 학술적으로 더 인정받는 '빅파이브BIG5 테스트'와도 유사한 구조다.

요는 인간의 성격이 한 가지 요소만으로 구성되지 않는다는 것이다. MBTI 대유행이 불러온 수많은 부작용에도 불구하고 한 사람의 성격에는 다양한 차원이 존재한다는 인식이 대중화된 것은 엄청난 성과라고 생각한다. 그러니까 이전까지는 왠지 내향적인 사람(I)은 자연히 감성적(F)이고 내면 세계가 넓고 풍부할 것(N)으로 여겨졌지만, 이제는 내향적이면서 증거와 경험 위주로 세상을 인식하고(S) 이성 중심적인(T) 성격일 수도 있다고 자연스럽게 받아들이게 되었다. 원래 인간을 다층적으로 이해해 온 사람은 MBTI의 유행이 만든 지독한 이분법의 감옥이 적잖이 괴롭겠지만, 화성남자 금성여자와 혈액형 성격론 시절을 떠올리며 조금이라도 위안을 얻어보자.

당신의 정치 MBTI는 무엇인가요?

성격의 자리에 사회적·정치적 성향을 넣어보면 어떨까? 「더 커뮤니티」기획 회의 초반, 동료 피디가 MBTI를 변주해 활용해 보자는 획기적인 아이디어를 제안했다. 프로그램의 주요 타깃인 젊은 세대에게 이제 상식처럼 자리 잡은 MBTI의 구조를 빌리면, 성격에 비해 다소 낯선 개념일 수 있는 사회적·정치적 입장의 입체성을 더 효과적으로 보여줄 수 있을 것 같았다.

가장 흔하게 사용되는 정치 용어인 '진보'와 '보수'는 상황과 맥락에 따라 그 의미가 유동적으로 달라진다. 하지만 우리는 이를 엄밀하게 정의하지 않은 채 느낌만으로 들쭉날쭉 사용한다. 예를 들어 정부가 기업과 부유층에게 세금을 더 많이 걷어서 빈곤층을 위한 복지 재원을 확보해야 한다는 주장은 일반적으로 '진보'로 분류된다. 반면 '보수'는 기업에 대한 규제를 줄이고 자유로운 경영을 보장하면 기업이 성장하고 더 많은 일자리를 만들어내, 빈곤층 역시 자력으로 가난을 벗어날 수 있다는 입장이다. 요약하면 진보는 정부의 개입을, 보수는 더 많은 자유를 요구하는 셈이다.

그렇다면 동성혼 문제는 어떨까? 현재 한국 사회에는 동성끼리 법적으로 부부가 될 수 있는 제도가 없다. 두 명의 독립적인 성인이 각자의 자유로운 의지로 생활동반자가 되기를 원한다면 '더 많은 자유'는 이들의 결합을 제도가 막지 않을 때 실현된다. 동성혼 법제화는 진보가 지지한다는 것이 상식인데, 이 경우에는 진보가 자유를 요구하는 셈이다. 혼인제도까지 가지 않더라도 보수 성향이 극도로 강한 이들은 애초에 동성애자라는 존재가 미디어나 공공장소에서 보이지 않기를 원한다. 이번에는 강한 규제를 외치는 쪽이 보수가 되었다. 같은 단어도 맥락에 따라 그 의미가 달라진다.

그렇다면 보수와 진보보다 훨씬 더 익숙한 개념인 '남성성'과 '여성성'을 살펴보자. 유성생식을 통해 번성해 온 종의 기억 덕분에 우리는 세상의 수많은 개념을 '남성성'과 '여성성'이라는 직관적인 이분법에 어렵지 않게 수납할 수 있게 되었다. 예컨대 '크다-작다', '단단하다-부드럽다', '직선-곡선', '굵다-가늘다', '무겁다-가볍다'처럼 생물학적 차이에서 연상되는 속성부터 '과감하다-섬세하다', '전쟁-평화', '기계-자연', '권력지향-관계지향', '이성-감성', '파란색-빨간색'처럼 사회문화적 학습을 통해 형성된 가치들도 대체로 같은 방향으로 분류된다. 혹은 자신은 그렇게 생각하지 않더라도 일반적으로 어떻게 분류되는지 이야기할 수 있다. 실제로 개별적인 사람들이 그러한 특성을 지녔는지, 또는 그 구분이 바람직한지 여부와 무관하게 분류된다. 나 역시 이런 이분법에 그리 동의하지 않지만, 개인의 동의 여부와 상관없이 많은 문화권에서 '남성성'은 앞에 열거한 속성들 중 전자의 총체로, '여성성'은 후자의 총체로 인식해 왔다. 이처럼 분명하고 직관적이며 종합적인 구분 체계는 강한 생명력을 지닌다. 문화의 지형이 달라지고 이를 거부하는 개인들이 늘어나도 이러한 구분은 쉬이 사라지지 않는다.

하지만 남성성이라는 개념과 개별적인 개체로서의 남성은 늘 미끄러질 수밖에 없다. 남성성의 특성이 전부 구현된 실체를 상상해 보자. 키가 크고 단단한 근육질의 몸 곳곳에는 털이 수북하고, 파란색을 좋아하며 권력 지향적이고 과감하면서도 호전적인 성격을 지녔을 것이다. 아직 모자르다. 감성보다는 이성을 따르고 문학보다는 수학을 좋아하며, 자동차와 금융에 관심이 많고 스포츠와 폭력적인 게임을 주로 즐길 것이다. 컴퓨터나 변기 같은 기계장치의 사소한 결함 정도는 직접 해결할 수 있어야 한다. 떡볶이나 마라탕보다는 제육볶음이나 돈가스를 좋아할지도 모르겠다. 여기에 전부 해당하는 사람을 혹시 알고 있는가? 내 주변에는 없다. 오히려 전부 해당하지 않는 남성을 떠올리는 편이 더 쉽다. 그나마 유사한 사람이 몇 있는 것 같긴 한데 최소 한두 가지는 실격이다. 기적적으로 모두 해당하는 사람을 알고 있다면 그 사람의 옷 취향은 어떠한가? 화이트칼라가 입는 정장은 블루칼라의 작업복에 비하면 아무래도 남성성이 떨어지는 것 아닌가? 수염은 남성성의 상징인데 혹시 면도를 하는 것은 아닌가? 이쯤 해두자. 개념과 개체 사이에는 항상 크고 작은 괴리가 있다는 말이다.

우리는 살면서 현실의 남자와 여자를 수없이 많이 만난다. 덕분에 남성성과 여성성이라는 개념이 한 사람 안에서 얼마나 복합적으로 또 다양하게 구현되는지를 체감한다. 반면 일상에서 만나는 사람들의 사회적·정치적 입장은 구체적으로 알 기회가 거의 없다. 사회적 쟁점과 가치관에 대한 대화는 종종 금기시되기 때문에, 진보와 보수에 대한 이미지는 주로 소셜미디어나 뉴스 같은 간접적 매체를 통해 형성된다. 그 결과 우리는 두 입장을 항상 특정 이슈에 첨예하게 맞서는 정형화된 모습으로 접하게 된다. 실제로는 그 사이에서 유동적으로 입장을 조율하며 살아가는 수많은 사람이 존재하지만, 그들의 모습은 좀처럼 드러나지 않는다.

요컨대 '진보'와 '보수'에 대한 전형적인 이미지들이 많이 있지만, 한 사람의 사회적·정치적 입장도 성격처럼 여러 차원으로 이루어져 있다. 전면적인 무상급식 정책을 지지하는 사람이 이주민에게는 배타적일 수도 있고, 성별 임금 격차의 개선에 앞장서는 여성주의자인 동시에 임신중지의 합법화에는 반대하는 기독교인일 수도 있다. 기후변화와 환경 문제에는 대단히 적극적인 중산층이 경제적 불평등에는 무관심한 경우도 많다. 이른바 '중도층'은 모든 사안에 관심이 없거나 일관되게 중립적인 입장을 가진 사람이라고 상상하기 쉽지만, 다양한 색깔을 섞으면 되레 탁한 회색이 되듯 실제로는 사안에 따라 보수와 진보의 입장을 교차하며 지지하는 사람이라고 생각하는 편이 현실에 더 가깝다. 반면 자신의 입장을 먼저 한쪽으로 정해놓고 모든 사안을 그 입장에 근거해 판단하는 사람일수록 정치적 색깔은 선명해진다. 직업정치인들이 따르는 '당론'이 그렇다. 당론은 각 정치인의 개별적인 판단보다 당에 유리한 입장을 우선순위에 두고 거기에 맞추어 구성된 의견을 뜻한다. 하지만 우리 대부분은 직업정치인이 아니다. 모든 사안마다 복잡한 입장을 가질 수밖에 없다. 어떤 문제 앞에서는 의견이 나뉘어도, 다른 문제에는 또 생각이 같을 수 있다. 차원의 개념은 그래서 중요하다.

스펙트럼 위에서 서로를 마주하기

네 가지 차원을 대중화했다는 성과에도 불구하고 내가 MBTI의 대유행에서 가장 괴로운 지점은 많은 사람이 유형에만 집중하고 점수에는 별로 관심이 없다는 사실이다. 실제로 MBTI 테스트 결과는 테스트에 응하는 사람의 상황이나 상태, 질문의 문장 번역에 따라서도 값이 달라진다. 그래서 인터넷에서 가장 대중화된 약식 테스트인 '16 Personalities'*만 해도 알파벳으로 조합된 유형과 함께 각 차원의 점수까지 제공한다. 해당 사이트에서 나는 INFP라는 결과를 받았지만 점수를 보면 대부분 중간값에 수렴한다. 중간값 50을 기준으로 I 쪽으로 15퍼센트, F 쪽으로 5퍼센트 더 나오는 식이다. 테스트를 제공하는 측에서도 유형화의 한계를 인지하고 있기에 이를 보완하기 위한 정량적인 정보도 함께 보여주는 것이다. 같은 INFP 라고 해도 내향(I)이 60퍼센트인 사람과 100퍼센트인 사람은 꽤 다를 것이다. 어쩌면 내향 60퍼센트는 외향(E) 60퍼센트와 더 비슷한 면이 많을

* 모험가, 수호자, 중재자 같은 캐릭터 유형을 제공하는 테스트다. 공식적인 MBTI 테스트와는 약간의 차이가 있다.

지도 모른다. 하지만 유형에 비해 숫자는 기억하기 어렵다. 더구나 100단위로 표현되는 네 개의 차원이라니. 누군가 MBTI를 물어봤는데 "아 저는 INFP인데 그렇게 점수가 높은 편은 아니고요, I 64에 N은 71, F는 55고요, P가 63 정도 돼요."라고 숫자까지 달달 외워서 대답하면 친구 없을 거다.

그렇다면 다른 개념들은 어떨까? 앞서 언급했던 보수와 진보부터 살펴보자. 한국 사회에서는 '한나라당-새누리당-자유한국당-국민의힘'으로 이어지는 민자당 계통의 정당을 지지하면 보수, 반대로 '열린우리당-새정치민주연합-더불어민주당'으로 이어지는 민주당 계통의 정당을 지지하면 진보라 부른다. 이러한 분류에 대해 한국의 민주당은 엄연히 말해 중도 보수일 뿐 진보라고 볼 수 없다는 언급도 심심치 않게 만날 수 있다. 그 이유는 무엇일까?

단어의 의미만 따져보면 보수는 '보전하고 유지한다'라는 뜻으로 '기존의 질서와 체제를 유지하려는 태도'를, 진보는 '앞으로 나아간다'라는 뜻에서 '기존의 질서와 체제에 변화를 꾀하려는 태도'를 의미한다. 기존 질서를 유지하고자 하는 사람은 대체로 이미 가진 것이 많거나 지금 사회에 익숙하게 적응한 경우가 많다. 그래서 기득권층이나 기성세대는 보수적인 성향을, 저소득층이나 노동자, 사회적 소수자, 청년층은 사회변화를 지지하는 진보 성향을 띤다는 인식이 오래 유지되어 왔다.* 여기에

---

* 최근에는 고소득·고학력일수록 진보정당을 지지하고 저소득·저학력일수록 강한 보수 성향으로 결집하는 경향이 전 세계적으로 확

자본주의 시장경제라는 구조를 더하면 진보와 보수의 차이는 한층 더 구체적으로 드러난다. 자본주의는 자본이 자본을 낳는 시스템이다. 인위적인 재분배와 규제가 없다면, 이미 자본을 소유한 기득권은 가장 효율적인 방식으로 계속해서 이익을 좇을 수 있다. 이러한 구조 속에서 기득권층은 보수적으로 시장의 자율성을 중시하며 정부의 개입을 최소화하는 신자유주의적 작은 정부를 원한다. 반면 자본이 없는 노동자와 저소득층은 공정한 경쟁이 성립하지 않는 현실을 지적하며, 복지 확대와 재분배를 통한 정부의 개입을 요구한다.

현대의 산업국가들은 정도의 차이는 있을지언정 시장 중심의 자유경쟁과 국가 주도적 개입이 각각 겪은 역사적 실패를 바탕으로 여러 차례 제도적 보완을 거쳐왔다. 대부분의 국가는 시장의 자유로운 이윤 추구를 바탕으로 하되, 기득권을 갖지 못한 개인이 자력으로 해결하기 어려운 삶의 조건은 정부가 일정 부분 책임짐으로써 생활의 최저선 이상을 보장하도록 설계된 복지제도를 운영한다. 이러한 공통된 틀 아래에서 시장의 자율성을 얼마만큼 부여할 것인지, 정부가 어느 수준까지 개입할 것인지에 따라, 즉 그 눈금과 무게 추를 어떻게 조정하느냐에 따라 보수와 진보의 스펙트럼이 형성된다.

가령 '생활의 최저선'은 어디에 둘 것인지 따져보자. 극단적으로는 외세의 침략으로부터 국경을 보호하고 물리적인 범죄

산되면서 이러한 인식이 뒤집히고 있다. 보수와 진보가 새롭게 재편되는 중이다. 자세한 이야기는 3부에서 더 자세히 다룰 예정이다.

를 예방하는 최소한의 치안까지만 최저선으로 인정하는 입장에서부터, 질병 없이 건강한 삶과 양질의 고등교육, 풍부한 문화예술과 여가까지 국가가 보호해야 한다는 관점까지 다양하게 존재한다. 구체적 실천으로 들어가면 스펙트럼은 훨씬 더 세분화된다. 예컨대 '건강'이라는 영역만 떼어놓고 살펴보자. 국가가 제도로서 건강을 보장해야 한다면 어느 수준까지 포함해야 적당할까? 적어도 아동은 보호받아야 하니까 치명적인 소아질환에 대한 예방접종과 치료는 포함되어야 하지 않을까? 감염병의 유행은 사회 전반의 손실로 이어지니 일반적인 감염병에 대한 예방접종은 필요하지 않을까? 재생산은 국가적으로도 중요하니 임신과 출산, 나아가 난임 치료에도 의료지원을 해야 할까? 더 나아가 건강을 기본권으로 본다면, 예방 의료를 포함한 의료비 전반을 국가가 책임져야 하지 않을까? 그렇다면 극소수만 걸리는 난치병의 고액 치료비는 어떻게 해야 할까? 증상이 명확히 규정되지 않는 정신과 상담은? 성형외과의 미용시술은 어떠한가? 뛰어난 외모를 갖고 싶은 게 아니어도 외형적 이상이 사회생활에 심각한 제약을 주는 경우라면? 그럼 남들이 보기엔 별것 아닌 문제여도 본인이 고통스럽다고 느끼면 국가가 모두 보장해줘야 할까? 이 모든 것을 다 논의하려면 끝도 없으니 아예 자기 몸은 자기가 알아서 책임지는 것이 합리적일까? 돈이 없는데 아프면 그냥 받아들이는 수밖에 없을까?

지금까지 늘어놓은 질문들을 하나의 수평선 위에 나란히 배치해 보자. '돈 없는데 아프면 죽어야지 어쩔 수 없다.'를 0, '건강관리를 포함한 의료비 전반을 예외 없이 국가가 책임져야 한다.'를 100으로 두면 앞서 이야기한 수많은 질문을 이 직선 위 어딘가에 놓을 수 있다. 사람마다 선 위에서 멈추는 지점이 다를 것이다. 누군가가 65쯤에 멈췄다면 그보다 낮은 숫자에 멈춰선 사람들은 매정하게 느껴질 수 있고, 더 높은 쪽은 지나치게 순진하거나 비현실적으로 보일 수 있다. 이 선 위에 절대적으로 옳은 정답이 있다고 보긴 어렵다. 그것은 사회 구성원들이 어떤 가치에 합의하느냐의 문제다. 0에 가까운 사람부터 100을 향하는 사람까지, 그 사이에 놓인 수많은 사람이 합의를 거쳐 직선 위의 한 점을 찾아내야 한다. 마치 비포장도로를 달리는 트럭 위에서 바늘귀에 실을 꿰는 것처럼 쉴 새 없이 흔들리겠지만.

이 합의의 과정을 우리는 정치라 부른다. 물론 이것은 사고실험에 기반한 가정일 뿐, 현실에서는 권력이 작동해 이 숫자들을 일정한 덩어리로 묶어 합의의 과정을 간소화한다. 현대 민주주의는 이 복잡하고 집단적인 합의를 보다 효율적으로 대행할 위정자들을 투표로 선출하는 체제를 갖추고 있다. 따라서 합의를 대행하는 위정자는 0부터 100 사이 어디에서 멈추든, 그 지점의 양쪽에 있는 이들로부터 비판을 받을 수밖에 없다. 한국의 민주당은 민자당 계열의 보수정당에 비하면 정부의 복지정책과 재분배를 상대적으로 더 지향한다는 점에서 진보적이라고 할 수 있겠지만, 이미 거대한 지지 세력을 가진 주류 정당인만큼 다수 지지층의 선호를 벗어나는 다양한 진보 의제 앞에서는 몸이 무거울 수밖에 없다. 누군가에게는 진보정당인 동시에 누군가에게는 보수정당과 다를 바 없는 것이다.

수많은 질문 앞에서 사람마다 멈추는 지점이 다르다. 내가 서 있는 지점보다 앞에 선 사람은 진보적으로, 나보다 뒤에 선 사람은 보수적으로 보인다. 정치 성향에 대한 이야기가 나오면 거의 대부분은 자신을 '중도'라고 말한다. 조금 더 양보하더라도 중도 보수, 중도 진보 등 중도는 빠지지 않는다. 모두가 중도다. 내 왼쪽과 내 오른쪽이 있을 뿐이다. 정치는 스펙트럼이 된다.

차원과 스펙트럼의 '사상검증'

MBTI라는 렌즈가 성격이라는 막연한 대상을 이리저리 분해할 수 있게 해준 것처럼 누군가의 사회적·정치적 성향을 차원과 스펙트럼으로 상상할 수 있다면 우리는 조금 덜 납작해질 것이다.「더 커뮤니티」에서는 한국 사회에서 가장 격렬하게 의견이 갈리는 쟁점들에 대해 질문한 다음, 그 결과를 MBTI처럼 다층적인 차원과 스펙트럼 위에 표시해 보기로 했다. 개인적으로는 MBTI의 앙상한 분류법이 괴로운 쪽에 더 가깝지만, 지금의 한국 사회는 담론이 등장하는 자리마다 빈틈없이 이분법이 밀려들어 혈액형 성격론만큼의 다양성조차 유지되기 어려워 보인다. 그래서 여러 차원을 상상하게 만드는 MBTI 모델은 이분법의 긴장을 완화하는 방향으로 작동할 수 있을 거라고 생각했다.

그렇다면 사회적·정치적 입장을 어떻게 네 가지 차원으로 나눌 수 있을까? 프로그램의 기획의도를 '서로 만나지 않는 사람들이 조우하는 판을 깐다.'로 정리했을 때, 가장 먼저 정해야 할 것은 '서로 만나지 않는 사람들'이 누구인지에 대한 정의다. 지금 한국 사회에서 서로를 납작하게 규정 짓는 일이 가장 빈번하게 벌어지는 주요 갈등의 축을 네 가지로 꼽자면 나는 정치, 젠더, 계급, 개방성이라고 분류할 수 있을 것 같다. 지지하는 정당이나 정치적 신념에 따라 나뉘는 사람들(정치), '이대남'과 '이대녀'로 대표되는 페미니즘과 백래시의 현장(젠더), 자산과 소득에 따라 세계를 경험하는 방식이 달라지는 현실(계급), 그리고 장애인, 이주민, 성소수자 등 다양한 존재들을 어떻게 받아들일 것인가의 문제들(개방성). 물론 분류는 언제나 앙상하다. 이 네 개의 범주에 담기지 않는 수많은 갈등이 존재한다. 동시에 분류는 효율적이다. 예능이라는 형식 안에서 사회갈등을 시뮬레이션해 보기에는 충분히 많은 스펙트럼을 포괄할 수 있는 범주이기도 하다.

    MBTI의 네 가지 차원에도 고정관념에 가장 잘 부합하는 조합이 있다. 바로 INFP와 ESTJ다. 각각의 차원별로 양분되는 두 성향 중 상호 연관성이 높아 보이는 성향들끼리 조합한 유형이다. 즉 네 가지 차원에 대한 고정관념을 반영해 전형적인 캐릭터를 상상할 때 가장 쉽게 떠올릴 수 있는 조합이라는 뜻이다. 내적인 가치와 이상을 중시하며 창의적이고 유연하게 사고하는 경향을 가진 INFP와, 실용적이고 조직적이며 외향적인 활동과 구조화된 환경을 선호하는 ESTJ. 약 8년 동안 한국인 1만 9000여 명의 데이터를 바탕으로 확인한 결과 INFP는 6.7퍼센트, ESTJ는 12.4퍼센트 정도의 비율이니¹ 전형적인 조합도 일부에 지나지 않음을 확인할 수 있다.

「더 커뮤니티」의 네 가지 차원을 같은 방식으로 조합하면 '좌파-페미니즘-서민-개방'적인 사람과 '우파-반페미니즘-부유-전통'적인 사람을 상상할 수 있다. 흔히 전자가 진보, 후자가 보수로 여겨지는 조합이다. 테스트 결과는 진보적인 사람을 좌측의 빨강, 보수적인 사람을 우측의 파랑으로 표시하기로 했다. 각각의 명칭과 방향, 색깔의 의미에 대해서는 다음 장부터 더 자세히 설명하겠지만, 이렇게 표시하면 한 사람의 입체성을 한눈에 확인할 수 있다. 네 차원이 모두 빨갛거나 파란 사람도 있겠지만 빨강, 파랑이 알록달록 섞여 있는 사람이 더 많을 것이다.

이러한 시각화는 스펙트럼을 표시하는 데에도 용이하다. 일단 0부터 100까지 이어지는 지나치게 세밀한 숫자는 MBTI의 점수처럼 기억에 남지 않는 만큼, 상·중·하 3단계로 단순화하기로 했다. 구체적으로는 왼쪽과 오른쪽으로 각각 3단계씩, 모두 6단계로 나누어 점수를 설정한다. 완전한 중립(0점)은 예민한 질문들 앞에서 심리적인 도피처가 될 수 있으므로 따로 만들지 않았다. 아주 약간이라도 어느 쪽을 지향하는지 반영하는 것이 중요하다. 심지어 질문을 완전히 이해하지 못한 채 응답하는 점수도 의미를 가진다. 실제로 우리는 많은 담론 앞에서 정확한 정보를 얻지 못한 채 느낌만으로 의견을 가지기도 하니까. (사실 지금은 한 사람이 제대로 인지할 수 있는 정보의 양을 훌쩍 넘어 수많은 담론이 넘쳐나는 시대다.)

각 방향별로 3점에 가까울수록 더 선명한 빨강이나 파랑으로, 1점에 가까울수록 회색에 가까운 흐릿한 색상으로 표시했다. 이 채도는 개인의 성향을 드러낼 뿐 아니라 성격의 일면을 보여주기도 한다. 예를 들어 기본적으로는 정부가 국민의 건강을 폭넓게 보장해야 한다고 생각해 빨간색을 향하는 사람이어도, 구체적인 세수 확보 방식을 떠올리기 시작하면 쉽게 3점을 누르지 못하고 망설이게 된다. 자신이 옳다고 믿는 가치에 대해서도 항상 존재할 수 있는 반례를 생각하는 사람이라면 전체적으로 색이 흐릿해질 것이다. 반면 이 문제에 있어 반례가 존재해서는 안 된다고 확신하는 사람이라면 그만큼 색도 더욱 선명해진다. 색깔은 가치관의 차이일 수도 있고, 대범함과 사려 깊음의 문제일 수도 있다. 네 차원의 색 조합과 함께 색의 채도를 함께 보여주면, 각 개인의 입체성이 보다 직관적으로 드러나지 않을까 싶었다.

납작한 사람은 없다

이렇게 해서 '사상검증 테스트'가 만들어졌다.* 네 가지 차원에 대한 민감하고도 문제적인 질문들에 응답자는 '강하게 반대-반대-약간 반대-약간 찬성-찬성-강하게 찬성'의 6단계 척도로 답변한다. '정치' 차원의 경우 작은정부를 지향하는 우파

---

* 인터넷에서 '사상검증 테스트'를 검색하면 누구나 참여해 볼 수 있다.

적 주장(가령 "정부가 민간사업에 개입하면 대부분 망친다고 봐야 한다.")에 찬성하면 답변의 강도에 따라 우파 쪽으로 1~3점을 부여하고, 반대하면 좌파 쪽으로 1~3점을 부여한다. 반대로 큰정부를 지향하는 좌파적 주장(가령 "기업이 정부보다 더 큰 해악을 끼칠 가능성이 높다.")에도 같은 계산 방식을 적용한다. 그리고 모든 점수를 합산한 다음 문항 수로 나누면 응답자의 평균적인 지향성이 드러난다. 문항별로 주장의 극단성에 차이가 있어 엄밀한 학술적 테스트라고 보긴 어렵지만, 한 사람의 전반적인 정치적 방향성과 강도는 충분히 표현할 수 있다.*

이 테스트는 기본적으로 프로그램에 참여하는 출연자들의 입장을 시각적으로 분류해 보여주기 위해 만들어졌다. 하지만 방송을 보는 시청자들도 출연자들이 구체적으로 어떤 질문에 답을 했는지 궁금해할 것이고, 무엇보다 사람들이 테스트를 좋아하는 만큼 직접 참여해 보고 싶어 할 것 같았다. 출연자들은 프로그램 속에서 여러 상황을 맞닥뜨리며 스스로 알고 있던 자신의 입장에 대해 새롭게 해석하고 되짚어 보는 기회를 얻는다. 그리고 이러한 과정은 이를 지켜보는 시청자에게도 동일하게 일어난다. 이 효과를 극대화하려면 시청자들도 같은 테스트 결과를 갖고 있는 편이 좋다고 생각했고, 동일한 테스트를 누구나 해볼 수 있도록 공개했다.

'사상검증'이라는 자극적이고 위험한 용어는 프로그램의

* 리서치 업체 엠브레인의 1000명 표본조사를 통해 응답자의 실제 정치 성향과 테스트 결과가 유효하게 일치함을 확인했다.

주목도를 높이기 위한 선택이기도 했지만, 궁극적으로는 각자 자신의 내면에서 이 말의 진짜 의미가 드러나길 바랐다. 이 표현이 연상시키는 끔찍한 역사적 맥락을 뜻하는 것이 아니라, 말 그대로 자신이 품고 있는 신념과 생각을 스스로 점검하고 돌아보는 일로서의 '검증'이 가능하기를 바랐다. 내가 자연스럽게 품고 있던 생각이 어디에서 비롯되었고 어떤 의미인지를 다시 한 번 자문해 보는 일은 중요하다. 나아가 다양한 질문들에 고민하며 대답하다 보면 맥락에 따라 변형되거나 무심코 사용해 온 정치적·사회적 개념들을 환기하고 정리하는 계기가 되기도 한다. 그래서인지 "내가 생각보다 보수적이었구나?"라거나 "내가 페미라고?" 같은 반응들을 쉽게 만날 수 있었다. 가장 많은 반응은 "내가 부유라고?"였는데, 이러한 반응들에 대한 좀 더 구체적인 이야기는 각각의 차원을 이야기할 때 더 자세히 다룰 예정이다.

2024년 2월 테스트를 배포해 2025년 2월까지 딱 1년 동안 약 120만 개의 데이터가 누적되었다. 민감한 테스트인 만큼 개인을 식별할 수 있는 어떠한 장치도 포함시키지 않았기에 동일한 사람이 여러 번 시도할 수 있고, 재미 삼아 극단적인 결과를 도출할 수도 있어 엄밀하게 신뢰할 만한 데이터는 아니다. 또 이 표본은 인구통계학적으로 대표성을 갖춘 집단이 아니라 인터넷 문화에 익숙한 이용자들 위주로 형성된 만큼 어느 정도의 왜곡 역시 분명히 존재한다. 하지만 80여 개 질문에 대해 120만 개의 표본을 수집하는 대규모 여론조사는 좀처럼 보기 힘들다. 결과가 오독될 여지가 있으니 데이터 자체를 공개하진 않을 예정이지만 100만 개가 넘는 값의 분포가 정규분포에 가까운 모양으로 이루어진 것을 보면 완전히 엉망인 데이터는 아닌 듯하다.

정규분포곡선 모양. 가운데가 높이 솟아 있고, 양쪽 끝으로 갈수록 가늘어지는 종 모양 곡선. 미디어에는 극단적이고 선명한 주장을 하는 사람들로 가득하지만, 우리의 현실은 대부분 이런 모양을 하고 있다. 테스트에서 가장 높은 점수를 기록한 사람들은 양쪽 끝을 합해도 10퍼센트가 되지 않는다. 인터넷에서 이 테스트에 참여한 100만 명이 넘는 사람 대부분은 1점과 2점에 가득 모여 있다는 뜻이다. 빨간색 3점과 파란색 3점이 서로를 설득하는 일은 아마 불가능할 것이다. 사석에서 만나 친구가 되는 것도 쉽지 않을 것이고, 반드시 그래야 한다고 생각하지도 않는다. 또 때로는 극단의 주장들이 논의의 지평을 넓히는 장력이 되기도 한다. 하지만 절대다수의 사람은 1점과 2점 주변에서 서성이고 있다. 좋은 정치란 이 거대한 봉우리 위에서 만나는 정치일 것이다. 하지만 이 거대한 봉우리가 침묵할수록 정치는 양쪽 끝의 기다란 꼬리에 휘둘리기 시작한다. 핏대를 세운 목소리만 울려 퍼지는 곳에서는 좋은 대화를 나눌 수 없다. 우리에겐 지금보다 침착하고 낮은 목소리가 더 많이 필요하지 않을까? 2부부터는 각 차원의 빨갛고 파란 언어들을 살펴보며 거대한 봉우리를 올라가 보려고 한다.

2부

각자의 입장을 점검하기

1장 정치, 자유 대 평등 너머로

「더 커뮤니티」가 정의한 한 사람의 입장을 구성하는 네 가지 차원 중 첫 번째 차원은 '정치'다. 그런데 프로그램이 본격 정치 서바이벌을 표방한 만큼 프로그램 안에서 이루어지는 모든 상호작용을 '정치'의 일환으로 보겠다고 선언한 셈인데, 한 사람의 사회적·정치적 입장을 구성하는 네 가지 차원을 정하면서 또 '정치'라는 말이 등장했으니 두 정치의 차이부터 다시 정리할 필요가 있다. 서로 다른 정치의 두 가지 의미는 일상에서도 흔히 쓰인다.

'넓은 의미의 정치'는 앞서 설명한 것처럼 권력을 이용해

서로 다른 이해관계를 조정하는 모든 상호작용을 뜻한다. 평소에는 이렇게 쓰일 때가 많다. "최 부장 승진한 거 봤지? 이 회사는 일 못해도 정치만 잘하면 다 된다니까." 진부하게 들리지만, 이렇듯 일상에서 넓은 정치는 '본질적인 기능과 실력 대신 힘의 논리를 활용하는 행위'를 가리킨다. 부정적인 뉘앙스가 강하지만 '정치적인 감각'처럼 다른 단어와 함께 쓰면 부정적 인상이 한결 누그러진다. 사실 넓은 정치의 의미를 좀 더 넓게 확장하면 대인관계 전반에 필요한 센스까지 포괄할 수 있다. 사람들의 마음과 여론이 모이면 하나의 권력과 비슷하게 작동하기 때문이다. 사람들이 무엇을 좋아하는지, 어떻게 말해야 사람들을 설득할 수 있는지를 이해하고 행동하는 것도 넓은 의미에서 정치적 감각에 속한다.

'좁은 의미의 정치'는 정부와 지지정당에 대해 이야기할 때 쓰인다. "아무리 편한 자리에서도 정치랑 종교 얘기는 하지 마라."라는 조언을 들었다고 가정해 보자. 이런 조언을 하는 사람이 앞서 언급한, 승진한 최 부장 얘기를 하지 말라는 뜻은 아닐 것이다. 그러니까 보통 이런 조언이 넓은 정치를 가리키는 것은 아니다. 그보다는 지지정당이나 정권에 대한 이야기는 입장이 다를 경우 껄끄러워지기 쉬우니 아예 대화 주제로 꺼내지 말라는 뜻이다. 정치가, 한쪽이 당선되면 다른 쪽은 패배자가 되어버리는 승자 독식 게임으로 여겨질수록 이런 경향은 더욱 심해진다. 이런 상황에서 좁은 정치에 대해 이야기를 잘 나누려면 각자가 선호하는 인물이나 정당 자체보다는 추구하는 정책과 그 기저에 깔려 있는 조건들을 이해하고 대화하는 것이 필요하다. 보통은 그렇지 못하니 좁은 정치에 대한 대화가 매끄럽기는 어렵다. (물론 최 부장 뒷담화도 안 하는 게 좋다.)

「더 커뮤니티」가 '정치 서바이벌'이라고 말할 때는 '넓은 정치'의 의미에 가깝고, 네 가지 차원 중 하나로 '정치'를 분류할 때는 '좁은 정치', 즉 정부와 정당에 대한 태도를 의미한다. 현실에서 좁은 정치는 대부분 거대 양당 중 어느 쪽을 지지하느냐의 문제로 수렴하는 경우가 많다. 좁은 정치가 이러한 진영 싸움으로 굳어지면 실제 가치관과는 무관하게 누구를 막아야 한다는 감정이 가장 강력한 정치적 동기가 된다. 그러니 좁은 정치를 양분하는 두 입장의 차이를 제대로 이해하려면 현실을 한 꺼풀 벗겨낸 다음, 두 가치관의 차이가 무엇에서 비롯되는지 들여다볼 필요가 있다. 앞 장에서 살펴봤듯, 정치적 입장을 나누는 일반적인 표현인 진보와 보수는 복잡한 맥락이 다양하게 작동하기 때문에 프로그램에서는 더욱 명확하고 좁은 단어인 '좌파'와 '우파'를 선택했다.

자유 대 평등, 그 오랜 갈등의 시작

좌파·우파라는 표현은 진보·보수에 비해 의미가 좀 더 단일하다. '파'의 파열음 때문인지 무언가 더 공격적인 느낌이 드는데, 실제로 한국에서도 진보·보수는 각자 자신의 진영을 칭할 때, 좌파·우파는 상대방을 공격할 때 자주 쓰는 것 같다. 좌파,

우파 개념은 18세기 말 프랑스혁명에서 비롯되었다. 혁명 세력은 절대군주의 지배를 끝내고, 법에 기반해 통치하는 체제를 세우기 위해 의회를 구성했다. 이때 의사당 우측에는 온건개혁파가 착석해 왕권은 유지하되 의회의 법으로 권력을 제한하는 입헌군주제를 주장했고, 좌측에는 급진개혁파가 앉아 왕과 귀족의 개념 자체를 폐기하는 전면적인 공화제를 주장했다. 여기서 '온건한 우파'와 '급진적인 좌파'라는 관념이 시작되었다. 두 세력 모두 큰 흐름 안에서는 봉건 질서로부터의 혁명을 주도하는 당대의 '진보'였다. 요컨대 '살살 바꾸자'와 '확 바꾸자'의 차이였던 것이다. 점진적인 변화를 원했던 사람들은 아마 마음에 안 들고 답답한 부분이 있지만 그럭저럭 살 만한 사람들이었을 것이고, 이들에 비해 현재의 삶이 훨씬 더 고통스러운 이들은 급진적인 변화를 원했을 것이다.

프랑스혁명은 크게 두 세력이 주도했다. 혁명의 불씨는 당시 프랑스의 유사 의회였던 삼부회에서 시작된다. 삼부회는 혁명 이전까지 왕이 소집할 수 있었던 초기 의회적 기구로 귀족, 성직자, 평민 세 신분에서 여러 대표자들이 모이는 회의였다.(세 신분이 모여서 삼부회.) 회의의 내용은 대부분 세금에 대한 것이었고, 이 중 실제로 세금을 내는 신분은 제3신분인 평민들뿐이었다. '어? 그래도 평민 대표를 불러줬네?' 싶지만, 삼부회가 만들어진 14세기 중세 프랑스에서 왕은 귀족과 교회 세력 위에 군림하는 절대적인 권력이 아니었다. 그래서 절대다수인 평민 대표를 삼부회에 포함시켜 제1, 2신분을 견제하고자 했다. 게다가 이때 참가한 평민 대표들은 실제로 평민의 대부분을 차지했던 농민이나 노동자가 아니라, 도시를 대표하는 상공업 부르주아들이었다. 하버마스가 공론장의 원형을 이끌었다고 말했던 바로 그들 말이다. 부르주아들은 조세를 바치는 대가로 경제적 특권을 유지하기 위해 삼부회에 참석했고, 나아가 돈으로 관직을 사서 귀족 신분에 진입하는 경우도 많았다.

    18세기에 접어들면서 유럽 전역에서는 전쟁이 끊이지 않았다. 국제적 영향력을 유지하기 위해 불필요한 전쟁에까지 참여하던 프랑스는 국가 재정이 파탄 나기 시작했다. 왕은 재정을 메꾸기 위해 결국 귀족과 성직자에게도 세금을 부과하려 했고, 삼부회의 부르주아들을 동원해 귀족과 교회의 반발을 무마하려 했다. 이런 목적으로 소집된 삼부회에서 제대로 된 합의가 이루어졌을 리가 없다. 제1, 2신분의 반발로 합의가 파행에 이르자 차근차근 힘을 길러온 부르주아들은 내친김에 법치주의를 선언하며 아예 공식적인 권력을 획득하려 시도했다. 귀족과 교회를 구슬려보려고 부른 부르주아들의 돌발 행동에 소스라치게 놀란 왕실은 군대를 동원해 이들을 진압하려 했고, 이번에는 소문을 들은 농민들과 노동자들이 합세해 군대에 맞서 싸웠다. 이때부터 프랑스에서는 100년 가까이 크고 작은 혁명이 끊이지 않고 이어졌다. 그중에서도 1789년 7월 14일, 바로 앞에서 언급한 농민들과 노동자들이 부르주아들을 보호하기 위해 무기를 탈취하고자 바스티유 감옥으로 모여든 사건을 프랑스혁명의 시작으로 삼아 기념하고 있다. 아마 처음에는 이토록 거센 혁명은 예상하지 않았을 부르주아들도 분노한 민중의 흐름에 떠밀려 결국 농민들, 노동자들과 함께 혁명 세력을 결성했다.

    여기서 시작부터 달랐던 두 세력의 입장이 드러난다. 평민들의 세금을 한계까지 쥐어짜내도 도저히 나오는 게 없어서 귀족과 성직자에게까지 손을 뻗었으니 평민들, 그중에서도 돈으로 신분을 유지하던 부르주아가 아닌 농민들과 노동자들의 삶이 어떤 지경이었을지는 상상하기 어렵지 않다. 그럼 '살살 바꾸자'와 '확 바꾸자'의 입장 차이도 자연스럽게 이해가 된다. 처음엔 그저 분노한 민중이었던 농민들과 노동자들 또한 당대 유럽을 지배한 계몽주의의 영향을 받아 정치적 의식을 키워가기 시작했고, 부르주아 혁명가들 가운데서도 이들과 손잡은 이들은 자코뱅파*라는 세력을 이루었다.

    태생부터 우파는 상공업 중심의 시장 질서에서 이익을 얻는 부유층이었고, 좌파는 국가의 적극적인 재분배를 지지하는 무산계급이었다는 사실은 우파와 좌파 개념의 단초를 보여준다. 아주 거칠게 요약하면 부르주아 우파는 '국가가 시장에 간섭하지 않는 동시에 신분의 한계도 사라진 자유'를, 자코뱅 좌파는 '신분과 경제 모든 면에서의 평등'을 외쳤다고 할 수 있다. 양쪽 다 구체제의 질서에 도전했지만 그 방향성은 달랐던 셈이다.

---

* 1789년 혁명 세력의 주요 인사들이 파리 자코뱅 수도원에 모여 혁명과 관련된 정보와 의견을 나누던 정치 클럽의 이름에서 유래했다. 혁명 초기에는 부르주아를 포함한 다양한 회원들로 구성되었으나, 혁명이 진행되면서 세력이 분화되고 온건파가 빠져나가 급진 세력의 이름으로 정착했다.

자유와 평등은 프랑스혁명의 정신이자 현대 민주주의를 요약하는 근간이다. 그리고 우파와 좌파를 나누는 가장 추상적인 기준이기도 하다. 또 기존 체제를 유지하되 왕실의 권한을 일정 부분 활용해 평민들의 자유를 확보하는 방식과, 아예 왕과 귀족, 교회의 신분과 재산을 철폐하고 재분배하는 경우 중에서는 후자에서 정부가 수행해야 하는 역할이 훨씬 더 크다. 여기서 정부는 왕실이 아니라 혁명 세력의 의회를 뜻하며, 이 맥락에서 우파의 작은정부와 좌파의 큰정부라는 밑그림도 확인할 수 있다.

여기까지의 서술이 전반적으로 자코뱅파에게 좀 더 기울어 있다고 느껴질 수도 있겠다. 애초에 프랑스혁명 기념일이 바스티유 감옥 습격 사건을 가리키고 있으니 혁명 정신을 공식적으로 대표하는 쪽도 급진 좌파다. 당대의 기준으로 생각해 보면 착취적인 구체제를 종식하기 위해 혁명을 일으켰는데, 그 안에서도 이미 호화롭게 살던 이들이 구체제의 완전한 종식을 망설이며 뭉그적대고 있다면 나 같아도 열불이 났을 것 같다. 그렇지만 프랑스혁명에 대해 더 자세히 살펴볼수록 내가 그 시대에 살았다면 온건개혁파에 마음이 갔을 거란 생각이 든다. 다른 것보다 급진파가 사람을 너무 많이 죽였기 때문이다……. 분노했을 마음도 이해가 되고, 당시의 '인권' 개념은 지금과는 까마득히 달랐을 테니 당연히 지금의 감각으로 그 시대를 상상하는 것은 초점이 어긋난 일일 것이다. 그럼에도 불구하고 혁명이 무너지기 시작하는 계기 역시 이와 무관하지 않았다. 분노한 급진파는 혁명에 미온하다는 혐의가 있으면 제대로 확인하지도 않고 처형과 학살을 일삼았다. 이는 결국 온건 부르주아 세력이 반동을 일으키는 명분이 되었고, 이러한 정치적 혼란 속에서 황제 나폴레옹이 탄생했다. 왕정을 종식시키고자 시작된 혁명의 폭력이 수위를 넘자 결국 더 강력한 지배자인 황제를 탄생시킨 것이다. 그래서 '자유', '평등'과 함께 반드시 '박애'가 필요하다. 오늘날에도 서로 다른 정의를 외칠 수는 있겠지만, 누군가를 죽여도 된다며 서슴없이 비인간화하는 목소리는 반드시 배척해야 한다.

우파의 '자유'와 좌파의 '평등'에 관한 오해

어쨌거나 좌파와 우파는 프랑스혁명 아래 탄생한 말이다. 200여 년 전의 개념이지만 동시대에도 유효한 맥락들이 많이 남아 있다. 지금도 학계에서 모두가 동의하는 하나의 정의가 있지는 않지만(그런 게 있으면 학계가 아니다.), 일부 해석의 차이가 있긴 해도 주로 정치경제의 문제, 즉 국가가 한 사회의 부를 다루는 방식을 두고 좌우를 나눈다. 우파는 자유로운 시장이 경제를 주도하고 정부는 최소한으로 개입하는 작은정부를 지향하고, 좌파는 복지와 재분배를 통해 정부가 적극적으로 개입하는 큰정부를 지향한다고 폭넓게 정의하는 데는 대체로 이견이 없다.

이 이야기를 하는데 가장 영향력 있고 요긴한 틀을 제공한 사람은 이탈리아의 정치철학자 노르베르토 보비오다. 그는 1994년 출간된 저서 『좌파와 우파 Destra e Sinistra』에서 좌우 개념을 크게 두 축으로 정리했는데, 그중 하나는 '평등-불평등'이다.[1]

보비오에 따르면 기본적으로 좌파와 우파를 나누는 기준은 평등에 대한 태도다. 좌파는 평등을 지향한다. 우파는 불평등을 지향한다고 말하면 좀 이상하고, 각자의 자유로운 욕망을 추구하는 과정에서 불평등은 어쩔 수 없이 발생한다고 본다. 이를 인정하고 감수하는 것이 우파의 사상적 전제다. 한편 좌파가 지향하는 평등 역시 모든 사람을 완벽하게 똑같은 조건에 두겠다는 '획일화'를 의미하는 것이 아니다. 모든 사람을 완전히 동등한 조건에 두려면 개인의 자유를 극단적으로 억압해야 하기 때문이다. 좌파가 말하는 평등은 개인의 자유를 존중하되, 불가피하게 발생하는 불평등에서 오는 고통을 줄여나가려는 지향이다. '아니다! 내가 아는 좌파는 획일적으로 똑같은 평등을 추구한다! 북한이나 중국을 봐라!'라는 반발이 떠올랐다면 여기서 보비오의 또 다른 축인 '자유주의-권위주의'를 참고하자. 이번에는 자유와 평등 중 '자유'에 초점을 맞춘 것이다. 보비오는 개인의 자유를 억압하는 권위주의에 대해서는 비판적인 입장을 분명히 표

지향 방식	평등	불평등
권위주의	**극좌파** 평등-권위주의 권위적이고 강제적인 방식으로 평등을 추구	**극우파** 불평등-권위주의 권력을 통해 철저한 위계적 질서 추구
자유주의	**중도 좌파** 평등-자유주의 개인의 자유를 존중하며 불평등을 완화	**중도 우파** 불평등-자유주의 자유시장 질서를 위해 불평등을 감수

[표1] 좌파와 우파에 대한 보비오의 분류

했다. 그가 제시한 두 가지 축을 정리하면 [표1]과 같다.

이렇게 정리해 놓고 보면 권위주의적으로 불평등을 유지하는 극우파는 논리적으로 성립하지만(그리고 당연히 현대 사회에는 이런 체제를 바라는 이는 없으리라 믿고 싶지만……), 권위주의적으로 극단적인 평등을 추구하는 극좌파는 그 자체로 형용모순이라는 사실을 알 수 있다. 권위주의는 강력한 권력을 전제하는데, 이는 극단적 평등이라는 지향과 본질적으로 양립할 수 없기 때문이다. '그러니까 공산국가들이 다 망했지.'라며 쉽게 혀를 찰 수 있는 대목이지만, 세상을 이해하는 가장 건강한 태도 중 하나는 지금 내가 문득 떠올린 생각을 당사자는 인생을 걸고 치열하게 고민했을 것이라는 사실을 항상 기억하는 것이다. 인류 역사상 최대의 실험이었던 공산주의 혁명을 주도했던 사상가들은 이러한 모순을 극복하고 평등을 구현하기 위해 다양한 장치를 끊임없이 도입했으나 권위주의의 한계를 극복하는 데 끝내 실패했다. 하지만 모든 실험은 실패했을 때에도 유산을 남긴다. 현대의 선진 국가들은 이 실험의 폐허에서 얻은 자산들을 바탕으로 오늘날의 복지제도를 마련했다.

사실 보비오의 이 분류는 직관적인 통찰을 제공하지만 면밀히 들여다보면 모호한 면도 있다. 그가 말하는 권위주의는 사실상 자유주의의 대립 항으로 배치되었을 뿐 체제로서의 정당성을 고려한 것 같지는 않다. 이를 감안하면 결국 좌파와 우파 모두 개인의 자유를 존중한다는 점에서는 다르지 않고 '좀 더' 평등을 추구하느냐, '좀 더' 불평등을 감수하느냐 하는 상대적 방향성의 문제가 된다. 이 둘을 가르는 명확한 기준을 제시하지 않는 한, 보비오의 분류는 직관적 통찰 이상의 쓰임새를 갖긴 어렵다.

하지만 엄밀한 학술적 논의에서 벗어나 생각해 보면 적어도 생활의 영역에서 '우리는 좀 더 평등해야 한다.'라고 주장하는 중도 좌파의 주장을 '어떻게 사람이 다 똑같이 사냐, 북한이냐!'라고 몰아붙이며 극좌파로 매도할 필요는 없을 것이다. 이러한 논리 왜곡을 '허수아비 때리기 straw man argument'라고 부른다. 상대방의 주장을 실제 주장보다 훨씬 더 극단적인 버전으로 만들어낸 뒤, 그 왜곡된 주장에 반대함으로써 자신의 입장을 정당화하는 전략이다. '환경을 위해 플라스틱을 줄여야 한다.'라는 것이 플라스틱을 아예 사용하지 말자는 이야기가 아닌데 '플라스틱 없이 어떻게 사냐!'라며 반대하는 식이다. 보비오의 분류를 참고하면 최소한 '나는 여길 얘기하고 있으니까 엉뚱한 곳을 때리지 마라.'라고 분명히 할 수는 있을 것이다.

사회의 빈틈을 어떻게 감당할 것인가

반대로 앞의 설명 중 "우파는 불평등을 지향한다고 말하면 좀 이상하고"라는 대목에서 고개를 갸웃거린 독자도 있을 것 같다. 주거지나 출신 학교로 서열을 나누고, 이에 따른 차별적 대우를 선망하는 사람들을 자주 볼 수 있기 때문이다. 사실 사치재를 소비하거나 고급문화를 향유하며 자신의 특별함을 과시하려는 태도는 적극적인 불평등 추구로 볼 수도 있다. 다만 이런 모습들은 지금 다루고 있는 정치, 즉 정부의 역할에 대한 태도라기보다는 사적 관계 안에서 드러나는 개인의 욕망에 더 가깝다. 그러므로 우파는 사적 관계에서 나타나는 이러한 불평등을 정부가 조정하지 않고 자연스럽게 작동하도록 두는 '자유'를 추구한다고 표현하는 편이 적절하다.

이러한 설명은 프랑스혁명의 우파, 즉 이미 불평등한 구조에서 우월한 위치를 차지하고 있던 부르주아에게는 이질감 없이 잘 들어맞는다. 하지만 오늘날 정부의 다양한 보장제도에 반감을 드러내고 글로벌기업과 자본의 효율성에 열광하는 세력의 상당수는 어떻게 봐도 불평등한 구조의 수혜자라고 보기 어려운 경우가 많다. 전통적인 좌파와 우파의 구분에 들어맞지 않는 사람들이 등장하는 현상은 최근 전 세계 정치학자들의 주요 관심사가 되었다. 이를 설명하기 위해 정체성 정치를 비롯한 다양한 이론이 동원되고 있지만, 지금 이 글에서 초점을 맞추고자 하는 정치경제적 관점에서 이들은 주로 '기여-보상의 원칙'을 강조하는 세력으로 볼 수 있다. 이들의 목소리는 대부분 다음과 같은 주장을 담고 있다. 노력한 만큼 정당한 보상이 주어져야 공정한 사회인데, 똑같이 힘들게 사는 와중에도 자신만큼 노력하지 않는 이들이 제도의 지원을 통해 형편이 나아지는 것은 부당한 무임승차다. 정부 재정이 넉넉하지 않은 상황에서 이러한 무임승차자에게 돌아갈 돈을 차라리 더 열심히 사는 사람에게 제대로 보상하는 편이 공정하다. 이러한 목소리는 한정된 재화 안에서 벌어지는 이해관계로 인한 갈등, 즉 정치의 정의에 딱 들어맞는다.

모든 시스템은 완벽할 수 없다. 예외 없는 완벽한 시스템을 만들려는 시도는 대부분 보비오가 정리한 '권위주의'로 귀결되었다. 수많은 사람 사이에서 이루어지는 복잡한 상호작용을 제도로 관리하려는 시도에는 반드시 빈틈이 생길 수밖에 없으며, 이 모든 빈틈을 빠짐없이 틀어막으려면 권력은 자연히 비대해진다. 결국 권위주의적 정부로 귀결되지 않는 선에서 제도를 유지하려면 어쩔 수 없이 생기는 빈틈을 감수하는 태도가 필요하다. 여기서 좌파와 우파는 내가 용인할 수 있는 빈틈과 그럴 수 없는 빈틈이 무엇인지에 따라 달라지는 것처럼 보이기도 한다.

전 세계 소매업을 집어삼킨 물류의 제국 아마존은 유례없이 관대한 환불정책으로 유명하다. 아마존은 공식적으로 단순 변심을 포함해 배송 후 30일 이내에는 무조건 환불 및 반품을 허용한다. 반품 사유를 기재하는 형식이 있긴 하지만 실제로는 사유를 불문하고 대부분 처리되며, 심지어 사용한 흔적이 있는 경우에도 상태만 양호하면 거의 받아준다. 특히 이용자들에게 강한 인상을 남긴 서비스는 '반품 없는 환불'이다. 고가의 제품이 아닌 경우에는 제품보다 수거 비용이 더 비싸기 때문에 환불은 해주되, 제품은 그냥 사용하라고 안내하는 경우가 종종 있다. 게다가 소비자 과실로 인한 결함은 반품이나 환불을 보장하지 않는 것이 원칙이지만, 실제로는 이러한 경우에도 환불을 해주는 사례가 꾸준히 이어지고 있다. 이렇게 유연한 환불정책은 아마존을 상징하는 고객 경험 중 하나로 자리 잡았다.

　이러한 정책 내용을 들었을 때, 사람들은 대부분 악용 가능성을 떠올린다. 특별한 날 한두 번 쓰고 말 비싼 물건은 아마존에서 주문해 사용한 다음, 30일 이내에 환불해 버리면 되니까. 혹은 애매한 가격대의 물건은 구매 후 환불을 요청하면 수거해 가지도 않으니 공짜로 쓰거나 되파는 것도 가능하다. 대다수의 양심 있는 사람들은 이렇게 생각할 것이다. '나는 그러지 않을 거지만 분명히 악용하는 사람이 있을 텐데 과연 기업이 제대로 돌아갈까?'

　보시다시피 아마존은 아주 잘 돌아가고 있다. 어려움이 생긴다 해도 세계 경제의 불확실성이나 지정학적 리스크 같은 거시적인 문제 때문이지, 반품제도를 악용하는 소수의 이용자들 때문은 아닐 것이다. 물론 아마존은 아주 악질적인 일부 이용자들을 잡아내기 위해 전담팀을 운영하고, 반품 이력을 관리해 잦은 기록이 있으면 환불 요청을 엄격하게 심사하는 등의 장치를 마련해 두었다. 그러나 여전히 대다수의 빈틈은 적당히 방치한다. 그것이 이득이 되기 때문이다. 소소한 악용 사례까지 빠짐없이 잡아내려면 비용이 훨씬 많이 드는 반면, 유연한 반품정책은 높은 브랜드 충성도와 부담 없는 구매로 이어진다. 이러한 방식이 가능한 이유는 악의적인 반품 사례가 무시할 수 있을 만큼 소수라는 뜻이기도 하다. 자본은 바보가 아니고 사람들은 생각만큼 악하지 않다. 대부분은 '나만큼' 양심적이다.

　하지만 일부 소비자 입장에서는 불쾌감을 느낄 수도 있다.

자신은 정직하게 제값을 다 주고 샀는데 누군가는 정책의 빈틈을 활용해 공짜로 물건을 얻는다고 생각하면 손해 보는 기분이 들기 마련이다. 그 가상의 악당은 어쩌면 나 같은 정직한 소비자를 미련하다며 비웃고 있을지도 모른다. 이런 이들은 방치하면서, 양심 있는 사람들의 돈만 받아가는 아마존이 괘씸하다고 느끼는 사람들이 많아지면 유연한 반품정책을 유지하기는 점점 어려워진다. 설령 실제 악용 사례가 극소수에 불과하더라도, 개별 사례가 소비자에게 남기는 인상은 강렬하다. 그래서 몇몇 자극적인 사례에 노출되는 것만으로도 정책은 위기를 맞이할 수 있다. 사람들은 정보만큼이나 직간접적 경험을 통해 의견을 형성한다.

이는 정부의 제도와도 유사하다. 실제로 제도를 악용하거나 무임승차하는 사람들은 늘 존재하지만, 그 숫자는 제도를 통해 얻을 수 있는 실익에 비하면 '빈틈'에 불과한 경우가 많다. 또 크고 작은 빈틈을 모조리 잡아내려 들면 오히려 그에 드는 행정 비용이 훨씬 더 커지기에 어느 정도의 악용은 감수하는 면도 있다. 약자를 지원하는 큰정부 정책을 비판하는 우파들 가운데는 이런 악용 사례를 근거로 삼는 경우가 적지 않다. 하지만 모든 악용 사례들을 빠짐없이 관리하려면 아이러니하게도 정부는 더 커져야 한다는 모순에 부딪힌다. 악질적인 부정수급자는 당연히 제도적으로도 배제되고 있으며 행정 비용 절감을 위한 신고포상제도도 운영되고 있다. 보건복지부에 따르면 2024년 한국에서 공식적으로 신고·적발된 복지 부정수급 건수는 3140건인데,[2] 이는 전체 수급자가 약 500만 명 규모인 것을 고려하면 0.06퍼센트에 해당하는 수준이다. 그리고 비유로 활용한 아마존의 환불정책과 정말로 비교하기엔 제도적 지원금을 수급하는 과정은 훨씬 더 원칙적이고 까다롭게 이루어진다. 그러나 다시 한번, 사람들은 정보만큼이나 직간접적 경험을 통해 의견을 형성한다. 무임승차자라는 빈틈의 존재는 실제 수치 이상으로 감정을 자극한다.

 반대로 좌파의 입장에서 더 민감하게 여기는 빈틈은 무엇일까? 아마존의 환불정책 이야기에서, 정직한 소비자들이 느끼는 문제는 어디까지나 '기분'의 영역이다. 손해 보는 기분이 들긴 해도 직접적으로 손해를 보는 것은 아니기 때문이다. 그렇다면 악성 환불로 직접적인 피해를 입는 쪽은 누구일까? 아마존은 거시적으로 이익이 되기 때문에 이런 부작용을 감수한다고 설명했지만, 이 이야기에는 숨겨진 주체가 하나 더 있다. 아마존은 직접 상품을 판매하는 소매기업이기도 하지만, 외부 판매자의 입점과 소매를 중계하는 플랫폼기업이기도 하다. 2024년 4분기 기준 아마존에서 판매된 전체 상품 중 62퍼센트가 외부 판매자에 의해 판매되었다.[3] 하지만 환불정책은 자체 상품과 중계 상품 모두에 똑같이 적용된다. 소비자가 아마존에 환불을 요청하면 아마존은 유연한 정책에 따라 환불을 처리한다. 하지만 이때 환불되는 상품이 외부 판매자의 물건이라면 환불 비용은 아마존이 아니라 판매자가 부담한다. 게다가 매번 판매자의 승인을 거쳐 환불을 처리하면 이토록 유연하고 빠른 정책을 유지할 수 없기 때문에 대부분은 판매자의 승인 없이 자동적으로 환불이 이루어진다. 판매자 입장에서는 아마존의 정책 때문에 자신들이 비용을 부담해야 함에도 환불 여부를 결정할 수 있는 절차가 존재하지 않는 것이다. 당연히 판매자들은 이런 아마존의 정책에 꾸준히 문제를 제기해 왔다. 아마존 전체 매출로 보면 악용 사례는 감수할 만한 소수겠지만, 만약 그러한 사례가 특정 판매자에게 몰리면 생계에 큰 타격을 받을 수도 있기 때문이다.

이런 정책은 상당히 부당해 보인다. 아마존은 이 밖에도 입점 판매자들에게 낮은 가격을 강요하는 등 여러 곤란한 조건을 요구하는 것으로 알려져 있다. 그런데도 판매자들은 왜 아마존을 떠나지 못하는 걸까? 아마존이 독점적 시장 지배력을 갖고 있기 때문이다. 높은 수수료와 여러 부당해 보이는 정책에도 불구하고, 이를 따라야만 아마존이 보유한 대규모 소비자 시장에 접근할 수 있다. 무엇보다 대안으로 선택할 수 있는 경쟁 플랫폼이 사실상 존재하지 않는다. 아마존을 통해 얻을 수 있는 매출을 생각하면 일부 부당하다고 느껴지는 조건들도 결국 감내해야 할 문제가 된다. 간혹 영세한 몇몇 판매자는 수수료나 정책으로 큰 손해를 볼 수도 있겠지만, 대다수의 판매자가 아마존을 통해 얻는 이득에 비하면 '빈틈'에 불과한 것이다.

우파의 가치를 자유라고 표현한다면, 이 사례에서 가장 자유로운 주체는 아마존일 것이다. 물론 판매자들에게도 자유가 있다. 아마존이 마음에 안 들면 그곳에서 판매하지 않으면 된다. 부당하다고 느끼면서도 입점해 있는 이유는 아마존이 제공하는 시장과 매출의 가능성을 포기할 수 없기 때문이다. 세상은 원래 완벽할 수 없다. 어른이라면 이런 것도 다 감당하면서 현실적인 선택지를 찾아야 한다. 이 과정에서 따라오지 못하거나 도태되는 이들은 우파의 입장에서는 빈틈이 아니라 시장의 본질이다. 좋은 상품을 제공하는 판매자는 더 많은 수익을 얻고, 소비자 역시 더 나은 상품을 접할 가능성이 높아진다. 악성 소비자가 있더라도 생존이 걸린 문제인 만큼 판매자들은 스스로 대처할 방법을 찾아낼 것이다. 시장에는 언제나 해법이 존재한다. 이 방법을 찾아내지 못하는 판매자라면 다른 생업을 찾는 편이 결국 시장에도 소비자에게도, 본인에게도 더 유익일 것이다.

　반면 이렇게 낙오되는 사람들이 좌파가 용인하기 어려운, 시장과 경쟁의 빈틈이다. 좌파의 입장에서 경쟁은 항상 공정하지 않다. 이미 힘의 논리가 작동하는 곳에서 자유는 힘 있는 사람들에게만 제대로 된 의미를 가진다. '절이 마음에 안 들면 중이 떠날 자유'는 그 절 바깥에 마땅한 선택지를 갖지 못한 이들에게는 사실상 존재하지 않는 자유다. 여기서 평등의 개념이 다시 등장한다. 모두에게 똑같은 조건을 마련하지는 못하더라도 최소한 살 만한 다른 절을 새로 짓거나, 기존 절 안에서 특정 중에게만 가혹하게 작용하는 부분을 개선하는 방식으로 권력이 개입해 자유의 무게를 조정하자는 것이다. 프랑스혁명에서 외친 평등은 주로 제도적 신분의 영역이었지만, 보비오가 지적하듯 신분이 사라진 현대 민주주의 사회는 기본적으로 자유주의의 토대 위에 세워져 있다. 이제 평등의 저울 위에는 자유의 무게가 올라가 있다. 누군가에게는 무한한 자유가, 누군가에게는 실체 없는 자유만 허락된다면 이 무게 추를 조금만 옮겨보자는 것이다. 이것이 오늘날 좌파가 말하는 평등이다.

나를 위한 자유, 남을 위한 평등을 넘어서

시스템은 항상 완벽할 수 없다. 빈틈은 생기기 마련이다. 좌파와 우파는 어떤 빈틈에 더 예민하게 반응하고, 어떤 빈틈을 더 관대하게 여기는지의 차이일지도 모른다. 「더 커뮤니티」에서 좌파와 우파를 대표해 리더 선거에 출마한 두 출연자 '백곰'과 '슈퍼맨'은 이러한 차이를 잘 보여준다. 좌파인 백곰은 약자라는 이유만으로 탈락할 가능성이 높아지는 빈틈을 관리할 것을 약속했고, 우파인 슈퍼맨은 약자를 지원하느라 노력한 사람의 보상이 왜곡되는 빈틈을 지적했다. 이 두 약속 사이에서 출연자들의 마음은 각자의 입장과 색깔에 따라 움직인다. 흥미로운 점은, 프로그램 안에서의 이들의 입장이 자신의 원래 성향과 반드시 일치하지는 않는다는 것이다. 좌파적 성향을 지녔지만 프로그램 안에서 상금을 많이 누적한 출연자는 슈퍼맨이 약속하는 성과에 마음이 흔들리고, 우파적 성향을 지녔지만 탈락이 두려운 출연자는 백곰이 약속한 안전망에 마음을 빼앗긴다. 조건과 상황에 따라 가치관은 스펙트럼 사이를 바쁘게 가로지른다.

앞서 소개한 보비오의 논문에는 자유와 평등에 대한 흥미로운 해석이 등장한다. 보비오에 따르면 자유는 개인의 조건, 즉

한 사람의 상태에 대한 개념에 가까운 반면, 평등은 두 사람 이상의 관계를 다루는 개념이다. (물론 자유 역시 타인에 의해 훼손될 수 있으니 순수하게 독립적인 개념이라고 보기엔 한계가 있지만.) 가령 'A는 자유롭다.'라는 문장은 자연스럽게 성립하는 반면 'A는 평등하다.'라는 문장은 애초에 성립이 불가능하다. 평등은 반드시 A와 B 둘 이상의 존재 사이에서만 의미를 가진다. 조지 오웰의 『동물농장』에 등장하는 "모든 동물은 평등하다. 그러나 어떤 동물은 다른 동물보다 더욱 평등하다."라는 문장은 겉으로는 평등을 내세우면서 실제로는 특권을 정당화하는 사회의 모순을 날카롭게 풍자한 것으로 유명하다. 그런데 이 문장에서 '평등'을 '자유'로 바꾸면 역설은 사라진다. "모든 동물은 자유롭다. 그러나 어떤 동물들은 다른 동물보다 더욱 자유롭다." 이 문장은 너무나 자연스럽게 무슨 말인지 이해가 된다.[4] 우리가 자유를 말할 때는 주로 자기 자신을 중심으로 생각하지만, 평등을 말할 때는 반드시 타인들과의 관계를 고려할 수밖에 없는 것이다.

「더 커뮤니티」를 한창 기획하던 중 어느 정치부 기자 선배와 나눈 대화에서도 비슷한 고찰이 있었다. "민주주의의 두 축을 가장 간결하게 요약하면 자유와 평등이잖아요. 대답하는 시점에 무엇이 더 필요하다고 생각하는지에 따라서 좌우를 정리할 수 있을 것 같아요."라는 내 말에 선배는 이렇게 답했다. "그렇지. 근데 평등이 중요하다고 말하는 사람들도 묘하게 시혜적인 뉘앙스를 풍긴다는 게 재밌지." 그의 농담을 풀어보면 보통 사람들은 자신보다 더 열악한 상황에 있는 이들을 떠올리며 평등이 필요하다고 말하지, 평등이 실현될 때 자신이 직접 혜택을 볼 거라고는 잘 여기지 않는다는 것이다. 그 냉소적인 위트에 피식 웃었던 기억이 난다.

하지만 정말 그러할까? 「더 커뮤니티」 1회에서 출연자 '하마'가 했던 인터뷰가 이 냉소에 대한 대답이 될 수 있겠다. "저는 기본적으로 어떤 세상을 상상할 때 내가 어떤 인간이 되어도 너무 불행하지 않은, 너무 두렵지 않은 세상이 되기를 바라요. 내가 동성애자라면, 내가 장애인이라면, 내가 휠체어를 타는 사람이라면, 이런 가정을 했을 때 이 세상이 너무 두렵지 않았으면 하거든요." 그러니까 평등이 반드시 타인을 위한 것만은 아닐 것이다. 평등은 나를 포함한 모두의 자유를 확장하려는 노력일 수도 있다.

기울어진 파란색

2장

　이렇게 제목부터 민감한 프로그램이 만들어진다고 했을 때 아마 사람들이 제일 먼저 사상을 검증하고 싶은 대상은 연출자일 것이다. 이런 거 만드는 놈이 도대체 무슨 생각으로, 무슨 저의를 가지고 만드는지 당연히 신경 쓰이겠지. 더구나 나는 예능 피디로서는 드물게 사회정치의 격랑에 휩싸였던 적이 있고, 조금만 검색해 보면 그 기록과 내가 남겨놓은 생각들을 쉽게 찾아볼 수 있으니 검증이 용이한 사람이기도 하다. 하지만 역시나 사람들은 그다지 꼼꼼히 검색해 보고 인터넷에 글을 쓰지 않는다. 프로그램이 공개되기 전 예고편이 화제가 되자 연출자인 나는 진보 진영의 여성향 커뮤니티에서는 "보수정당에 투표하는 것이 뻔한 한국 남자"(아마 좀 더 격한 표현이 떠오르는 독자도 있겠지만 많이 순화했다.)로 회자되었고 보수 진영의 남성향 커뮤니티에서는 "옛날 사진 보니까 머리 길었던데 지금은 숏컷한 페미니스트 여자 피디"(역시 순화했다. 우리 고운 말 써요.)로 거론되는 모양이었다. 남성향 커뮤니티에서는 아마 사진이 찍힌 순서를 반대로 착각한 것 같다. 우리가 온라인에서 만나는 수많은 소문이 어떤 수준인지 짐작할 수 있는 대목이다.

당연히 내게도 가치관이 있다. 예능 피디치고는 꽤 선명한 축에 속할 것이다. 글에서도 느껴지겠지만 나는 대개 진보적인 의제에 공감하는 일이 좀 더 많은 편이다. 하지만 기획의도가 의도인 만큼, 이 프로그램이 내 입장을 관철시키기 위한 프로파간다로 만들어지는 것만큼은 피해야 한다고 생각했다. 그런데 아무리 자기 검열을 철저히 해도 결국 사람이 하는 일이니, 중립이라고 생각한 곳에 중심을 잡아놓아도 부지중에 내 쪽으로 기울어지는 부분이 필히 있지 않겠나. 그래서 일부러 약간 더 물러서서 만들어보려고 했다. 내가 동의하지 않는 입장을 좀 더 다뤄보고, 그런 말을 하는 출연자를 좀 더 채워보는 식으로. 동의하지 않는 입장의 경우 "그래, 저 입장에서는 저렇게 말할 수 있지." 하며 여유 있게 받아들일 수 있는 수준을 넘어서서, "아니 이렇게까지 말한다고?"라고 느낄 정도여야 의미가 있다고 생각했다. 그래서였을까? 출연자 열세 명의 점수표를 보면 파란색이 조금 더 많다. 추가로 투입된 한 명을 제외한 최초의 열두 명 중에 계급은 파란색이 일곱 명, 정치는 파란색이 여덟 명이나 된다. 기울어진 파란색. 잠정적인 의도의 과잉 실현이다.

파란색 출연자가 많았던 이유

방송이 공개된 뒤 시청자 반응을 살펴보자, 처음부터 출연진의 테스트 점수를 파악한 상태에서 섭외를 진행했을 거라고 생각하는 사람들이 꽤 많았다. 하지만 아직 출연하기로 결정도 안 한 사람을 불러놓고 예민한 문항들로 이루어진 테스트부터 시킬 수는 없었다. 테스트는 모든 섭외가 확정된 이후에 진행했다. 점수를 확인하고 섭외 여부를 결정할 수 있었다면 열세 명의 점수 분포가 의도한 균형을 이뤘을 테지만, 그러려면 사람을 불러 이 불편한 테스트를 진행한 뒤 점수가 기대와 다르면 돌려보내는 일을 반복해야 한다. 또 테스트 점수로 표현되지 않는 개인의 매력과 서사도 섭외에는 중요한 영역이다. 학술조사가 아닌 예능 프로그램에서 오로지 점수의 균형을 위해 그렇게까지 할 수는 없었다. 결국 공개된 정보를 통해 성향을 짐작할 수 있는 이들 위주로 직접 만나 대화해 보는 것이 최선이었다. 그러다 보니 결국 연예인은 아니더라도 어느 정도 유명세가 있는 이들로 후보군이 꾸려지게 되었다. 정당이나 시민단체에 소속되어 활동하는 사람들이야 입장이 분명히 보인다. 미디어에 노출된 적이 있는 사람들은 방송 출연 분량이나 인터뷰에서 사회적 이슈를 언급한 경우 추론이 가능하다. 하지만 또 너무 유명한 사람들이나 비슷한 업계 출신들로만 출연진이 채워지면 익명의 가면 아래 서로의 성향을 추론하는 긴장감을 만들 수가 없다. 그래서 어떻게든 '보통 사람'의 범주에서도 출연자를 찾아야 했다.

이른바 '일반인 예능'*이라고 일컬어지는, 그러니까 직업 연예인이 아닌 사람들이 나오는 프로그램을 만드는 제작진이 출연자를 섭외하는 가장 흔한 통로는 소셜미디어이다. 익명 활동 중심인 커뮤니티나 X(구 트위터)를 제외하고, 얼굴을 드러내놓고 사용하는 인스타그램, 페이스북, 유튜브 등에서 프로그램에 어울리는 매력을 지닌 계정을 찾아 이런저런 방식으로 연락을 넣는다.

당연한 말이지만 '매력'은 예능 섭외의 가장 중요한 기준이다. 어떤 주제를 다루든 방송에는 매력적인 출연자가 나와야 사람들이 본다. 매력은 광범위한 영역을 아우른다. 시청각 매체이니 가장 기본적으로 외모가 해당하겠지만, 그 밖에 성격, 태도, 가치관, 말투, 목소리, 스타일 등 종류를 막론한 각종 능력과 특성이 포함된다. 예를 들어 유행이 끝날 줄 모르는 '데이팅 예능'에는 주로 화려한 외모에 사교적이기까지 한, 이른바 '인싸'들이 출연해 왔지만, 공전의 인기를 끈 「환승연애」와 「연애남매」에는

* '일반인'이라는 단어에 거부감을 느끼는 경우가 많지만, 대부분의 전문분야에서 해당 직업을 가지지 않은 외부인을 지칭할 때 흔하게 쓰인다. 의료계나 법조계, 스포츠 등의 분야에서 '일반인이 이해하기 쉽게 풀어서 설명해야 한다.'라는 표현을 자주 볼 수 있다. 다만 방송 연예계의 경우 몇몇 고소득자들의 호화로운 생활이 노출되는 경우가 많고, 다른 직업군에 비해 이야깃거리로 많이 소비되는 만큼 다른 어감이 생겨 '비연예인'으로 고쳐 쓰는 경우도 많다.

훈훈하면서도 비교적 친근한 사람들이 출연해 색다른 화제를 낳았다. 두 프로그램의 연출자인 이진주 피디는 프로그램에 걸맞은 남자 출연자를 찾기 위해 소셜미디어에서 모자여행 등의 키워드를 검색했다고 밝힌 적이 있다.[1] 어머니와 함께 여행을 다니고 이 모습을 자기 계정에 올리는 남자라면, 기존의 데이팅 예능 출연자들과는 다른 결의 다정함을 보여줄 거라고 생각했다는 것이다.

작품과 연출자마다 그때그때 조금씩 다른 매력을 필요로 하겠지만, 오늘날 동시대의 매력을 측정 가능한 숫자로 환산한 것은 단연 팔로워 숫자다. 매력적인 '일반인 출연자'를 찾으려는 수많은 방송 제작자는 소셜미디어를 종횡무진 누비면서 어쩔 수 없이 팔로워 숫자에 가장 먼저 이끌린다. 숫자가 크면 대중적으로 검증된 영역이 있다는 뜻이니까. 정량적定量的 지표인 숫자가 증명해 주지 않는 매력을 찾으려면 그때부턴 노력이 훨씬 더 많이 들기 시작한다. 게시물을 하나하나 살펴보며 정성적定性的인 매력을 탐구해야 하기 때문이다.

팔로워 수가 증명하는 정량적 매력은 많은 경우 외모 중심의 직관적인 매력이다. 대중적인 미형의 외모는 물론이고 스타일이나 춤 같은 시각적인 단서들이 주를 이룬다. 얼굴을 드러내 놓고 활동하는 사람들이 모여 있는 동시대의 가장 대중적인 두 플랫폼, 유튜브와 인스타그램 가운데서는 단연 인스타그램이 이러한 특성이 더욱 강하다. 유튜브는 상대적으로 긴 호흡의 콘텐츠가 주를 이루는 동영상 플랫폼이다.(한때 방송 미디어와 비교해

10분 내외의 유튜브 영상들이 짧아진 콘텐츠의 상징이었지만, 릴스와 쇼츠의 시대에는 이것도 긴 영상이 되었다.) 이 콘텐츠에는 기획과 연출과 편집이 필요하며, 인플루언서 본인의 매력만큼이나 그가 만들어내는 콘텐츠가 중요한 역할을 한다. 반면 인스타그램은 사진을 중심으로 대중화되었고, 동영상을 전면에 내세우는 지금도 여전히 짧은 호흡 안에서 인물의 매력을 중심으로 소비된다. 그런데 「더 커뮤니티」 섭외를 위해 수많은 사람과 연락을 나누고 직접 만나본 바에 따르면, 확실히 '자원으로 환금될 정도'의 매력을 자랑하는 사람들은 파란색으로 분류되는 이들이 많았다. 특히 '정치'의 차원에서.

빨강과 파랑의 기원

사상검증 테스트 결과를 차원과 스펙트럼에 따라 색깔로 시각화한 방식에 대해서는 앞서 설명했지만, 왜 왼쪽이 빨간색이고 오른쪽이 파란색인지에 대해서는 설명이 더 필요해 보인다. 심지어 현재 한국이나 미국의 실제 주류 정당 색과는 정반대여서 헷갈려 하는 사람도 종종 보았다. 「더 커뮤니티」에서는 진보적인 입장이 빨간색, 보수적인 입장이 파란색이지만, 지금 한국과 미국의 보수정당은 빨간색을, 진보정당은 파란색을 자신들의 상징 색으로 사용하고 있다. 하지만 이는 진보가 빨간색, 보수가 파란색으로 상징되어 온 길고 긴 역사의 맥락 위에서 벌어진 현상이다. 특히 한국의 경우, 2012년 대대적인 이미지 쇄

신이 필요했던 보수정당(당시 새누리당)이 그동안 스스로 앞장서서 배척해 온 빨간색을 파격적으로 선택해 이전까지의 이미지를 의도적으로 씻어내고자 했다. 그전까지 30년간 파란색을 고수해 왔고, 전통적으로도 보수의 색은 파란색이었다. 그 때문에 정당에 대한 인식이 2012년 전후로 처음 생기기 시작한 젊은 세대에게는 보수가 파란색으로 표시되는 것이 다소 혼란스러울 수도 있다.

좌파와 빨간색이 연결되어 온 역사는 아예 '좌파'라는 개념의 탄생과 함께 시작되었다. 또 프랑스혁명이다. (이쯤 되면 연도를 외워놓으면 유용하다. 1789년. '789'라 외우기도 쉽다.) 사실 프랑스혁명 이전까지 빨간색은 권위와 권력의 상징이었다. 피, 불, 태양처럼 인류가 태초부터 인식해 온 자연 속 빨간색들이 지닌 강렬함 덕분에, 동서양의 황제와 귀족은 빨간색을 권력의 상징으로 삼았다. 그러다 염료가 다양해지면서 경제적·문화적 이유에 따라 권위를 상징하는 색깔이 달라졌고, 이후 빨간색은 절대적인 지위를 잃었다가 프랑스혁명에 이르러 권력의 색에서 민중을 상징하는 색으로 새롭게 태어난다. 농민과 노동자를 주축으로 한 자코뱅파가 의사당 좌측에 앉아 혁명의 상징으로 빨간 모자를 썼기 때문이다. 특히 혁명의 급진성을 이끈 무산계급 민중 세력, 즉 상퀼로트*가 빨간 모자를 쓴 채 긴 창을 들고 거리를 누

---

* '퀼로트를 입지 않는'이라는 뜻이다. 프랑스 왕의 초상화 앞에서 아이들이 종종 "남자가 왜 스타킹을 신고 있어?"라고 질문하곤 하는데, 이때 무릎까지 오는 스타킹 위의 반바지가 귀족들이 주로 입던

빈 모습은 프랑스혁명을 상징하는 강렬한 이미지로 자리 잡았다. 이후 자코뱅파는 빨간 깃발을 자신의 상징으로 내걸기 시작했다.

혁명의 물결은 100년 넘게 전 유럽으로 퍼져 러시아혁명에까지 이른다. 러시아혁명이라고 하면 우리는 흔히 권위주의 소비에트 연방의 이미지를 떠올리지만, 프랑스혁명과 마찬가지로 러시아혁명 당시에도 온건파와 급진파가 나뉘었다. 프랑스의 자코뱅파에 상응하는 급진파가 바로 볼셰비키*였다. 우리가 러시아혁명이라 부르는 사건은, 이 볼셰비키가 1917년 10월에 일으킨 '볼셰비키혁명'을 가리킨다.

볼셰비키는 128년 앞서 발발했던 프랑스혁명의 급진파를 계승한다고 자처하며 빨간 깃발을 자신의 상징으로 삼았다. 당시 볼셰비키가 만들었던 체제는 온통 빨간색 범벅이다. 빨갛다고 하면 왠지 발랄한 느낌이 드는데, 그래서인지 한국어로는 주로 '붉은'으로 번역되었다. 붉은 군대, 붉은 깃발, 붉은 광장 등 붉은 거 알겠으니까 그만 진정하라고 말하고 싶은 수많은 붉은 것들이 당시의 공식 명칭이었다. 덕분에 인터넷에서는 '빨간'을

'퀼로트'이고, 평민들은 이러한 퀼로트를 입지 않고 지금 우리와 같은 긴 바지를 입고 다녔다.

* '더 많은'이란 어원에서 이어진 다수파라는 뜻. 볼셰비키 자체에 '파'라는 뜻이 포함되어 있으니 '역전 앞'처럼 뒤에 파를 붙이지 않는다. 실제 숫자로는 급진파가 더 적었지만, 당의 주도권을 쥔 레닌이 자기편에 주류 세력이라는 이미지를 주기 위해 역설적인 이름을 붙였다.

'붉은'으로 바꿨을 때의 어감 차이를 가지고 노는 것이 잠시 유행한 적도 있다. '빨간 망토 차차'는 장난꾸러기 같지만 '붉은 망토 차차'는 혁명의 선봉에 서 있을 것 같고, '빨간 머리 앤'의 다이애나는 영원한 친구지만 '붉은 머리 앤'의 다이애나는 영원한 동지라는 식이다. 그만큼 러시아혁명 이후, 빨간색은 전 세계에서 공산주의와 좌파를 상징하는 색깔로 한 세기 이상 통용되었다.

우리에게 남은 가장 강력한 흔적은 '빨갱이'라는 멸칭이다. 실제로 안보의 위협이 존재하기도 했지만, 당시의 권위적인 정권은 이를 권력 유지에 적극 활용했다. 그 결과 노동권이나 언론의 자유처럼 개혁적 성격을 띠는 모든 시도가 '공산주의'로 낙인찍히며 설 자리를 잃었다. 앞서 보비오의 분류에 따르면 자유주의적 평등을 추구하고자 했던 시도들까지 권위주의적 평등을 도모하는 것으로 취급된 것이다. 좌파에 대한 이런 적극적인 거부는 누군가는 의도적으로, 누군가는 어쩔 수 없이, 누군가는 진심으로 행했을 것이다. 한국에서는 이 모든 현상에 '레드 콤플렉스red complex'라는 이름을 붙였다. 비슷한 냉전 체제를 겪은 미국에도 '적색공포red scare'라는 표현이 있을 정도로 빨간색과 좌파는 단단하게 결합되어 상징으로 남았다.

하지만 권위적이었던 공산주의 혁명은 결국 역사의 실패로 판명 났고, 그 유산을 강하게 계승한 국가들도 대부분 자본주의 시장경제를 받아들인 것이 냉전 이후 세계의 풍경이다. 동시에 공산주의 혁명이 추구했던 사회주의적 복지제도들 또한 크고 작은 시장 실패를 경험한 자본주의 국가들 곳곳에 이식되어 시민들의 삶을 보호하고 있다. 이제 세계에서 빨간색은 공산주의를 넘어 노동운동, 환경운동, 페미니즘 등 보다 넓은 스펙트럼의 진보적 운동을 포괄하는 색이 되었다.

좌파와 빨간색 이야기가 이렇게나 길었으니 이번엔 우파와 파란색의 이야기가 한참 이어질 것 같지만, 다행히도(?) 우파와 파란색 사이의 연관성은 할 이야기가 그리 많지 않다. 특정 색깔이 전 세계에 영향을 미칠 만큼 선명한 이념과 결합된 역사는 프랑스와 러시아의 혁명에 버금가는 경우를 찾기 어렵다. 좌파가 빨간색을 상징으로 점유하자, 가장 대비되는 파란색이 자연스럽게 우파의 상징으로 자리 잡은 셈이다. 마침 빨간색은 피와 불처럼 뜨거운 변화와 혁명에 잘 어울리는 반면, 파란색은 평화로운 하늘과 바다처럼 차분한 권위와 안정을 떠올리게 해서 보수와 연결하기도 알맞았다.

서구 문명에서 파란색이 본격적으로 권위를 상징하기 시작한 것은 중세 이후부터다. 중세 서유럽 사람들이 가장 열광했던 대서사인 아서왕 전설에서도 빨간 기사, 검은 기사, 하얀 기사에 비해 파란 기사는 존재감이 별로 없다. (생각해 보니 어릴 적 보았던 「후뢰시맨」이나 「파워레인저」에서도 파란색 캐릭터는 상대적으로 덜 주목받았던 것 같다.) 색깔의 역사는 염료와 염색 기술의 발달과 함께 전개되었다. 가령 르네상스를 목전에 둔 13세기 즈음, 희귀한 보석인 청금석에서 복잡한 과정을 거쳐 얻어낸 아름다운 파란색 안료, 울트라마린이 등장했다. 울트라마린은 제작의 어려움과 희소성 때문에 금보다도 비싼 값에 거래되었고, 이러한 이유로 성화 속에서 성모 마리아를 상징하는 거룩한 색으로 자리 잡았다.* 덕분에 파란색은 중세 이후로 왕족과 귀족의 지위를 드러내는 색이 되었다. 이러한 맥락에서 보수 정치의 상징 색으로 이어지는 일은 자연스러운 결과였다.

 사실 국가가 생긴 이래 정치는 늘 존재해 왔지만, 불과 피가 뒤엉킨 혁명의 시간은 역사의 눈금에서는 극히 이례적인 순간에 불과하다. 권력에 맞서 체제를 뒤엎는 역동이 분명 필요할 때가 있겠지만 전복적인 분노의 질서가 계속해서 사회를 지배하면 보통 사람들은 일상을 꾸려나갈 수 없다. 좌파든 우파든 진정으로 정치를 하려는 이들이라면 결국 자신들이 이룩한 질서 위에 안정된 사회를 세우기를 바랄 것이다. 그래서 붉은 혁명 정권이 아닌 이상, 대개는 어떤 정당이든 차분한 파란색을 더 선호해 왔다. 영국의 토리당과 휘그당**이 서로 파란색을 차지하려고 다툰 역사가 있고, 한국도 2012년 이전까지는 보수당이 한결같이 파란색을 쓰고 진보당은 노란색과 녹색 사이를 오가며 파란색 언저리를 맴돌았다. 악착같이 빨간색을 피한 것은 레드 콤

---

 * 비싼 염료 때문에 어떤 색깔이 상서롭게 여겨졌다는 이야기는 사실 색마다 하나씩 존재한다. 시대와 문화권에 따라 그때그때 인기 있고 희귀한 염료의 종류와 값이 달랐기 때문이다. 이 글에서는 중세 유럽의 울트라마린에 한정된 이야기라는 것을 기억하자.

 ** 1688년 영국의 명예혁명 전후로 정립된 보수당과 진보당. 당시 보수적인 토리당은 귀족과 지주의 이익을 대변했고, 진보적인 휘그당은 부르주아의 이익과 자유무역을 추구했다. 현재 토리당은 '보수당'으로, 휘그당은 '자유민주당'으로 계승되었다. 프랑스의 자코뱅파에 해당하는 '노동당'은 20세기 초에 등장했다는 점이 프랑스혁명과의 차이점이다.

플렉스의 영향이었을 것이다. 하다못해 옷을 고를 때도 빨간색과 파란색 중에서라면 어지간해서는 파란색이 안전한 선택이다. 파란색은 안전하고 편안하다. 신호등만 봐도 그렇다.

파란색 자유지상주의자들

리버테리언libertarian은 보통 자유지상주의자로 번역된다. 모든 정치 영역에서 일관되게 자유를 가장 중요한 가치로 꼽는 입장으로, 「더 커뮤니티」의 분류를 따르자면 '정치'의 영역에서는 자유를 중시하는 파란색, '개방성'의 영역에서도 역시 자유를 중시하는 빨간색에 해당하는 입장이다. 「더 커뮤니티」를 위한 섭외 경험에 한정했을 때 정량적인 매력을 보여주는 사람들, 그러니까 많은 수의 팔로워를 자랑하는 사람들은 신기하게도 리버테리언에 가까운 경우가 많았다. 스스로 그렇게 정의하고 있는지의 여부와는 무관했다. 정치적 입장을 물어보면 잘 모른다고 대답하는 경우가 많지만, 좀 더 구체적인 질문들을 제시하면 주로 이런 대답을 들을 수 있었다. "정부가 나서는 것보다 시장에 맡기는 게 좋죠.", "열심히 일해서 번 재산을 자식에게 물려주는 건 당연하고 자연스러운 일 아닌가요?", "동성애요? 나한테 피해 주는 것도 아닌데요, 뭐. 자기들끼리 좋아서 결혼하는 건 자유죠." 이러한 대답들은 테스트의 차원에 따라 반대 방향을 가리키기도 하지만, 사실상 일관된 태도다. Don't touch. Let it be. 자유. 개인주의. 뭐라고 불러도 좋다. 핵심은 상관하지 말라는 거다. 나는 나, 너는 너. 일관되고 쉬운 논리다.

전 국민의 공교육 효과를 실감할 수 있는 이름, 경제학 하면 제일 먼저 등장하는 애덤 스미스의 '보이지 않는 손' 개념은 개인의 본능과 이기심에 근거한 자유로운 사익 추구가 사회 전체의 이익으로 연결된다는 설명으로 유명하다. 하지만 이 이야기를 담은 저서 『국부론』이 식민지를 기반으로 운영되던 유럽의 중상주의 체제가 한계에 도달했던 1776년에 쓰였다는 맥락을 고려해야 그 의미가 분명해진다.

중상주의는 국가의 강력한 주도 아래 왕의 후원을 받는 소수 대자본가가 식민지와 노동자를 착취하며 끊임없이 전쟁을 벌이던 체제였다. 애덤 스미스가 주장한 자유시장은 바로 이 흐름에 맞서기 위해 등장했다. (그리고 13년 뒤 프랑스에서 무슨 일이 벌어졌는지 떠올려보자. 중요한 연도를 기억해 두면 이런 역사적 흐름을 전체적으로 꿰는 데 유용하다.) 상식처럼 여겨지는 수많은 이론이 그러하듯, 애덤 스미스 또한 이기심만으로 모든 것이 해결된다고 주장한 것은 아니다. 『국부론』만큼 유명한 그의 또 다른 저서 『도덕감정론』에서 애덤 스미스는 인간의 이기심은 타인에 대한 공감이라는 또 하나의 축을 반드시 필요로 한다고 주장했다. 하지만 어떤 생각이든 너무 유명해지면 항상 왜곡되기 마련이다. 실제로 그랬는지와는 무관하게, 애덤 스미스의 이름은 무한한 자유를 옹호하거나 비판할 때마다 반복해서 등장한다. 특히 스스로 우파라고 생각하는 사람들 중 상당수는 사익을 추구하는 본능이 절대적으로 보호되어야 한다고 주장하며 그의 이름을 부른다.

그에 비해 좌파가 외치는 가치들은 본능을 거스르는 것처럼 보인다. 뒤처진 이를 돕자고 해도 누가 뒤처진 사람인지 따져봐야 한다. 나보다 못한 이를 도우라는데, 나도 힘든데 어디까지 책임져야 할지 고민이 된다. 세금을 얼마나 써야 할지, 그걸 누구에게 걷을지도 문제다. 우파의 자유는 기본적으로 현실에 개입하지 않고 그냥 두는 것이지만, 좌파의 평등은 끊임없이 무언가를 해야 한다. 우파의 이야기는 들을수록 쉽고 기분이 좋다. '노력한 만큼 성공할 것이다.', '성공은 아름다운 것이다.', '우리 모두가 성실하게 경쟁하며 성공을 향해 달리면 그 과정에서 모두가 조금씩 더 나아질 것이다.' 반면 좌파의 이야기는 사람을 불편하게 만들 때가 많다. '우리보다 더 고통받는 사람이 있다.', '우리가 누리는 것은 당연한 것이 아니다.' 꼭 즐기려는 자리마다 쫓아와서 찬물을 끼얹은 사람 같다. '킬조이killjoy'[*]는 전형적인 좌파의 이미지다. 애초에 보수와 진보라는 단어의 의미만 떠올려봐도, 그 자리에 머무르는 일과 뭔가를 바꾸려는 일 중에 어느 쪽이 편안하고 어느 쪽이 피곤하게 느껴지는지는 쉽게 상상할 수 있다. 소셜미디어 스타들의 직관적인 매력과 파란색의 성향이 자주 겹쳐 보이는 것도 단순한 우연만은 아닐 것이다.

---

[*] 좋은 분위기에 찬물을 끼얹고 흥을 깨는 사람. 다른 사람의 재미나 즐거움을 망치는 사람.

자연스러운 우파, 본능에 반하는 좌파?

그런데 정말 우파는 본능에 호소하고 좌파는 본능을 거스르는 입장일까? 사상검증 테스트가 사회적 입장을 네 가지 차원으로 나누었듯, 본능에도 다양한 차원이 존재한다. 소셜미디어에서 스타를 팔로잉하는 본능과 정치인을 지지하는 데 사용되는 본능은 전혀 다를 것 같지만 실은 비슷한 면이 있을지도 모른다. 정치인을 지지할 때는 본능이 아니라 이성을 통해 검증해야 하는 것 아니냐고? 그렇다면 자신이 투표할 때 정말 모든 정책을 꼼꼼히 비교하고 불편부당하게 후보를 선택했는지 한번 돌아보자. 이 책에서 계속해서 강조하듯, 사람들은 정보를 바탕으로 의견을 형성하기도 하지만, 그 못지않게 직간접적인 경험을 통해 입장을 정하기도 한다. 체감은 이성보다는 감정의 영역에 가깝고, 감정은 우리가 생각하는 것보다 훨씬 더 빠르게 우리의 태도를 결정짓는다. 예컨대 비행기 사고를 다룬 뉴스나 식인 상어가 등장하는 영화를 본 뒤에는 이러한 위험을 실제보다 더 과장해서 받아들이고, 이는 비행기 탑승이나 해수욕장을 기피하는 행동으로 이어지기도 한다. 이러한 경향을 설명하는 '휴리스틱heuristics 이론'은 대중 심리학에서 가장 널리 알려진 개념이다.

프로그램을 만들 때 가장 많이 참고했던 책인 『바른 마음』의 저자 뉴욕대학교 사회심리학자 조너선 하이트는 거의 모든 유권자가 정치적 의사결정을 내릴 때도 본능과 감정을 이용한다고 말한다. 물론 선거 때마다 후보자들의 정책 공약집을 펼쳐

놓고 하나씩 비교한 뒤 여론의 흐름까지 고려해 정치공학적으로 판단하는 사람도 있겠지만, 대부분의 사람에게 가장 크게 작동하는 마음은 '죽어도 저 사람은 못 찍겠다.' 하는 마음이다. 내 경우는 오랜 시간 그 대상이 권위주의였던 셈이다. 이는 앞 장에서 설명했던, 좌파와 우파가 시스템의 어떤 빈틈에 더 민감하게 반응하는가의 이야기와도 맞닿는다. 물론 다양한 경험과 이성적 판단도 바탕이 되겠지만, '그래도 이건 아니지!'라는 말을 불러일으키는 '빈틈'에는 결국 감정이 크게 작동한다.

600페이지에 달하는 『바른 마음』을 파격적으로 축약하면, 인간의 정치적 의견은 여섯 가지 도덕적 기반에 의해 형성된다는 주장으로 정리할 수 있다. 여기서 말하는 기반 역시 감정, 즉 본능을 의미한다. 이성적으로 판단하기 전에 마음이 먼저 덜컥, 반응하는 것이다. 이성은 그 뒤에야 '덜컥'의 이유를 찾아 논리를 덧붙인다. 책의 설명에 따르면 사람들의 감정이 반응하는 여섯 가지 기반은 다음과 같다. 읽어보면 고개가 끄덕여지는 분류들이다.

1. 배려(Care) / 피해(Harm)
타인의 고통에 대한 민감성과 이를 줄이려는 욕구를 말한다. '욕구'인 만큼 더 작은 사회에 속해 있는 어린이의 경우로 비유하면, 누군가 다른 아이를 때리는 모습을 보고 본능적으로 나쁘다고 느끼는 감각에 해당한다. 폭력에 반대하는 인도주의적 행동들이 이 욕구에서 비롯된다.

2. 공평성(Fairness) / 부정(Cheating)

공정한 대우와 정당한 자원 분배를 중시하는 욕구다. 아이들끼리 사탕을 나눠 먹을 때 아무 이유도 없이 더 가져가는 아이가 생기면 나머지 아이들이 이를 제지하고 화를 내는 감각과 같다. 이는 기본적으로 차별에 반대하고 평등한 권리를 추구하는 움직임과 연결되지만, 우파가 강조하는 '기여-보상의 원칙'에 적용되기도 한다.

3. 자유(Liberty) / 압제(Oppression)

개인의 자유를 억압하는 부당한 지배에 저항하고자 하는 욕구를 의미한다. 사실 반골 기질은 누구에게나 어느 정도 있기 마련인데, 하지 말라고 하면 괜히 더 하고 싶어지는 마음도 이러한 욕구의 발현이다. 수많은 독립운동과, 독재에 저항했던 혁명들이 여기에 해당한다.

4. 충성심(Loyalty) / 배신(Betrayal)

집단에 대한 소속감을 강조하고, 집단의 이익을 위해 희생하려는 감정을 의미한다. 유치원에 다니는 아이들도 아무 기준 없이 속한 팀에 강한 소속감을 갖는다. 작게는 가족에 대한 헌신부터 크게는 자신이 속한 조직이나 국가를 위해 희생하는 이들을 숭고하게 여기는 마음까지 모두 이 기반에서 근거를 찾을 수 있다.

5. 권위(Authority) / 전복(Subversion)

정당한 권위와 질서를 존중하고 유지하려는 마음이다. 아이들은 선생님이 어떤 이유에서 권위를 갖는지 정확히 알지 못해도 일단 선생님을 잘 따르는 데서 안정감을 느낀다. 아무도 없는 새벽에도 무단횡단을 하지 않는 사람에게 존경심을 느낀다면, 이 기반이 작동하는 것이다.

6. 고귀함(Sanctity) / 추함(Degradation)

몸과 마음의 청결을 중시하고, 타락시킨다고 여겨지는 것을 회피하려는 욕구를 의미한다. 얼핏 보면 도덕이랑 무슨 관련이 있을까 싶지만, 사실 가장 원초적으로 작동하는 감각이다. 여전히 많은 사람에게 순결은 가치 있는 것으로 여겨지는데, '첫 경험'을 누구와 함께하느냐에 의미를 부여하는 것도 이 기반과 연결된다. 또 이웃집에 성범죄 전과자가 이사 온다는 것을 알면, 설령 그가 (부동산 가격을 포함해) 아무 해를 끼치지 않으리라는 점이 확실히 보장된다고 해도 사람들은 이를 본능적으로 막고 싶어 한다.

우리는 정치인을 지지하거나 투표권을 행사할 때, 정책과 정당의 방향성을 종합적으로 판단하기보다는 도덕적 본능이 강하게 반응하는 영역을 가장 먼저 고려한다. 현대의 정치는 보통 '나쁜 놈을 막는 일'이 모든 것을 압도하는 방식으로 움직이며, 이때 '나쁜 놈'을 판단하는 것도 도덕적 본능의 영역에 속한다. 물론 각각의 기반은 완전히 분리되어 있지 않다. 같은 사안에 대해 여러 기반이 함께 작동하기도 한다. 예를 들어 독립운동은 자유/압제 기반에서 비롯한 행동이고, 독립운동가들의 조국을 지키고자 하는 마음에는 충성심/배신 기반이 작동한 결과다. 그리고 그런 마음이 형성되기까지는 다른 동포들의 고통에 대한 배려/피해, 공평성/부정 기반이 차곡차곡 쌓여왔을 것이다. 우리는 이러한 독립운동가들에게 고귀함을 느낀다.

  여섯 가지 기반을 살피는 동안, 모든 영역에 '그렇지. 그거 중요하지.'라고 생각한 사람이 있는 반면, 어떤 영역에서는 '음······.' 하며 말을 아끼는 사람도 존재할 것이다. 권위/전복을 예로 들어보자. '10대에는 부모님 말씀을 잘 들어야 한다.'라는 말에 공감하는 사람이 있는가 하면 '10대에는 부모님 말씀에도 의문을 품고 자기 생각을 가져봐야 한다.'라는 말에 더 끌리는 사람도 있을 것이다. '부모님 말이라고 다 들어야 하는 건 아니다.'라고 말하는 사람에게는 자유/압제가 가장 중요한 기반일 가능성이 높고, 권위/전복 기반은 그다지 중요하지 않은 셈이다.

  부모님 말이라고 해서 다 들어야 하는 건 아니라고 말하는 어른은 보통 진보적인 사람일 확률이 높다. 『바른 마음』에 따르면, 사상검증 테스트의 모든 결과가 왼쪽의 빨간색으로 몰려 있는 진보적인 사람들은 여섯 가지 도덕적 기반 중 앞쪽의 세 가지를 특히 중요하게 여긴다. 반면 여섯 가지 기반을 모두 중요하게 생각하는 사람은 파란색의 보수 성향을 가질 가능성이 높다. 진보적인 사람은 기존의 질서에 도전할 때가 많다. 사람들이 당연하게 받아들여 온 윤리에 자꾸 질문을 던진다.

내가 설명을 적을 때부터 의문을 달았던 고귀함/추함의 영역을 살펴보자. 진보에게 가장 중요한 것은 배려/피해와 공평성/부정의 영역이다. 즉 타인에게 피해를 끼쳤는지, 차별이 발생하지는 않았는지를 항상 중요하게 생각한다.『바른 마음』에서는 "어떤 남자가 마트에서 생닭을 사 와, 아무도 없는 부엌에서 이 닭을 이용해 혼자 자위를 했다. 그리고 깨끗이 씻어낸 뒤 요리해서 먹었다."라는 이야기를 들려준 뒤 이 남자의 행동이 잘못됐는지를 질문한다. 누가 들어도 이 이야기는 불쾌하다. 그런데 보수적인 사람은 좀 더 적극적으로 인상을 찌푸리며 당연히 잘못됐다고, 그게 무슨 짓이냐고 묻는다. 고귀함/추함의 기반이 작동한 것이다. 하지만 진보적인 사람은 처음 느낀 불쾌함을 추스른 뒤 질문하기 시작한다. 잘못됐냐고? 음……, 그게 잘못됐나? 싫을 수는 있지만 잘못이라고 하긴 어렵지 않나? 피해를 본 사람은 아무도 없는데? 그걸 누구한테 먹인 것도 아니고 자기가 먹었다잖아. 타인에게 혹은 사회에 피해를 주는 게 아니라면 혼자 있을 때 무엇을 하든 잘못이라고는 할 수 없지 않을까? 이런 질문들 끝에, 결국 그 남자에게는 잘못이 없다고 결론을 내린다.

　배려/피해나 공평성/부정, 자유/압제 같은 기반들은 문명이 없는 가상의 자연 상태를 상정하고 상상해 보아도 충분히 작동할 만큼 원초적인 영역이다. 이 기반들은 보수든 진보든 공통적으로 중요하게 여긴다. 다만 상황에 따라 이를 어떻게 적용해야 할지, 어떤 기반을 더 우선해야 할지 그 스펙트럼이 달라질 뿐이다. 하지만 진보는 나머지 세 가지, 즉 충성심/배신, 권위/전복, 고귀함/추함의 기반을 상대적으로 덜 중요하게 생각하거나, 경우에 따라서는 아예 거부하기도 한다. 앞서 '순결과 첫 경험'의 가치에 대해 언급했을 때 불편함을 느낀 사람이 있다면, 그것은 고귀함/추함의 기반 자체에 대한 거부이거나, 혹은 여성에게만 일방적으로 강요되어 왔다는 사실에 따라 공평성/부정과 자유/압제 기반을 더 우선시한 반응일 것이다.

서로 다른 도덕적 판단을 내리는 이유

나는 종종 시대극이나 중세 배경의 판타지 영화를 볼 때, 주군에게 충성하는 가신家臣의 일방적인 희생에 감동하는 스스로를 보며 당황한다. 특별한 호의를 베푼 것도 아닌데 부모를 잘 만났을 뿐인 버릇없는 철부지 귀족 자제를 조건 없이 따르고 순종하다가 종국에는 대신 목숨까지 내던지는 장면이 왜 그리 감동적일까? "Yes, my lord.(예, 주군.)"나 "Yes, Your Majesty.(주군의 뜻이라면.)" 같은 대사들은 또 왜 그리 숭고해 보일까? 나는 반골 기질이 그득한 사람이고, 출신에 따른 신분이 모든 것을 결정했던 사회에 털끝만큼도 동의할 생각이 없다. 그럼에도 나 역시 충성심과 권위, 고귀함의 가치를 살아내 버리는 인물 앞에서는 본능적으로 존경심이 작동하는 것 같다. 확실히 이것은 감정의 영역이다. 심지어 사람들은 아무리 악한 독재자라 할지라도 그에게 끝까지 충성하며 목숨을 희생하는 부하만큼은 멋지다고 생각하기도 한다.(아, 나는 그 정도는 아니다. 그건 안 멋있다. 다른 것에 충성했어야지.)*

그러니까 보수와 진보가 반드시 본능과 도덕의 대립을 의미하는 것은 아니다. 『바른 마음』의 정리를 빌리면 진보적인 사람들은 특정한 본능에 더 강하게 반응할 뿐이다. 그리고 그러한 본능에 부응하기 위해 우선순위에서 밀려난 본능을 좀 더 과감하게 뿌리치는 경향이 본능 자체에 대립하는 것처럼 보였을 수도 있겠다. 이들에겐 배려와 공평성과 자유가 너무 중요하기 때문에 다른 도덕적 기반이 이를 억압하는 것처럼 느껴지면, 그것을 헌신짝처럼 내버릴 수 있다. 보수적인 이들은 자신이 중요하게 반응하는 도덕적 감정을 진보 세력이 마치 헌신짝처럼 내버릴 때 당황하고 분노하게 된다.

반면 진보적인 사람들 눈에 보수적인 이들은 차별과 피해에 너무 무디게 반응하는 것처럼 보인다. 진보에게 중요한 도덕적 감정은 앞의 세 가지이기 때문에, 자신만큼 반응하지 않는 사람을 보면 도덕성이 부족하다고 느낄 수 있다. 하지만 그것은 꼭 도덕이 부족해서라기보다, 오히려 더 많은 도덕적 기반에 반응하고 있기 때문에 진보의 기준에만 부응할 수 없는 것일지도 모

* 여담이지만 충성심에서 인간이 느끼는 숭고한 감정을 진화심리학에서는 예측 가능성의 문제로 해석한다. 충성스러운 인간은 협력적 집단생활을 유지하면서 내집단의 유전적 이익을 극대화하고 사회적 예측 가능성을 증진시킨다는 것이다. '내가 어떤 사람이든 쟤는 날 배신하지 않는다.'라는 믿음이 얼마나 많은 안정감을 주는지 쉽게 상상할 수 있다. 가장 흔하게는 애정 관계에서 '나를 불안하지 않게 해주는 연인'에 대한 많은 사람들의 바람 또한 충성심의 일종이다.

른다.

　더 많은 도덕적 기반에 어필하는 사람은 더 많은 사람의 호감을 얻기 수월할 것이다. 연예인이든 정치인이든 마찬가지다. 보수 정치인은 여섯 가지 도덕 기반에 모두 호소하는 반면, 진보 정치인은 차별과 불평등에 관련된 기반들 위주로 어필한다. 보수 정치인이라고 차별과 불평등 그 자체를 옹호하진 않는다. 다만 우리에게는 더 중요한 다른 가치들도 있다고 외친다. 다양한 도덕적 기반에 호소하면 더 넓은 대중에게 어필할 수 있는 잠재력을 갖는다. 선거가 작동하는 논리는 소셜미디어와는 다르지만, 여전히 파란색으로 기울어지기는 너무 쉽다. 서로의 색깔 너머를 공략하려면 이 점을 이해할 필요가 있다.

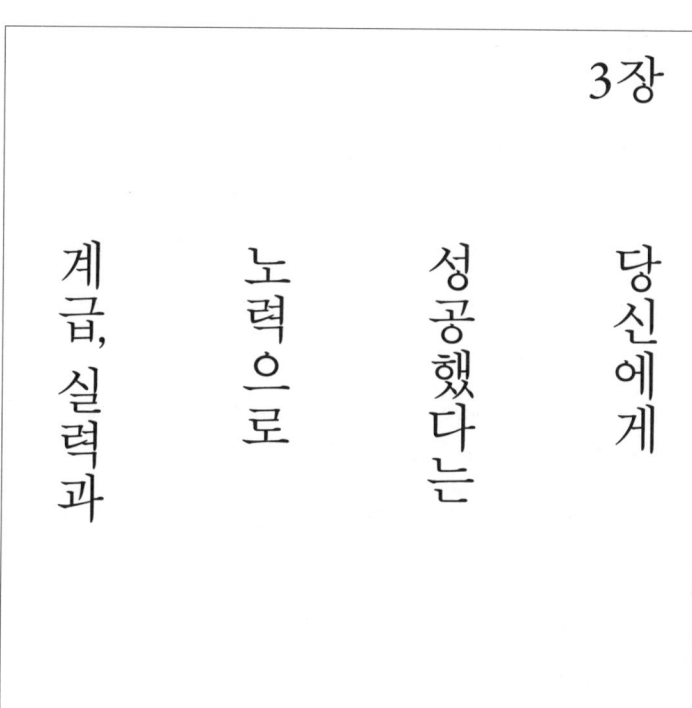

3장
당신에게 성공했다는 노력으로 계급, 실력과

테스트가 배포되고 며칠 뒤, 어느 동료가 자신의 테스트 결과를 보여주며 물었다.

"내가 '부유1'이 나오는 게 말이 돼? 그럼 대체 서민은 어떤 사람이 나오는 거야?"

내가 알기로도 그는 집안이 아주 여유로운 편은 아니었으니 과연 부유하다고 하기엔 어울리지 않기는 했다. 하지만 일단 질문을 받았으니 대답을 하긴 해야겠지.

"저 '서민3'이요."

"어릴 때 집에 쥐 나옴?"

"네."

"미안."

그리고 서로 한참 웃었다.

'정치'만큼 출연자들의 색깔이 파란색으로 기울어진 또 하나의 차원은 '계급'이다. 동시에 시청자들이 자기 결과에 가장 많은 의문을 표한 영역이기도 하다. 일단 용어의 한계가 있다. 정치 영역을 좌파와 우파로 나누었듯, 계급 역시 중립적이고 의미의 혼선이 없는 표현으로 분류하고자 했는데 이게 쉽지 않았다. 경제적으로 더 여유가 있는 쪽과 그렇지 않은 쪽을 나누는 말은 많다. 상류층과 중산층과 하류층, 고소득층과 저소득층, 부유층과 빈곤층, 부유와 가난, 부자와 서민. 어떤 단어를 골라도 거부감이 따라온다. 그나마 중립적인 단어는 고소득, 저소득이겠지만 이는 계급의 핵심 요소인 가족의 자산을 포함하지 못해 문제다. 그중 가장 거부감이 적다고 판단한 '부유'와 '서민'으로 결정하자, 테스트 기준으로는 평범한 중산층도 부유의 범주에 들어가니 동의하기 어려운 사람들이 대거 나타난 것이다. 좌파와 우파는 기본적으로 방향성을 가진 동적인 개념이라 선두에 포함되든 꼬리에 위치하든 방향만 같으면 문제가 없다. 하지만 부유와 서민은 정적인 개념이라 단어만으로 방대한 스펙트럼을 포괄하기엔 좁은 것이 사실이다. 또 계급 문항의 질문들이 프로그램의 주요 타깃인 젊은 층의 계급 경험에 맞추어져 있어 다른 세대에는 잘 들어맞지 않는다는 한계도 있다.

또한 "다른 질문들은 이념과 생각을 묻는 것이니 이해하겠는데, 갑자기 호구조사는 왜 하는 거냐? 이게 정치 서바이벌과 무슨 상관이냐." 같은 질문도 나올 수 있겠다. 실제로 다른 차원을 측정하는 문항들은 생각과 이념을 묻는 반면, 계급 관련 질문은 개인적인 경험, 그것도 정확한 정보를 파악하기 어려운 어린 시절의 주관적 경험을 묻는 항목들로 구성되었다. 이런 특성을 고려해 계급 관련 질문은 나머지 질문과 따로 분리했고, 답변의 척도도 6단계에서 4단계로 줄였다. 선택지 역시 '동의' 여부에서 '빈도'를 묻는 방식으로 바꾸었다. 질문의 방식을 바꾸면서까지 계급을 하나의 차원으로 설정한 것은 그만큼 계급이 중요한 개념이기 때문이다. 한국 사회의 가장 민감한 사회갈등을 다루는 것이 프로그램의 기획의도였고, 경제적 불평등은 모든 자본주의 사회갈등의 시발점이기도 하다. 동시에 사회학에서, 한 사람의 세계관을 구성하는 계급은 나머지 이념들과 분리할 수 없는 핵심적인 요소다.

자본주의 사회 속 계급의 얼굴

사실 '정치'나 '개방성'은 일상어로도 충분히 의미가 전달된다. 사회학적 개념인 '젠더' 역시 페미니즘의 대중화와 함께 어떤 식으로든 익숙해진 편이다. 애초에 사회학적 맥락을 벗어나면 쓸 일이 거의 없는 만큼 확실히 개념어로 자리 잡기도 했다. 반면 '계급'은 사정이 다르다. 사회학 용어이지만, 같은 단어를 일상에서 비슷하면서도 다른 맥락으로 많이 사용하다 보니 개

넘어에 익숙하지 않은 사람은 "21세기 대명천지에 계급이 어딨 냐.", "돈으로 사람을 나누는 거냐." 하면서 불쾌해할 수도 있다.

고대부터 부를 통해 계층을 구분하는 일은 늘 이루어져 왔고, 중세에는 삼부회를 구성했던 귀족이나 평민과 같은 신분을 계급과 혼용해서 쓰기도 했다. 하지만 현대적 의미에서 사회학적 '계급' 개념을 정리한 사람은 카를 마르크스다. 마르크스는 1848년 『공산당 선언』에서 생산수단의 소유 여부로 계급을 정의했다. 경제학에서는 생산의 3요소를 토지, 자본, 노동으로 규정한다.(우리 모두 중학교 때 배운 내용이다. 물론 까먹었을 수도 있다.) 마르크스가 말하는 생산수단은 여기서 노동력을 뺀 나머지를 가리킨다. 즉 가진 것이 노동할 수 있는 자신의 몸뿐인 사람과 생산할 수 있는 다른 수단을 가진 사람을 구분한 것이다. 그는 생산수단을 가진 사람을 '부르주아', 가지지 못한 사람을 '프롤레타리아'라고 칭했다. 우리말로 부르주아는 '유산계급' 혹은 '자본가', 프롤레타리아는 '무산계급' 혹은 '노동자'로 번역한다.

계급이란 개념을 마르크스가 처음 정립한 만큼, 그의 정의를 그대로 가져온다면 '서민'과 '부유' 대신 '노동자'와 '자본가'로 구분하는 것이 더 정확한 개념이었을 것이다. 하지만 그렇게 분류할 경우 대부분의 산업 사회는 노동자 9, 자본가 1 정도의 비율도 나오지 않을 테니 분류하는 의미가 없다. 그러니까 마르크스가 머릿수로 밀어붙여서 혁명을 일으키자고 했겠지. 만약 마르크스의 기준을 기계적으로 적용해 임금근로자가 아닌 자영업자까지 전부 자본가로 분류한다면, 2024년 12월 기준[1] 임금

근로자는 약 2200만 명, 자영업자는 약 500만 명 정도이니 비율이 약 4 대 1로 대폭 줄어들긴 한다. 하지만 아무리 봐도 오늘날의 자영업자를 부르주아로 분류하기는 어렵다. 부르주아 소리 들었다간 뒷목 잡고 드러누울 치킨집과 카페 사장님들이 눈에 선하다. 물론 마르크스도 이 차이를 모르지 않았다. 그는 소유한 생산수단을 자기 노동력으로 직접 운영하는 소규모 상인을 이중적 계급 성격을 띤 프티부르주아(작은 부르주아)로 분류했다. 맥락에 따라 '중산층'으로 번역하기도 하고 '소시민'으로 옮기기도 하는데, 오늘날에는 이 두 번역어의 뉘앙스가 너무 달라 혼용하기엔 무리가 있다. 무엇보다 산업혁명과 제조업 시대에 만들어진 마르크스의 계급 개념을 사무직 노동자가 더 많아진 오늘날의 한국 사회에 그대로 적용하기엔 미끄러지는 부분이 많다.

그리고 보니 부르주아가 또 등장했다. 공론장의 개념을 설명할 때는 부르주아를 '봉건제의 토지에 구속되지 않은 채 자유롭게 도시에 거주하는 부유한 평민'으로 정리했다. 프랑스혁명에서는 '삼부회의 평민 대표였던 상공업 부유층 중심의 혁명 우파 세력'을 가리키는 말이었다. 이러한 정의가 마르크스에 와서 '생산수단을 소유한 자본가'라는 의미로 이어진다. 세부적인 정의는 시대마다 조금씩 달라지지만 일관되게 유지되는 정체성은 '부$_富$'다. 이제 우리가 일상적으로 사용하는 부르주아의 어감에 가까워진 셈이다.

중세 시대까지 생산수단은 기본적으로 토지였다. 지금도 부동산은 모든 정치와 경제 문제의 근원이다. 중세의 봉건제 아래에서도 토지를 소유한 영주는 귀족이었고, 그의 영지에 귀속되어 무상으로 노동력을 제공해야 했던 농노는 평민 중에서도 하층민이었다. 하지만 당시에는 경제적 요소에 앞서 봉건적인 신분 질서가 강력하게 작동했으니, 현대의 경제적 계급 구조와는 차이가 있다.

마르크스의 계급 개념은 신분제가 사라진 자본주의 사회에서도 여전히 존재하는 극심한 불평등을 설명하기 위해 마련되었다. 프랑스혁명은 오랜 격동과 혼란 끝에 결국 신분제를 끝장낼 수 있었다. 그 자리에는 사유재산과 자유로운 개인이라는 개념이 들어섰고, 이는 자본주의가 자라나는 토대가 되었다. 자본주의의 자유는 돈을 전제로 한다. 혁명을 주도한 부르주아들은 영지에서 해방된 농민들에게 원래 그들이 경작하던 땅을 소유하려면 돈을 주고 구입해야 한다고 했고, 그럴 만한 돈이 없었던 많은 농민은 결국 그 땅을 임대해 다시 소작농이 되어 생계를 이어가야 했다. 농민들이 사지 못한 땅의 일부는 여전히 영주와 교회의 소유로 남았고, 일부는 부르주아에게로 넘어갔다. 혁명은 신분의 구속을 임차의 구속으로 대체했을 뿐이었다. 이런 상황에서 영국에서 시작된 산업혁명이 자본주의의 씨를 뿌리고 꽃을 피웠다. 기계화된 공장에서 대량생산이 가능해지자 경제의 중심은 농업에서 공업으로 이동했다. 부르주아들은 이제 땅 위에 공장을 세워 소유하기 시작했다. 넓은 농촌에 흩어져 있던 농민들은 돈의 흐름을 따라 도시로 몰려들었고, 대규모 노동자 계층이 형성되면서 도시의 밀도는 급격히 높아졌다.

자본주의의 세계는 이전에 존재하지 않았던 새로운 세계였다. 이제 법적으로는 모두 자유인이었지만, 누구에게 얼마나 일을 시켜도 되는지에 대한 명확한 기준이나 보호장치는 여전히 존재하지 않았다. 이런 상황에서 자본가는 극한까지 이익을 뽑아내려 들었다. 이 시기 노동자들의 삶은 비참했다. 하루 14~16시간에 이르는 노동이 일반적이었으며, 이러한 노동에는 5세 이상의 아동들도 대거 동원되었다. 겨우 죽지 않고 살 만큼의 임금이 지급되었고, 먼지와 가스로 가득 찬 밀폐된 작업장에 1제곱미터당 서너 명씩 들어가 일하는 경우도 흔했다. 1840년대 리버풀의 공장 노동자 평균수명은 농촌에 남아 있던 농업 노동자 수명의 절반에도 못 미쳤다. 유산하는 여자들도 폭증했다. 노동시간 규제, 최저임금, 산업재해 보상제도 같은 법의 탄생 아래에는 이렇게 수많은 죽음이 깔려 있다.

마르크스의 조국인 독일에서도 상황은 다르지 않았다. 그는 국적을 불문하고 노동자들의 삶은 비참해질 수밖에 없다는 결론에 이르렀고, 노동자들이 국경을 넘어 연대하여 자본주의 체제를 전복해야 사람답게 살 수 있다고 주장했다. 지금은 대부분의 사람들에게 과격하게 들릴지 몰라도, 혁명과 혁명이 꼬리를 물며 이어진 19세기 유럽에서 이런 결론은 물 흐르듯 자연스러운 것이었다. 이쯤에서 정치와 계급의 연결선이 드러난다. 프랑스혁명에서 우파와 좌파의 기원이 되었던 세력은 자본주의 사회로 넘어오면서 자본가와 노동자가 되었다.

주관적인 가난에 대하여

처음 동료와 나눈 대화에서 잠깐 언급했지만, 나의 테스트 결과는 '서민3'이다. 많은 사람이 계급을 측정하는 문항 중에 "어린 시절 살던 집에서 쥐가 나온 적이 있다."라는 문항이 인상적이었는지 다양한 맥락에서 자주 언급했는데, 어린 시절 나는 얇은 나무 천장 위로 투다다다 쥐가 뛰어다니는 소리를 들으며 잠드는 것이 일상이었다. 쥐는 어디에나 있었다. 정주간이란 말이 더 어울릴 만큼 작고 허름한 부엌에는 창문이 없었고, 샛노란 백열전구로 캄캄함을 밝히면 밀려나는 어둠과 함께 쥐들이 흩어지는 소리가 항상 들려왔다. 마치 미닫이문을 열 때 '드르륵, 탁' 소리가 당연하게 나는 것처럼. '딸깍, 투다다다.'

집 안에 쥐가 자주 돌아다니자 부모님은 몇몇 구석에 쥐덫을 설치했다. 끈끈이라는 이름의 쥐덫은 강력한 접착제 위로 냄새나는 미끼가 붙어 있는 구조였다. 그때 우리 가족은 8평 남짓한 작은 비디오 대여점을 운영하며 가게 뒤에 딸린 방에서 살았다. 가게에서 방으로 이어지는 좁은 통로에는 빛이 들지 않아 대낮에도 컴컴했다. 쥐는 이런 통로의 그늘진 구석으로 다녔다. 암순응을 거친 눈에도 구석은 여전히 검었고, 거기 놓인 끈적한 덫은 아무리 뚫어져라 쳐다봐도 선명하게 보이는 법이 없었다. 그 덫에 쥐가 걸렸던 날을 기억한다. 그때 나는 방 안에 있었는데, 어디선가 찢어지는 것 같은 끼엑끼엑 소리가 들려왔다. 소리를 따라 고개를 내밀었지만 그늘진 구석은 여전히 끈적하게 검기만 했다. 어렴풋이 꿈틀대는 형체와 끊임없이 울어대는 쥐의 신음소리 앞에서 나는 얼어붙었다. 다가가지도 도망가지도 못한 채 선뜻선뜻한 살갗을 느끼며 한참을 어둠 속에 서 있었던 기억이 난다. 접착제에 엉겨 붙은 채 여전히 꿈틀거리던 묵직한 쥐를 어머니가 버리던 장면을 본 뒤로, 천장을 뛰어다니는 소리는 한결 더 불쾌해졌다. 쥐에 대한 기억은 그런 것들이다. 좀 더 자란 뒤 조지 오웰의 소설 『1984』을 읽으며 주인공 윈스턴을 끝내 무너뜨린 고문이 굶주린 쥐들을 눈앞에 들이대는 일이었다는 사실을 조금 더 실감할 수 있게 도와주는 기억들.

방에는 모서리마다 곰팡이가 그림자처럼 깃들었다. 시멘트벽에 박힌 수도꼭지 하나가 전부였던 세면실에는 온수가 나오지 않아, 겨울이면 냄비에 끓인 물을 찬물에 섞어가며 씻었다. 중학교 이후로는 서너 가구가 야외 화장실 하나를 같이 쓰는 집에서 10여 년을 살았다. 겨울에는 엉덩이가 얼 것 같아 화장실을 가고 싶어도 자주 참았다. 좌변기가 아닌 쭈그려 앉는 화변기라, 추운 날 조금만 오래 앉아 있으면 배설물이 금세 차갑게 굳어 치우기 곤란해지는 일도 잦았다.

하지만 스스로 가난하고 불행하다고 생각한 적은 없었다. 그런 동네였고, 다들 비슷하게 살았으니까. 가끔 불편하긴 해도 그럭저럭 즐겁게 잘 지냈으니까. 내가 가난에 속한다는 사실을 공식적으로 확인받은 것은 공립 고등학교에 진학한 이후 학비 지원 대상자 고지를 받았을 때였다. 정부의 기준으로는 분명한 저소득층이었던 것이다. 하지만 나는 공부를 제법 잘했다. 그래서 학비지원제도 대신 우등생 장학금을 받아 공식적인 가난의 범주에 잠시나마 속하지 않을 수 있었다. 변변한 사교육은커녕 공부방도 없이 학교 공부와 EBS 강의로 이른바 명문대에 진학했으니 모든 문제를 구조가 아닌 개인의 노력으로 환원하려는 이들에게 나는 꽤 그럴듯한 예시일 것이다.

그렇게 진학한 대학교에서도 등록금과 생활비를 직접 마련해야 했기에 늘 네다섯 시간씩 자며 아르바이트와 학업을 병행했다. 꽤 오래 지냈던 월세 17만 원짜리 두 평 하숙방은 양팔을 다 펼 수도 없을 만큼 좁아서, 작은 침대 하나를 두니 책을 놓을 공간이 도저히 남지 않았다. 책상에서 공부할 때는 침대 위에 책을 쌓아두고, 잘 때는 다시 책 더미를 책상 위로 옮겨놓고 생활했다. 당연히 어학연수나 인턴 같은 경험은 언감생심 꿈도 못 꾸었지만, 졸업과 동시에 1000 대 1이 넘는 경쟁률의 지상파 방송사 공채에 합격했으니 짜잔, 이쯤 되면 살아 있는 '노력과 성공'의 표본 아니겠는가. 입사 후 첫 회식 때 처음 먹어본 한우가 충격적으로 맛있어서 내가 정말 다른 세계에 들어왔다고 실감했던 기억이 생생하다.

운과 능력 사이에서

당사자로서의 경험에 기대어 말해보자면, 이 모든 과정을 겪어오면서 나는 오히려 실력보다는 '운'에 대해 점점 더 많이 생각하게 되었다. 경이로운 경쟁률을 기록했던 방송사 입사 시험부터 얘기해 보자. 그해 두 명을 뽑았던 예능 피디 공채에 지원한 사람은 대략 2000명 내외였던 것으로 기억한다. 함께 뽑힌 동기에겐 조금 미안한 말이지만, 최종적으로 선발된 나와 동기가 나머지 1900여 명보다 자질이 명백히 더 뛰어나서 합격한 것은 당연히 아니다. 이 업계는 꽤나 좁은 편이라, 그때 입사 전형에서 마주쳤던 지원자들 중 현재 피디로 활동하고 있는 이들을 종종 보게 된다. 너무 당연한 이야기라 말하기도 겸연쩍지만, 그들 중에는 나의 프로그램보다 훨씬 더 흥행한 프로그램을 만든 유명 피디들도 많다. 결국 그해의 시험에는 내가 운이 좋아 붙었을 뿐이다. 애초에 이런 종류의 공채 시험은 정해진 정답이 없이 평가자의 성향과 조직의 상황에 따라 합격 기준이 달라진다. 작년에 합격한 사람도 올해 기준으로는 얼마든지 떨어질 수 있다. 그 시험에 통과해 활동하고 있는 수많은 현직 피디가 일상적으로 증언하는 바다. "나도 내가 왜 붙었는지 잘 몰라."

직업적 성공도 마찬가지다. "엘비스는 라디오의 보급이, 비틀즈는 텔레비전의 보급이, 마이클 잭슨은 유선방송의 보급이 완성했다."라는 말이 있다. 이들에게는 분명 천재성이 존재했지만, 당대의 산업적 변화가 하나의 '현상'을 가능하게 했던 것이다. 우리가 이름만 들으면 아는 몇몇 스타 피디들의 성공도 시대의 조건을 빼놓고는 설명할 수 없다. 지상파 채널의 시청률이 30~40퍼센트를 구가하던 시절 활동하던 피디들은 이러한 조건에서만 동원할 수 있었던 방대한 자원의 힘으로 자신의 역량을 키워나갔고, 그 덕분에 이름을 알리기도 훨씬 수월했다. 물론 개인의 역량도 중요하다. 그 시절의 피디가 모두 스타가 된 것은 아니니까. 동시대의 다른 이들보다 분명 빼어난 면이 있었기에 그중에서도 스타 피디가 되었겠지만, 같은 역량으로 지금과 같은 다매체 시대에 비슷한 성공을 거둘 수 있을까? 그렇다고 대답할 사람은 많지 않을 것이다. 봉준호 감독을 매우 존경하지만 지금 한국 영화계에 그에 버금가는 재능을 갖춘 감독이 등장한다 해도 비슷한 성취를 이루는 것은 사실상 불가능하리라 장담하는 이들이 많은 것처럼.

그렇다면 정답이 정해진 시험인 수학능력시험(이하 수능)은 어떨까? 지금은 입시 전형이 다양해지면서 수능의 중요성이 이전보다 많이 줄었지만, 꽤 오랜 세월 수능은 사람들의 인생을 좌우하는 단 한 번의 시험으로 여겨졌다. 하지만 그렇게 믿는 사람들도 단 하루의 시험 성적이 짧게는 3년, 길게는 12년 동안 쌓아온 수학 능력修學能力을 온전히 반영하지 못한다는 사실에는 동의할 것이다. 그날의 컨디션, 날씨, 시험장의 환경, 문제의 난이도, 눈여겨봤던 자료와 우연히 겹치는 출제 지문 등 여러 요인이 얽혀 결과를 만들어낸다. '그 모든 것도 다 실력'이란 말을 자주 듣지만, 이 말은 아이러니하게도 우리가 실력이라고 부르는 결과 안에 얼마나 많은 운이 섞여 있는지를 잘 보여준다.

수능 날이 다가오면 수많은 수험생에게 컨디션 관리나 신체리듬 맞추기 같은 조언을 해준다. 이러한 요소는 수학 능력과는 본질적으로 별개의 영역이다. 물론 별개의 영역인 만큼 이런 부수적인 요인 때문에 시험 성적이 극적으로 달라지는 경우는 드물다. 극단적으로 운이 나쁘거나 크나큰 사고가 있지 않은 이상, 많아 봐야 네댓 문제 정도의 차이를 좌우할 것이다. 수능 점수로 따지면 10~20점 내외일까? 문제는 이 점수 차이로도 지원할 수 있는 대학이 크게 달라진다는 데 있다. 수능 날 찍은 몇 문제로도 대학 합격선이 몇 단계씩 오르내릴 수 있다는 뜻이다.

실력과 노력의 의미를 부정할 생각은 없다. 오히려 뒤집어 말하면, 수능 시험에서 운이 영향을 미치는 범위는 고작 이 정도에 불과하다는 뜻이기도 하다. 학습 능력이 뛰어나고 열심히 공부한 사람은 그렇지 않은 사람보다 일반적으로 더 좋은 결과를 얻는다. 하지만 진짜 노력과 실력에 따라 보상이 주어지는 사회라면, 결과에 따른 보상 역시 딱 그 정도 차이가 나야 한다. 그래야 진정한 의미에서 '실력대로'에 가까울 것이다. 하지만 한국 사회가 대학교에 거는 기대는 어떠한가? 몇 문제 차이로 갈린 학교 이름에 쏟아지는 기대와 실제로 투입되는 자원은 운이 미치는 결과를 한참 넘어서는 것으로 보인다. 아니, 아예 스무 문제 정도 차이가 난다 해도 과연 그것이 그렇게까지 많은 것을 증명하는 걸까?

"학벌*을 괜히 보는 게 아니다.", "확실히 좋은 학교 나온 사람들이 일도 잘한다."라는 증언들이 이러한 기대를 대표적으로

---

* 사실 '학벌'이란 단어의 벌閥 자는 '파벌'에 쓰이는 집단과 무리를 뜻하는 글자로, 원래는 출신 학교끼리 뭉치는 정치적 행태를 비판하는 단어에 가깝다. 하지만 출신 학교에 따른 지위 자체를 가리키는 뜻으로 워낙 많이 쓰이게 되자 표준국어대사전에도 이러한 뜻이 등재되었다.

드러낸다. 반대의 경험을 한 사람도 못지않게 많지만 학벌에 따른 능력을 믿는 사람들의 말도 일리는 있을 것이다. 사회적 기대는 실체를 만든다. 이름값이 기대되는 학교에는 투자와 기회가 몰리고, 캠퍼스 안에서 지내는 동안 경험할 수 있는 기회의 폭이 달라진다. 반면 기대와 자원이 적은 학교의 학생들은 비슷한 기회를 얻기 위해 학교 바깥에서 더 많은 품을 들여야 한다. 이러한 경험의 차이가 쌓이고 쌓이면, 수능 날의 몇 문제 차이로는 도저히 설명할 수 없는 사회적 격차가 생겨날 수도 있다.

능력 뒤에 숨은 운들

아무리 시험 날 운이 중요하다고 해도 그 무게를 지나치게 과장하는 것처럼 들릴지도 모르겠다. 운을 제외하더라도, 좋은 대학에 입학한 학생들이 대체로 학업 능력이 우수하고 더 열심히 노력해 온 것도 어느 정도 사실이다. 그리고 그러한 학업 능력의 차이가 대학 입학점수로 정해지는 서열과 비례하는 경향이 있다는 점 역시 부정할 수 없다. 여기에 더해 입시 성적과 직접적인 관련이 없는 분야에서도 출신 학교를 일종의 품질 보증 마크처럼 신뢰하는 사람들이 자주 언급하는 것은 성실함이다. 대중적으로 잘 알려진 사례는 영화감독 장항준 씨가 한 유튜브 채널[2]에서 했던 이야기다. 그는 "왜 방송국 피디를 뽑을 때 서울대나 연고대를 선호할까? 국영수 잘하는 거랑 방송 잘 만드는 게 무슨 상관이라고?" 자문했다가 "잠 안 자고 공부해 봤던 놈들을 뽑는 거구나!" 하고 깨달았다고 말했다. 이 이야기는 노동 강도가 높은 촬영 현장에서 며칠씩 밤을 새우는 일이 비일비재하다는 토로 가운데 나온 말이라, 말 그대로 '잠을 안 자는 일'을 가리키는 맥락이기는 했다. 하지만 사람들은 밤새워 공부해 본 경험을 성실함과 끈기, 혹은 열정의 표본으로 받아들인다. 높은 수능 성적과 출신 학교가 이러한 능력들을 어느 정도 보증한다는 주장이다.

이 주장에도 분명 타당성이 있다. 이제 개인적인 경험을 넘어서 이야기해 보자. 밤새워 공부할 수 있는 근성은 미래의 더 큰 보상을 위해 현재의 작은 만족을 유보할 수 있는 능력과도 연결된다. 심리학에서는 이를 '만족지연delay of gratification 능력'이라고 부른다. 이 능력은 자기 통제와 자기 조절 수준을 결정하는 핵심 요소로, 장기적인 목표를 위해 당장의 욕구를 억제할 수 있는 능력을 뜻한다. 성적은 물론, 건강이나 사회적 성취와도 높은 상관관계를 보인다고 알려져 있다. 그리고 이 개념을 전 세계에 알린 것이 바로 그 유명한 '마시멜로 실험'이다.[3]

1970년대에 이루어진 이 실험은 한국에서도 여러 미디어를 통해 잘 알려졌다. 간단히 소개하자면 이런 내용이다. 먼저 교사가 혼자 있는 4~5세 아동에게 마시멜로를 주며 언제든지 먹을 수 있다고 안내한다. 단, 교사가 15분 정도 나갔다가 다시 돌아올 때까지 마시멜로를 먹지 않고 기다리면 하나를 더 받을 수 있다고 설명한다. 말 그대로 더 큰 만족을 위해 당장의 만족을 지연시킬 수 있는지를 알아보는 실험이다. 과정은 간단하지만, 아이를 키워본 사람이 아니면 이 유혹을 참아내는 게 얼마나 어려운 일인지 잘 예상되지 않을 것이다. 특히 마시멜로는 한국에서 익숙한 간식이 아니라 더욱 그렇기도 하다. 하지만 유튜브에 'marshmallow test'를 검색해 보면 하얗고 폭신폭신한 유혹 앞에서 머리를 쥐어뜯으며 고통스러워하는 아이들의 모습을 볼 수 있다. 해당 실험 논문에도 아이들이 유혹을 견디기 위해 어떤 전략을 사용했는지 묘사하는 부분이 있는데, "괴로움 끝에 온몸을 이완시키고 축 늘어져 잠들어버리는 것으로 주의를 분산시키는" 한 여자아이에 대한 기록도 있다. 잠으로 도망치지 않고서는 도저히 견딜 수 없을 만큼 강력한 유혹이었던 것이다.

아이들을 모아다가 마시멜로로 괴롭혔던 스탠퍼드대학교의 심리학자 월터 미셸은 이후 이 아이들의 삶을 장기적으로 추적 관찰했다. 그 결과, 다섯 살 때 마시멜로 하나를 참아내고 두 개를 얻었던 아이들이 대입 시험 성적, 이후의 학업 성취도, 기대 소득은 물론 비만율 등 건강 지표에 있어서도 월등히 우수한 결과를 보였다. 다섯 살 때의 인내심이 인생을 통째로 예언해 보여준다니! 이런 결과를 두고 교육학과 자기계발 분야가 들썩거리지 않는 것이 이상한 일이다. 게다가 직관적으로 너무 그럴듯하게 들린다!

여기까지는 아주 유명한 이야기다. 많은 사람이 이 교훈을 마음에 새기며, 미래를 위해 당장의 만족을 지연시키는 삶을 살기 위해 노력했다. 그리고 이런 기념비적인 심리학 실험 이야기를 좋아하는 한 사람으로서 권하건대, 어떤 심리학 실험이 인생을 관통하는 듯한 충격을 선사했다면 반드시 그 후속 연구들까지 찾아보는 편이 좋다. 이런 흥미로운 실험 결과는 다른 학자들의 호기심을 자극해 새로운 변수들을 고려한 후속 연구들로 이어지곤 한다. 그리고 세상의 많은 이야기가 그러하듯, 최초의 이야기는 직관적인 통찰 덕분에 약간의 허술함에도 불구하고 널리 퍼지지만, 그 허술함을 보완하는 두 번째, 세 번째 이야기는 중요성에 비해 잘 알려지지 않는 경우가 많다.

후속 연구들은 아이들이 얻어낸 두 번째 마시멜로가 오롯이 그 아이의 만족지연 능력만으로 결정되지 않는다는 사실을 지속적으로 밝혀냈다. 사소하게는 실험 환경의 조건 때문이기도 했다. 비어 있는 방에 책상 하나, 그 위에 마시멜로 하나만 올려둔 경우보다 책이나 장난감처럼 다른 놀거리가 함께 있는 경우에 아이들은 마시멜로의 유혹을 훨씬 더 잘 참아냈다. 교사와 아이의 관계도 중요했다. 아이들과 기존에 관계가 있는 친밀한 교사가 지시할수록 유혹을 이겨내기도 쉬웠다. 모두 충분히 이해할 수 있는 이야기들이다. 실험 환경이라는 외부 조건은 앞서 이야기한 '시험 날의 운'과 비슷한 영역에 해당한다. 능력을 측정하는 그 순간의 장소와 환경은 능력과 무관하지만 결과에 분명 영향을 끼친다.

그보다 더 본질적인 조건을 지적한 후속 연구가 있다. 2018년 뉴욕대학교 교육대학원과 캘리포니아대학교 어바인캠퍼스 소속 교수들은 1990년대에 미국 국립보건원 산하 연구기관에서 기존의 만족지연 실험과 유사한 실험을 1000명 단위로 진행했던 데이터를 발견했다.[4] 최초의 만족지연 실험은 32명의 아이들을 대상으로 했고, 가장 유명한 마시멜로 실험도 50명의 아이들만을 대상으로 했으니 1000명 규모의 데이터는 그보다 훨씬 더 높은 설득력을 가질 것이다. 무엇보다 1970년대 시행된 많은 심리학 실험들이 그러했듯, 마시멜로 실험에 참여한 아이들은 대부분 실험이 이루어진 스탠퍼드대학교의 학생이나 교수의 자녀였다. 이들의 교육 수준과 경제적 조건을 스탠퍼드대학교 너머로 일반화하는 데는 분명 한계가 있다. 반면 미국 국립보건원의 자료는 훨씬 더 다양한 인종과 학력, 경제적 배경을 포함하고 있었다. 다만 이 자료는 종합적인 아동발달 과정을 연구한 거대한 프로젝트의 일부였기 때문에 당시에는 그 안에 포함된 만족지연 실험 데이터는 제대로 다루어지지 않았다. 2018년 연구팀은 이 데이터 중에서 만족지연 실험 부분에 집중해 다시 분석을 진행했다.

이 후속 연구의 요지는 간단하다. 부유한 가정의 아이들이 마시멜로의 유혹을 더 잘 참았다. 여기에는 평소 가정에서 눈앞의 만족을 지연했을 때 약속했던 보상이 제대로 주어졌는지의 여부가 중요한 영향을 미쳤다. 가난한 가정에서는 부모가 약속한 보상을 제대로 주지 못하는 경우가 많다. 그런 환경에서 형제까지 많다면, 눈앞에 놓인 마시멜로를 참는 것은 오히려 바보 같은 일이 된다. 지연된 보상이 보장되지 않는다면 기회가 있을 때 잽싸게 먹는 것이 유리하다. 간식을 두고 다투는 형제들은 동서를 막론하고 등장하는 이야기지만, 모든 형제의 손에 공평하게 간식을 쥐어줄 수 있는 가정이라면 이런 갈등도 훨씬 적을 것이다.

사실 그 모든 것 이전에, 평소에 누가 더 간식을 부족함 없이, 더 많이 먹을 수 있었을까? 어떤 아이에게 모처럼 주어진 마시멜로가 더 매혹적이었을까? 이러한 경험들은 가정의 경제적 배경과 분리할 수 없다. 그리고 가정의 경제적 배경은 최초의 만족지연 실험이 추적 관찰했던 학업 성취도나 건강에 있어서도 중요한 변인이다. 2018년의 연구팀은 이 모든 요소를 종합해, 단순히 마시멜로의 유혹을 15분 동안 참았는지 여부 자체는 그리 중요하지 않다는 결론을 내렸다. 당시의 가정환경이 어땠는지가 훨씬 더 많은 것을 결정했다. 결국 만족을 지연시킬 수 있는 능력은 가정환경에 영향을 받는 수많은 결과 중 하나일 뿐이었다. 다시 말해 '시험 날의 운'조차 더욱 크고 본질적인 운, 계급에 비하면 주요한 변수가 아닌 것이다.

내가 누릴 수 없었던 것, 내가 누릴 수 있었던 것

나는 부유한 가정에서 태어나는 운은 없었지만, 성실하고 안정적인 지지를 제공하는 부모라는 또 다른 운을 얻었다. 가족 중에 중환자가 없고, 경제적으로 어렵더라도 자녀에게 정서적인 부담을 주지 않으려 애쓰는 부모, 나아가 약속한 보상은 어떻게든 지키려 노력하는 부모의 양육 태도는 자녀에게 만족지연 능력을 비롯해 많은 능력과 안정감을 길러준다. 읽고 쓰는 것을 좋아하는 기질로 태어난 것도 한국 사회에서는 많은 유익을 누릴 수 있는 운이다. 궁금한 것이 많은 아이였던 나에게 어머니는 늘 최선을 다해 모든 질문에 답을 해주려 애썼고, 그렇게 키워진 지적 욕구는 자연스럽게 수많은 독서로 이어졌다. 집에는 책이 많지 않아서 공공도서관이나 책이 많은 친구네 집, 교회 집사님들의 책장을 열심히 탐닉했다. 늘 책을 달고 사는 나에게 학교 공부는 그리 어렵지 않았다.

가난한 집안의 아이들은 어떤 형태로든 빨리 어른이 된다. 정서적 독립은 경제적 독립이 전제되어야 비로소 온전히 이루어진다. 대학교에 입학하면서부터 모든 경제적 문제를 혼자 해결하기 시작한 나는, 내 삶에 대한 모든 결정 또한 스스로 내리기 시작했다. 부모님은 늘 내 결정을 단단하게 응원해 줄 따름이었다. 이른 정서적 독립은 살아가면서 마주치는 수많은 문제를 견디고 해결하는 힘을 일찌감치 길러준다. 이는 돈으로 해결해야 할 문제에 다른 방식으로 대응할 수 있는 능력이 생긴다는 뜻이기도 하다. 아마 이런 이유 때문인지, 스스로 자수성가형 인재라고 생각하는 사람들은 오로지 자기 노력만으로 많은 것을 이루었다고 믿게 되는 것 같다. 하지만 내 경우는 모든 곳에서 도움과 운을 얻을 수 있었기 때문이라고 생각한다. 우연히 타고난 책을 좋아하는 기질, 마침 손 닿는 곳에 있었던 공공도서관과 책을 빌릴 수 있었던 좋은 이웃들, 돈이 없어도 받을 수 있었던 양질의 공교육, 내 앞가림만 어떻게든 하면 당신들 삶은 스스로 책임지고자 했던 부모님까지.

대학교에 입학하던 날 캠퍼스 곳곳에는 '서울 ○○고등학교 출신 신입생 모임'을 알리는 게시물들이 붙어 있었다. 이른바 학군이 좋다는 동네의 고등학교들이었다. 내가 나온 천안의 공립 고등학교에서는 그해 이 학교에 들어온 사람은 나뿐이었다. 그런데 저 학교에서는 신입생들끼리 따로 모임을 가질 만큼 많이 들어왔구나 싶어 생경했다.

책을 좋아하던 기질은 대학교에서도 유용했다. 나는 공부하는 게 정말로 즐거웠다. 인턴이며 어학점수 같은 '스펙'을 쌓는 일과 거리가 멀었던 것은 바쁜 고학생인 이유도 있었지만, 애초에 자기계발과 무관한 공부 자체를 좋아했기에 남는 시간이나 기운이 모자랐던 탓도 컸다. 학과 행사나 동아리 활동에는 얼씬도 못 하고 혼자 강의만 열심히 들었으니 시쳇말로 '아싸'였지만, 그런 아웃사이더에게도 졸업이 다가올 즈음에는 그럭저럭 밥 먹으며 이야기를 주고받을 친구가 몇 명 생겼다. 대화의 결이 맞아야 친구가 되었을 테니, 그들도 나처럼 자기계발과는 거리가 먼 대학생들이었다. 대학교에서 새롭게 접한 수많은 문학과 예술과 역사와 이론에 대해 나눌 친구가 생긴 것은 황홀한 일이었다. 그리고 바로 그 대화들 속에서, 나는 내가 누렸던 이례적인 운을 새로운 맥락으로 실감할 수 있었다.

전공이 사회과학이었던 만큼 우리의 대화는 종종 사회에 대한 고민으로 뻗어나갔는데, 그때 친구들의 세계관이 나보다 한참 더 낙관적이라는 느낌을 자주 받았다. 이들은 사람들의 합리성과 이타심을 꽤 높은 수준으로 가정하곤 했다. 하지만 내가 자라면서 경험한 세계는 달랐다. 그만큼 비합리적이라거나 이기적이었다는 뜻이 아니라, 이런 특성들은 환경에 놀라울 만큼 취약하다는 걸 알고 있었을 뿐이다.

　쥐가 일상적으로 나오던 어린 시절 나의 동네에는 바로 한 길만 건너면 집창촌이 모여 있었다. 동네 곳곳에 즐비한 방석집 중 하나가 바로 우리 옆집이었다. 방석집이란 허름한 골목에서 간혹 볼 수 있는, 불투명한 테이프로 창문을 죄다 막아놓고 '은하수'나 '목련'처럼 예쁜 이름의 간판을 걸어놓은 유사 성매매 주점을 말한다. 본격적인 성매매가 이루어지는 집창촌에서 일하던 이들이 나이가 들면 방석집으로 옮기는 경우가 있는 것 같았다. 그 안에서는 붉은 등을 켜놓은 채 방바닥에 말 그대로 방석을 두고 앉아 여주인과 술을 마신다. 이렇게 자세히 알고 있는 이유는 옆집에 살던 방석집 딸이 같은 반 친구였기 때문이다. 그 집의 두 자매와 서로 뒷문으로 드나들며 알고 지냈고, 그 집 어머니와도 자주 인사를 나누었다. 아버지는 보지 못했다. 인근 여관에 정기적으로 성인물 비디오를 배달하는 것도 종종 나의 일이었다.

　동네에서는 알코올중독인 취객들을 수시로 마주쳤다. 비디오 대여점에서는 딱히 물건을 사지 않고도 시간을 보낼 수 있었기에 지붕이 필요한 사람들이 자주 뭉개다 가곤 했다. 어머니는 손님을 가리지 않고 환대를 베풀었고, 덕분에 다른 곳에서는 환영받지 못하는 손님들이 긴 시간 머물며 이런저런 이야기를 들려주기도 했다. 열 살 남짓할 때였으니 거리에서 마주쳤다면 무서워서 멀찍이 피했을 사람들의 이야기를 들을 수 있었다. 사람들은 저마다의 방식으로 치열하게 살고 있었다. 합리적이고 이타적인 선택을 할 수 없을 만큼 너무 많은 문제를 떠안고 있기도 했다. 처음부터 알코올중독의 늪에서 허우적대고 싶은 사람은 없었을 것이다. 나의 성실하고 정직한 부모님이 무슨 죗값을 치르느라 그 동네에 살았던 것이 아니었듯이.

대학교에서 만난 친구들의 이야기는 내가 살면서 겪고 보고 느낀 삶에 적용하기엔 너무 이상적인 것들이 많았다. 그 낙관적인 기운을 점점 더 자주 느낄 때쯤, 나와 비슷한 결이라고 생각했던 친구들을 관통하는 공통점을 발견했다. 동시에 그건 그들과 내가 구분되는 가장 선명한 차이점이기도 했다. 우리의 차이는 경제적 배경이라기보다는 문화자본에서 비롯되었다.

계급을 구성하는 또 다른 축, 문화

문화자본이란 프랑스의 사회학자 피에르 부르디외가 제시한 개념으로 개인의 사회적 지위를 구성하는, 돈이 아닌 자원의 종합을 뜻한다. 취향, 교양, 학위나 기술, 책과 음반과 예술작품 등 물질적 형태의 문화적 자산들, 그리고 이러한 것들을 향유할 수 있는 미감과 지식, 어휘력과 말투 등을 모두 포함한다. 이러한 문화자본들이 견고한 생활양식과 사고방식으로 굳어지면 이를 '아비투스habitus'라고 부른다. 영어의 habit이 우리말로 습관이라는 점을 고려하면 특정 집단에 체계화된 습관이라고도 설명할 수 있다. 이는 마르크스가 강조한 경제적 자원과 함께 현대적 의미의 계급을 구성하는 또 하나의 중요한 축이다. 이 둘은 서로 강하게 얽혀 있기도 하다. 영화 「리플리」나 드라마 「안나」처럼 신분을 위장해 상류층 사회에 진입하려는 인물을 다룬 이야기에서 주인공이 가장 선망하면서도 끝내 완벽히 흉내 내지 못해 정체를 들키게 만드는 것이 바로 아비투스다. 겉모습을 아무리 그럴듯하게 꾸며도 생활양식이나 말투 같은 아비투스는 쉽게 따라할 수 없으므로 이는 계급의 또 다른 강력한 지표가 된다.

『태백산맥』이나 『토지』 같은 고전 대하소설들을 아직 못 읽어봐서 시간이 되면 꼭 읽어보고 싶다는 나의 말에, 한 친구가 "어릴 때부터 아빠 책장에 꽂혀 있던 걸 어느 여름방학 때 홀린 듯 읽게 되었다."라고 심상하게 대답한 것이 내게는 상쾌한 충격이었다. 사실 경제적으로는 대단한 격차를 실감한 적이 많지 않았다. 나보다 아르바이트를 덜 한다 뿐이지 택시비를 아까워하고 비싼 교재를 제본해서 쓰는 것은 똑같았으니까. 차이가 나는 것은 문화자본이었다. 일부러 묻지 않았음에도 자연스럽게 알게 된 바에 따르면, 이들은 대부분 부모님이 모두 4년제 대학을 나왔고, 교사나 대기업 연구직, 언론계에 종사하는 경우가 많았다. 책꽂이에 양서가 가득한 집에서 자랐고, 인터넷이 변변찮았던 시절에도 부모를 통해 양질의 지식과 교양을 일상적으로 제공받았다. 성인이 되기 이전에 해외여행을 경험하거나 부모의 직장을 따라 아예 몇 년씩 해외에서 생활하며 한국의 문화가 절대적이지 않다는 감각을 체화한 경우도 많았다. (그런 의미에서 어릴 적 부모님을 따라 떠난 해외여행의 추억을 아련하게 다룬 모 항공사의 광고는 철저히 계급적이기도 하다.) 유년기의 인간관계는 대개 부모의 사회적 관계망과 거주 지역 안에서 자연스레 생겨난다. 그 말은 이들이 자라는 동안 만난 다른 어른들도 부모와 비슷한 직업과 성향을 가졌을 가능성이 크다는 뜻이기도 하다. 내 부모는 각각 중졸과 고졸이 최종학력이었다. 내가 살던 동네에서는 그나마도 나은 편이었다. 대학 생활의 끝자락에 만난 친구들 중에 나와 비슷한 경우는 거의 없는 것 같았다. 그 막연한 낙관의 정체가 조금은 이해가 되기도 했다.

계급이 만드는 두 가지 세상

좋은 문화자본을 물려받은 이들이 세상 물정을 모른다며 혀를 차려는 것이 아니다. 내가 더 어려운 환경에서 자랐다며 실체 없는 상대적 우월을 과시하고 싶은 생각도 없다. 문화자본은 쉽게 말해 지식과 교양이고, 이는 세계를 더 넓고 깊게 이해할 수 있는 능력이다. 나는 지식의 힘을 믿는다. 책상물림은 너무 쉽게 냉소의 대상이 되지만 문화자본을 빼놓고 세상을 변화시켜 온 힘을 설명할 수는 없다. 어릴 때부터 좋은 문화자본의 토양에서 자란 사람은 여러 의미에서 좋은 사람이 되기가 더 수월할 것이다. '좋다'는 말은 양가적 의미를 담은 것이 아니라 정말로 좋다는 뜻이다. 대학교에서 만난 친구들이 그런 문화자본을 디디고 조금이라도 오만하거나 편협한 기색을 보였다면 나 역시 그들과 즐겁게 대화를 나누기는 어려웠을 것이다.

다만 이들이 경험한 세상은 대부분 자신들과 비슷하게 좋은 사람들로 채워져 있었던 것 같고, 그래서 내가 경험한 세상보다 조금 더 낙관적인 시선으로 세상을 바라보는 것 같다고 느꼈을 뿐이다. 그건 개인의 삶에서는 문제가 되지 않는다. 앞으로도 계속해서 비슷한 세상에 머물 수 있다면, 좋은 사람들 속에서 낙관적으로 살아가는 것은 이상적인 일이다. 어차피 사람은 모든 세상을 경험하지 못한다. 우리는 각자 자기 주변의 아주 작은 세상만 경험하고 간다. 그렇다면 기왕이면 세상의 좋은 부분에만 머무르는 편이 당연히 유익하다.

문제는 이들이 세상을 이해하는 방식이 수많은 삶에 영향을 끼칠 가능성이 너무나 크다는 것이다. 게다가 대체로 이들은 그런 영향력을 가지려 노력하는 사람이기도 하다. 대학교와 기업의 인적 구성을 분석한 다수의 조사에 따르면, 국내 1000대 기업의 CEO 중 소위 'SKY', 즉 서울대, 고려대, 연세대 출신 비율은 꾸준히 30퍼센트 언저리를 유지하고 있다. 국가의 주요 정책을 결정하는 고위 공무원의 경우, 사람들에게 미치는 영향력은 더 직접적인 동시에 'SKY' 출신의 비율은 더욱 높다. 2016년 발표된 인사혁신처 자료에 따르면, 세 학교 출신 고위공무원 비율은 55퍼센트에 이른다. 더 최근 자료는 찾지 못했지만 3년에서 최대 10년에 이르는 임기를 고려하면, 이 비율이 극적으로 바뀌었을 것 같지는 않다. 절대다수의 사람들에게 강력한 영향력을 끼치는 사람들의 현실 인식이 실제와 유의미하게 다르다면, 나아가 특정한 계급적 위치의 이해관계가 이러한 영향력에

과하게 대표되어 반영된다면 분명히 문제가 된다. 혹은 언젠가 이들이 당연하게 생각해 온 합리성과 이타심의 기준에 닿지 못하는 수많은 사람들을 접하게 되었을 때, 그들을 '당연하고 평범한 기준'에 이르지 못한 사람으로 여기게 된다면 그것도 몹시 위험한 일이다.

    대중에게 꾸준히 말을 거는 대중매체 창작자에게도 비슷한 경각심이 필요할 것이다. 내 인생은 고위공무원이나 기업 대표들의 세계와는 거리가 멀지만, 어릴 적부터 다양한 방식으로 창작하고 세계와 만나는 일을 하고 싶다고 생각해 왔다. 그래서 대학교에서 만난 좋은 친구들의 낙관적인 세계관을 감지하면서 편안하고 익숙한 세계를 당연하게 받아들이는 일을 경계해야겠다고 다시 한번 안테나를 올렸다. 나 역시 점점 새로운 계급과 아비투스 속으로 들어서는 중이었으니까.

    대학 시절, 내 생활비의 대부분은 과외 아르바이트로 마련했다. 공부와 병행하기에 가장 효율적이었고 시급도 높았으니, 과외 자리를 어렵지 않게 구할 수 있는 학교를 다니고 있어서 다행이라고 생각했다. 다만 다른 아르바이트에 비해 너무 높은 시급이 조금 부담스럽기도 했다. 그래서 맡은 학생마다 목에서 단내가 날 때까지 시간을 초과해 가르치며 그 부담스러운 마음을 덮으려 애썼다. 대학교를 다니는 동안 그렇게 가르친 학생이 대략 70명이 넘었다. 그중에는 내 과외 말고도 학원을 두세 개씩 더 다니는 학생도 있는가 하면, 아무리 봐도 이 집의 가장 큰 지출이 내 과외비 같아 보이는 집도 있었다. 나는 제법 소문이 난

인기 강사였고, 학생들의 성적에도 꽤 도움이 됐다. 열의가 있는 친구는 조금만 방법을 잡아주어도 금세 성적이 올랐고, 아예 공부를 덮어놓고 싫어하는 친구와는 고민을 들어주고 떡볶이를 나눠 먹는 것으로도 나름의 효과가 났다. 하지만 이 모든 것은 한 달에 40만 원의 지불 능력으로 얻어지는 것들이었다. 시험 성적이 학생의 순수한 능력을 증명한다는 것은 얼마나 헛된 신화란 말인가.

실력과 노력이 저마다 오롯이 열매를 맺는 세상은 분명 아름다울 것이다. 그리고 그러한 세상을 온전히 믿고 싶은 마음 또한 충분히 이해한다. 하지만 이미 그런 세상 속에 살고 있다고 쉽게 믿어버린다면, 그런 세상을 만들어가려는 다양한 노력을 막아서게 될지도 모른다. 나아가, 나는 실력이 조금 부족하더라도 숨이 턱끝까지 찰 만큼 노력하지 않아도 최소한 불행하지는 않을 수 있는 세상이면 좋겠다. 눈앞의 마시멜로 하나면 충분히 행복한 아이를 향해 왜 15분을 참지 못했느냐고 나무라며 기껏 누리고 있는 마시멜로 하나의 행복까지 망가뜨릴 필요는 없지 않을까.

4장 왜 내가 부유야

[······] 이러한 탈정체화는 계급횡단자들이 새로운 정체성을 획득하는 동안의 일시적 국면에 그치는 것이 아니다. 왜냐하면 그들은 도착 환경에서조차 '끝내' 동화될 수 없기 때문이다. 그들은 출신 환경의 흔적을 어김없이 지니고 있으며, 지나간 역사의 흔적에 다름 아니기 때문이다. 따라서 계급횡단자들이 새롭게 정착한 환경의 사람들과 같은 조건을 공유하게 되더라도 그것이 그들과 똑같은 공통 자산을 소유하게 되었다는 것을 의미하지는 않는다.[1]

프랑스의 철학자 샹탈 자케는 서민 계급에서 부유층이 된 사람들, 그러니까 전통적으로 계급 상승을 이루었다고 일컬어지는 사람들에 대해 '계급횡단자'라는 이름을 붙였다. 상승이란 단어가 주는 가치평가적 요소를 걷어내고 중립적으로 분석하기 위해서다. 이러한 계급횡단자들은 원래의 계급을 떠나왔으면서 새로운 계급에는 온전히 적응하지 못한 '틈새'에 존재하는 사람들이라고 자케는 말한다. 성인이 되어 고소득을 거두고 새로운 아비투스 안으로 진입했어도 그렇지 않았던 어린 시절에 형성된 영향력에서 온전히 벗어나지는 못한다는 이야기다. 이 글을 쓰는 나 자신도 이 범주에 속할 것이며, 몹시 공감하는 지점들이 있다. 이러한 맥락에서 계급을 좀 더 날것의 감정이 느껴지는 단어로 바꾸면 '출신'이 될 것이다.

자격을 질문하는 사람들

「더 커뮤니티」의 출연진 섭외를 모두 마치고 프로그램의 세부 구성을 준비하는 동안 가장 당황스러웠던 순간은 이들의 연봉을 확인했을 때였다. 계급 문제의 화두를 던지기 위한 구성으로 이들의 연봉을 공개하는 장면을 준비했는데, 전체 출연진의 연봉이 지나치게 높았던 것이다. 2023년 고용노동부의 사업체노동력조사에 의하면 월평균 임금총액은 396만 원, 대략 400만 원으로 잡고 연봉으로 환산하면 5000만 원이 좀 안 된다. 원래는 출연자들의 연봉도 그 언저리에서 위아래로 구간을 나누어 소개하려 했는데, 조사해 보니 5000만 원 이하는 단 한 명뿐이었고, 5000만 원에서 1억 사이가 여섯 명이었다. 사실 평균연봉은 극단적인 최댓값에 민감하게 영향을 받는다. 월 396만 원도 일부 고소득자들로 인해 부풀려진 금액이고, 최댓값의 영향을 적게 받는 중위소득이 평균값의 70~80퍼센트인 것을 고려하면 월 300만 원 초반 정도가 실제로 체감되는 평균에 가까울 것이다. 그러면 5000만 원이 넘는 연봉도 많은 편에 속하는데, 출연자의 절반이 이미 이 구간이었고 나머지 다섯 명의 출연자는 1억 원을 훌쩍 넘겼다.

'일반인 예능'의 어쩔 수 없는 한계다. 외부와의 연락을 끊고 진행하는 합숙 촬영에 열흘 가까이 시간을 내서 올 수 있는 평범한 직장인은 거의 없다. 대부분 어떤 식으로든 대중적인 노출이 이익으로 연결되는 프리랜서 전문가, 자영업자 등이 출연 후보가 된다.* 게다가 「더 커뮤니티」의 경우 매력과 성향을 미리 짐작할 수 있는 사람들을 찾다 보니 결국 미디어에 노출된 이력이 있는 이들 위주로 꾸려지게 되었다. 직업연예인이 아닌데도 방송에 출연했다는 것은 어떤 식으로든 자기 영역에서 두각을 드러냈다는 뜻인 경우가 많다. 그렇다면 당연히 소득이 높을 가

---

* 많은 시청자들이 이런 프로그램에 자신을 홍보하러 나온 출연자를 곱게 보지 않는다. 하지만 대중매체에 출연한다는 것은 어떤 식으로든 사람들의 입방아에 오르내린다는 뜻인데 보통은 어떻게 해도 누군가에게는 반드시 욕을 먹게 되어 있다. 자기 홍보의 목적도 없이 그런 일을 자처할 사람은 자기객관화가 극도로 부족하거나 대중의 속성에 너무 무지한 사람뿐일 것이다. 나는 내 방송에 출연한 사람이 어떤 식으로든 무언가를 얻어가길 바란다.

능성이 크다. 연출자인 나도 '서민3' 출신의 회사원이라 잘나가는 전문가들의 수익 규모에 대한 감이 부족했던 것이다. 하지만 이것은 현재의 소득에 대한 이야기이고, 섭외할 때는 종합적인 계급을 당연히 고려했다. 테스트의 점수표에 따르면 '서민' 출신으로 분류된 출연자가 다섯 명 존재한다. 이들은 자케의 표현에 따르면 계급횡단자들이다. 그리고 앞서 인용한 문장처럼 지금은 높은 수익을 벌고 있더라도, 그 자신이 계급 안에서 어떤 세계관을 형성했는지에 따라 다양한 모양의 입장을 가지게 된다. 프로그램에서는 이런 다양함을 보여주고 싶었다.

이러한 맥락에서, 시청자들 사이에서는 상대적으로 덜 회자되는 장면이지만 나에게는 대단히 인상적이었던 순간이 하나 있다. 제작진은 녹화 첫날 출연자들에게 개인 자금을 나눠 주었다. 촬영 동안 게임에 사용하고 남으면 상금으로 가져갈 수 있는 돈이다. 대신 돈을 나눠 주는 과정도 게임의 하나로 제시했다. 총액 2000만 원을 순서를 정해 100만 원 단위로 자유롭게 가져가도록 했다. 입소 직후 금액을 나누어 가졌던 출연자가 열두 명이었으니 100만 원 단위로 균등하게 갖는 것은 불가능하다. 하한은 100만 원, 상한은 없다. 처음 들어간 사람이 2000만 원을 전부 챙길 수도 있고, 뒷사람을 배려해 적당히 챙기는 것도 가능하다. 일종의 '의리 게임'이다.

첫날이었던 만큼 사람들은 서로 눈치를 보며 적당히 욕심을 통제했다. 절반에 해당하는 여섯 명의 출연자가 최소금액인 100만 원을 챙겼고, 가장 많이 챙긴 사람이 가져간 금액도 300

만 원에 불과했다. 내 눈길을 끈 것은 눈치를 보느라 최소금액만 챙긴 여섯 명 중 네 명이 서민으로 분류된 사람들이었다는 사실이다. 전체 출연자 중 서민으로 분류된 사람은 모두 다섯이었다. 유일하게 200만 원을 챙긴 서민도 마지막 바로 전 순서라서 가능했다. 그나마도 소심한 여섯 명 덕분에 500만 원이나 남아 있었는데, 뒷사람에게 300만 원을 양보하며 본인은 고작 100만 원 더 챙긴 것이다. 촬영이 끝나면 고스란히 가져갈 수 있는 돈인데! 공돈 100만 원이 생긴다고 생각해 보라. 할 수 있는 게 얼마나 많은가.

이는 내게 우연으로 보이지 않았다. 계급적 아비투스의 기저에는 '내가 어디까지 누릴 자격이 있는가.'에 대한 감각이 깔려 있다. 고기도 먹어본 놈이 먹는다고, 경험해 보지 못한 것은 욕망하는 법도 모른다. 계급의 특성을 분석한 많은 연구들은 어린 시절의 경제적 배경과 아비투스가 (절대적이거나 불변하는 것은 아니라는 사실을 인정함에도 불구하고) 성인기까지 지대한 영향을 끼친다는 사실을 밝혀왔다. 부유해진 뒤에도 이를 자연스럽게 받아들이지 못한다는 이야기다.

가진 자가 보지 못하는 현실

나 역시 어린 시절 형편에 비하면 비약적인 소득의 증가를 경험한 정규직 회사원이다. 소득으로 따지면 한국 사회 안에서도 높은 편에 속한다. 해외여행도 종종 가고, 아내와 가끔씩 제법 괜찮은 식당에서 저녁식사도 한다. 이미 그런 생활로 넘어온 지 시간이 꽤 지났음에도 여전히 떠오르는 부모님 생각에, 혹은 직간접적으로 알고 있는 수많은 불평등의 현장이 문득문득 떠올라 은은한 죄책감에 시달린다. 부모님께도 꾸준히 비슷한 경험을 제공하기 위해 노력하고, 성실하게 세금을 내고, 월급의 일부를 기부하는 것으로도 '내가 이렇게 누리고 있어도 되는 걸까?' 하는 마음은 해결되지 않는다. 그렇다고 성자처럼 가산을 전부 처분하고 청빈한 삶을 살 수 있는 것도 아니면서. 나의 경우, 이러한 감각은 많은 부분 나의 계급적 경험에서 비롯되었을 것이다.

이런 죄책감은 자유만큼이나 평등 또한 본능적 감각에 속한다는 사실을 알려준다. 하다못해 원숭이들을 데리고 먹이를 나눠 주는 실험에서도 한쪽에는 오이를 주고 다른 쪽에만 포도를 주면, 오이만 받은 원숭이들은 강하게 저항한다.[2] 포도를 받은 원숭이들 역시 눈치가 보일 수밖에 없다. 공정하지 못한 분배에 대한 분노는 설명할 필요도 없이 자연스럽다. 포도를 먹고 있는 것 같은 나의 죄책감은 계급적인 이유가 크겠지만, 그것이 꼭 계급횡단을 경험한 사람들 사이에서만 발견되는 것은 아니다. 사람들은 누구나 더 많은 것을 누리고 싶은 욕심과 함께 자신이 기득권으로 호명되는 것에 대한 부담감도 갖고 있다. 테스트가 공개된 이후 많은 사람들이 보인 "내가 왜 부유야."라는 반응도 그런 거부감의 예시일 것이다.

좌파와 우파의 개념, 계급의 개념이 등장한 역사는 전부 자원과 권리가 심각할 정도로 불공평하게 분배된 상황을 참지 못하고 분노한 사람들의 기록이다. 원숭이들도 분노할진대, 현대 사회는 이러한 불평등을 완화하고자 했던 투쟁의 역사를 딛고 세워졌다. 공산주의의 실패 이후로 어느 정도의 불공평을 피할 수 없다는 전제는 대다수가 수용했지만, 그 '불공평'을 정당화하는 '공정한' 근거가 무엇이고 어디까지인가에 대한 합의가 사실상 현대 정치의 화두가 되었다. 이는 곧 남들보다 '더 가진' 이들은 합의의 선이 어디로 이동하느냐에 따라 얼마든지 직접적인 분노의 대상이 될 수 있다는 뜻이고, 이러한 가능성은 직관적으로 다가오기에 사람들은 자꾸 잠정적인 후보군에서 빠져나오려 "내가 왜 부유야!"라고 외치며 물러선다. 서로 자신이 더 힘들다며 이른바 '불행 배틀'을 벌이는 것 또한 조금이라도 더 가진 이는 항상 막연하게나마 분노와 질시의 대상이 된다는 것을 모두가 알고 있기 때문이다. 정치는 권력을 통해 한정된 재화를 분배하는 일이고, 나에게 유리한 쪽으로 정치를 끌어오려면 자신이 손해를 보는 입장이라고 주장하는 편이 유리하다.

심지어 이 불행 배틀의 전통은 혁명과 현대 정치의 역사를 까마득히 거슬러 올라간다. 그리스 로마 신화에는 '테이레시아스'라는 인물이 등장한다. 원래 남자였는데, 교미 중인 뱀을 죽인 죄로 저주를 받아 여자가 되어 7년을 산다. 7년이 지나 비슷한 계기로 다시 남자로 돌아오는데, 이 경험 때문에 제우스와 헤라의 말싸움에 휘말리게 된다. 제우스와 헤라는 섹스를 할 때 남자와 여자 중 어느 쪽의 오르가슴이 더 강렬한지, 누가 더 쾌락을 느끼는지를 두고 싸웠다. 흥미로운 것은 제우스는 여자가 더 강한 쾌락을, 헤라는 남자가 더 강한 쾌락을 느낀다고 주장했다는 사실이다. 서로 상대가 더 즐겁다며 우위를 떠넘긴 것이다. 결론이 나지 않자 두 신은 남자와 여자로 모두 살아본 테이레시아스를 찾아와 판정을 부탁하고, 여성의 쾌락이 더 크다는 대답에 분노한 헤라는 그의 눈을 멀게 만들어버린다. 여자라고 쾌락의 정도가 다 같을 리 없는데 참으로 고대인스러운 발상이라 하겠지만, 어쨌거나 둘로서 모두 살아본 사람이 여자가 느끼는 쾌락이 더 크다고 하니까 여자가 화를 낸 것이다. 더 가진 자로 호명되는 일의 거부감은 신화에서부터 찾을 수 있다.

"내가 왜 부유야."의 이유가 꼭 그것만은 아닐 것이다. 장르소설을 전문으로 펴내는 어느 출판사 대표는 사람들을 만나면 "당신은 '덕후'인가요 '머글'인가요?"*라는 질문을 자주 던진다고 한다. 그의 설명에 따르면 자신을 덕후라고 답하는 사람은 실제로는 머글일 가능성이 크고, 반대로 자신이 머글이라고 답하는 사람은 일반적인 기준에서는 덕후일 가능성이 크다. (일단 '머글'이라는 단어를 알아들었다면 진짜 머글과는 거리가 있다고 생각하지만⋯⋯.) 이유인즉슨 한 분야를 깊게 파고들기 시작한 덕후들은 늘 주변에 자기보다 더 열성적인 덕후들에게 둘러싸여 살기 때

---

* 덕후는 일본의 신조어 '오타쿠'에서 온 단어로 한 분야에 열정적으로 파고들어 향유하는 사람을 뜻하고, 머글은 『해리포터』 시리즈에서 마법사의 혈통이 없는 보통 사람을 뜻한다. '덕후'와 대비되는 '일반인'을 가리키는 단어다.

문에 나 정도는 덕후라고 할 수 없다고 생각하고, 반대로 장르문학 같은 서브컬처를 가볍게 즐기는 사람은 보통 주변에 진짜 덕후가 없기 때문에 (혹은 있더라도 숨기고 있기 때문에) 자기 정도면 덕후라고 생각하게 된다는 이야기다. 물론 머글과 덕후를 나누는 절대적인 기준이 있는 건 아니니 어디까지나 인상비평에 불과하지만 분명 통찰이 있다. 나도 집에 만화책이 80권 정도 있고 디즈니나 픽사의 캐릭터 인형도 꽤 모아두었지만, 진짜 덕후들은 따로 있다고 생각한다. 하지만 대부분의 사람에게 나는 영락없는 덕후일 것이다. (하지만 나는 진짜 덕후가 아니다. 콘텐츠를 만들고 보는 것이 내 직업이다 보니, 내가 아는 사람들 가운데는 집에 있는 만화책을 기본 100권 단위로 세는 사람들이 많다.)

사람들은 자신과 비슷한 사람들 사이에 둘러싸여 산다.「더 커뮤니티」에서 진보적 방향으로 가장 높은 테스트 점수를 받은 출연자 논픽션 작가 하마는 설문에 응답하는 내내 "나 이 정도면 꽤 보수적으로 나오겠는데?"라고 생각했다고 한다. 그래서 모든 출연자를 통틀어 가장 높은 점수가 나왔다는 사실에 진심으로 당황해 했다. 그도 그럴 것이, 사회적 문제에 대한 글을 쓰는 것이 직업인 그의 주변에는 수많은 활동가와 예술가와 작가가 자신의 신념을 적극적으로 실천하며 살고 있을 것이다. 그 속에서 여러 문제의 교차성과 입체성을 고민하는 자신은 비교적 온건해 보였을지 모른다. 다시 한번, 정치는 스펙트럼이고 우리는 내 왼쪽과 오른쪽을 보며 자신의 위치를 가늠할 따름이다. 그리고 위와 아래를 보며 자신의 계급을 헤아리기도 한다.

비슷한 사람들 사이에서 살면서도 가시적으로 가장 균질한 집단은 결국 계급이다. 테스트 설문에서도 유일하게 '의견'이 아닌 '경험'을 물어본 차원. 물리적으로 머무는 공간을 결정하는 가장 큰 요소가 부동산 가격이라는 점에서부터 그렇다. 그 안에서도 조금씩의 차이는 있겠지만, 우리는 보통 경제적으로 비슷한 배경을 가진 사람들 사이에서 일상을 보낸다. '정치'와 '젠더', '개방성'에 대한 의견은 직접 묻지 않으면 알 수 없다. 그리고 어지간하면 이런 이야기는 직접 묻지 않는다. 물론 이런 가치관이 중요한 사람에게는 직접 묻지 않아도 보이는 단서들이 있기는 할 것이다. (그건 자주 틀리기도 한다.) 그러나 계급은 가장 쉽게, 가시적으로 드러난다. 그래서 나 자신을 둘러싸고 있는 균질한 집단의 계급적 속성들을 너무 자연스러운 것으로 받아들이게 된다. "나 정도면 평범하지. 근데 내가 왜 부유야."

스펙터클이 되어버린 부와 가난

극단적인 계급의 풍경은 스펙터클spectacle이 된다. '스펙터클'을 굳이 풀어서 설명할 필요는 없겠지만, 영화나 연극에서 눈을 사로잡는 화려한 볼거리를 말한다. 거대한 폭발, 도심 한복판에서의 차량 추격전, 기암절벽에서의 아슬아슬한 추락 장면처럼, 시각적으로 강렬한 풍경은 언제나 관객을 사로잡는다. 스펙터클은 화면 속 누군가의 강렬한 경험을 안전한 자리에서 대리 체험하는 일이다.

범부들은 꿈도 꾸기 어려운 부자들의 화려한 생활도, 극단적인 가난도 미디어 시대에는 스펙터클이 된다. 사실 이러한 현상이 미디어 시대에만 등장한 것도 아니다. 카다시안 패밀리*의 화려한 일상을 그린 리얼리티 쇼 이전에 1994년 개봉한 맥컬리 컬킨 주연의 제목부터 노골적인 「리치 리치」나 「백지 수표」 같은 영화들이 있었다. 아빠의 신용카드로 트럼프의 호텔에서 스위트룸을 즐기는 「나 홀로 집에 2」 속 케빈을 보며 느꼈던 쾌감에도 부(富)의 스펙터클이 깃들어 있다. 시간을 더 거슬러 오르면 1925년의 현기증 날 만큼 화려한 소설 『위대한 개츠비』가 있었고, 중세 시대에는 귀족들과 왕족들의 대소사가 사람들의 주된 관심사였다. 부는 그 자체로 반짝이고 화려한 볼거리를 포함하므로 너무나 자연스럽게 스펙터클이 된다.

반면 가난이 스펙터클이 된 역사는 길지 않다. 산업혁명 시기까지도 대다수 노동자의 비참한 삶은 편재해 있었다. 이 시기를 다룬 대표적인 문학 『올리버 트위스트』 역시 가난을 스펙터클로 삼기보다는 그 참혹한 현실을 고발하고 궁극적으로 구원받는, 독자들에게 도덕적 만족감을 주는 이야기였다. 이때까지 가난은 구경거리가 아니라 해결해야 할 문제였다. 전 세계적으로 극단적 가난이 특별한 이야깃거리가 된 것은 높은 생산성이 표준이 되고 노동자들의 처우가 개선되기 시작한 1900년대 이

---

* 미국 대중문화의 상징적 존재로, 사생활을 전시하는 리얼리티 쇼와 소셜미디어를 통해 명성과 부를 쌓아 올린 대표적인 셀러브리티 가족이다.

후의 일이다. 이처럼 가난을 스펙터클로 소비하는 현상을 '빈곤 포르노'라고 부른다. 이 표현은 1981년 덴마크의 국제개발활동가 요르겐 리스너가 자신의 비판적 칼럼에서 처음 쓴 것으로 알려졌다. 자선단체들이 극단적인 빈곤 이미지를 활용해 죄책감을 자극하고, 이를 통해 모금을 유도하는 전략을 비판하는 맥락에서 등장했다. 이러한 전략은 구호의 대상이 되는 사람들의 존엄성을 훼손하고 오히려 이들에 대한 선입견을 강화해 장기적으로는 구조적 개선을 방해하는 부작용을 낳는다. 빈곤 포르노가 유발한 죄책감은 금세 피로로 바뀌고, 시혜적인 선의는 곧 외면과 무관심으로 뒤바뀐다.

빈곤 포르노가 처음 등장했을 때만 해도 빈곤 해결이라는 명분이 존재했다. 하지만 최근에는 타인의 실패나 열악한 조건을 구경하며, 자신의 우위를 확인하고 은근한 안도감을 느끼는 상황을 가리킬 때 더 많이 쓴다. 온라인에서는 쪽방촌이나 고시원의 생활상을 전시하거나, 장기 백수의 생활상을 실감나게 묘사하며 실패한 인생 서사로 소비하는 콘텐츠들이 인기를 끌기도 한다. 반면 빈한한 가운데서도 소소한 행복을 찾는 이야기는 스펙터클이 되지 못한다. 그러한 이야기는 구경보다 공감의 대상이기 때문이다. 보는 사람이 직접 겪을 일 없는 극단적인 상황만이 스펙터클의 지위를 얻는다. 가난이 스펙터클로 전시될 때, 사람들은 도덕적 정당화를 덧붙이기도 한다. "저러니 저렇게 살지.", "가난한 사람들은 이유가 있어.", "저렇게 안 살려면 공부 열심히 해야 돼." 부와 가난, 이 양극단의 스펙터클과 그 사이의 팽팽한 장력은 영화 「기생충」이 관객을 성공적으로 매혹시킨 가장 강력한 힘이기도 하다.

어떤 스펙터클이 더 흔하게 소비되는지는 쉽게 알 수 있다. 우리는 늘 부유함의 스펙터클 속에서 산다. 텔레비전과 신문의 시대에는 스펙터클을 전시할 창구 자체가 적었다. 부유함은 더욱 특별하게 여겨졌고, 그 특별한 부를 향한 분노와 질시를 경계하는 분위기도 더 짙었다. 해외여행이 자유화되자 계층 간 위화감을 우려하는 보도가 지상파 메인 뉴스에 실리던 시절이었다. 하지만 모두가 미디어를 가진 오늘날, 더 이상 불특정 다수의 거대한 대중이 소수의 미디어만을 소비하지 않게 되자 사람들은 자신의 부유함을 자유롭게 과시하기 시작했다. 심지어 실제로는 그렇지 않은 사람들도 없는 부를 연출해 과시한다. 부는 스펙터클이 되었고, 스펙터클을 일상적으로 전시하면 그 전시가 다시 돈을 버는 시장이 형성되었기 때문이다. 위장된 부로 진짜 부를 벌어들이는 것이 가능해졌다. 그 결과 사람들은 너무나 많은 '부자'를 보게 되었다. 부유한 사람은 실제보다 훨씬 더 많은 것처럼 느껴지고, 그 속에서 내가 가진 것은 더욱 작아 보인다. 이토록 부의 전시가 넘쳐나는 세상에서 고작 아르바이트 안 하고, 대학교 좀 다니고, 가끔 해외여행 다녀오고, 집에 쥐가 나오지 않았다는 이유로 '부유'라니. "내가 왜 부유야." 소리가 안 나올 수가 없다. 하지만 언제나 그렇듯 어두운 곳에서는 밝은 곳이 잘 보이지만, 밝은 곳에서는 어두운 곳이 보이지 않는 법이다. 일부러 눈을 크게 뜨고 돌아보지 않는 이상.

부의 전시 속 보이지 않는 사람들

　개인적인 인상이지만, 사회갈등은 점점 더 심화되고 있음에도 계급과 관련된 이야기는 오히려 이전보다 더 들리지 않는 것 같다. '수저' 논쟁도 이제 다소 철 지난 느낌이다. 갈등의 온도가 식는 데는 수용과 무력감이라는 감정이 중요한 역할을 한다. 달라질 것 같지 않은 현실 앞에서 계급 불평등을 넘어서려 노력하기보다 체념하고 선망하는 쪽이 훨씬 더 쉬울지도 모른다. 젊은 층 사이에서 부쩍 인기를 얻는 인플루언서나 작품 속 캐릭터 등이 '치열하게 계급횡단을 이뤄가는 자수성가형' 인물보다는 '나이가 가늠되지 않을 만큼 젊은 외모를 가진 교양 있는 부모와 친구처럼 지내는, 어린 시절부터 사랑받고 자란 티가 나 모난 데가 없는 인물'로 집중되는 현상도 흥미롭다. 이러한 묘사는 사실상 '다른 계급의 흔적을 일절 찾을 수 없는, 완벽한 부유층'의 아비투스에 가깝다. 이 스펙터클은 어쩌면 이렇게 반짝이는 걸까.

　반면 요즘은 가난이라는 말 자체가 모욕처럼 느껴진다. 굳이 비하하는 멸칭을 덧붙일 필요도 없다. 때로 가난은 전염되는 것으로 여겨지기도 한다. 영화 「기생충」이 가난의 상징을 냄새로 설정한 것도, 전염에 대한 본능적인 공포를 자극하기 위한 장치다. 이러한 현실은 계급 이동의 역동성을 기대하기보다는 이미 고착된 계급 구조 어딘가의 자기 자리를 받아들이고 위로는 선망을, 아래로는 혐오를 드러내며 현재 위치에서 잠정적인 안도감을 얻고자 하는 심리로 나타난다. 고착된 자본주의와 저성장 시대에, 계급은 더 이상 정치적 변화를 이끌 기반이 되지 못한다. 정치는 이제 정체성과 세대와 같은 다른 갈등을 땔감으로 쓰기 시작했다. 그 불씨는 여전히 계급적 불평등에서 타오르고 있음에도 불구하고 말이다.

부자를 미워해야 한다고 말하는 게 아니다. 정치는 제도를 통해 작동한다. 경제적 불평등과 계급 문제에 대한 불만을 부유층에 대한 반감으로 표현하는 것은 '쓰레기를 치우자.'라는 주장을 '네가 다 주워라.'라고 공격하는 것, '난민을 좀 더 수용하자.'라는 정치를 '너희 집에 들여라.'라고 비난하는 것과 마찬가지다. 정치적 제도와 사적인 감정은 잘 구분해야 할 영역이다. 혁명의 시대에도 부르주아를 증오하며 무차별적으로 처단한 급진파는 결국 혁명의 종말을 야기했다. 오늘날 법치가 존재하는 사회에서 부자의 돈을 직접 빼앗아 가난한 이들에게 나눠주는 로빈 후드나 홍길동은 그저 감옥에 갈 뿐이다. 불평등이 줄어든 사회를 만들기 위해서는 더 가진 개인을 향해 분노하는 대신, 제도를 대행하는 공직자들을 통해 문제의식을 정치적 의제로 구성해 나가는 것이 제대로 된 방향일 것이다.

나아가 상황이 더 나은 이들만을 바라보며 "내가 왜 부유야!"를 외치는 자기방어적인 불행 배틀로 가득한 사회에서는 정작 정말로 지원과 보호가 필요한 사람들이 보이지 않게 된다. 정부 정책에서 가장 폭넓게 사용하는 '빈곤'의 기준은 가구별 중위소득의 50퍼센트에 못 미치는 경우를 가리킨다.「더 커뮤니티」가 시청 타깃으로 삼은 젊은 층의 상당수는 1인 가구다. 방송에서 퀴즈로도 등장했던, 2022년의 1인 가구 비율은 34.5퍼센트였고[3] 같은 해 1인 가구의 월 중위소득은 약 194만 원이니[4] 혼자 살면서 한 달에 100만 원보다 적은 돈으로 생활한다면, 정부 기준으로 빈곤층에 속한다. 이 비율이 1인 가구의 47.8퍼센트다. 2016년부터 2022년까지, 중위소득의 절반으로 사는 1인 가구의 비율은 한 번도 40퍼센트 아래로 내려간 적이 없다.[5] 하지만 이런 이들은 굵직한 계급의 울타리 너머로 잘 보이지 않는다. "내가 왜 부유야."의 목소리에도 보통 이런 이들은 포함되어 있지 않다. 이러한 현실에 대해 모든 사람이 무리해서 책임감을 가질 수도 없고, 모두가 계급횡단에 성공해야 한다고 생각하지 않는다. 권위주의적 평등의 사회가 아닌 이상, 다른 이들보다 형편이 더 나은 누군가는 항상 존재할 수밖에 없다. 계급 이동의 역동성이 살아 있는 사회만큼이나 가진 것이 없는 삶도 비참하지 않을 수 있는 사회가 나는 더 필요하다고 생각한다. 비참한 삶이 다수인 사회는 위험하고 불안정하다. 스펙터클은 감상하는 사람과 그 대상이 분리되어 있을 때 쾌감을 주지만, 같은 땅을 디디고 사는 타인의 삶이 온전히 나와 무관할 리가 없다.

『세계가 만일 100명의 마을이라면』이라는 책은 세계 인구를 100명의 마을로 비유해, 각종 통계 자료를 한 사람 한 사람의 얼굴로 마주하게 만든다. 2001년 처음 출간되어 세계 40개국 이상에 번역되었고, 지금도 꾸준히 개정판이 나오고 있다. 백분율의 숫자로 접했을 때는 와닿지 않았던 세상의 불평등이 한 명 한 명의 삶으로 다가오는 순간, 평범하다고 믿어 의심하지 않았던 자신의 삶을 다시 생각하게 된다. 책이 처음 출간된 20여 년 전의 통계와 지금의 숫자는 많이 달라졌겠지만, 세계가 만일 100명의 마을이라면 여전히 변하지 않을 사실이 하나 있다. 서로가 서로를 직접 볼 수밖에 없다는 것. 그리하여 가려져 보이지 않는 이가 없으리라는 것. 숫자가 사람으로 보이는 일은 중요하다. 서로 얼굴을 마주할 수밖에 없었던 「더 커뮤니티」 속 열두 명의 마을이 '의리 게임'을 파국으로 몰아가지 못했던 것처럼.

5장 젠더, '이퀄리즘'의 세계

고학생 시절 다양한 주거 형태를 전전했는데, 그중 비교적 쾌적했던 곳이 고시원이었다. 드라마나 다큐멘터리에는 항상 음침하고 낡은 고시원이 등장하지만, 대학가 주변의 고시원들은 이미 내가 대학교를 다니던 시절부터 제법 깔끔한 인테리어와 번듯한 시설을 갖추고 있었다. 그래도 몇 가지 측면에서 열악한 것은 어쩔 수 없었는데 좁디좁은 방, 공용으로 써야 하는 화장실과 주방, 옆방의 방귀 소리까지 들릴 만큼 심각한 방음 상태, 그리고 안전에 대한 불안감 같은 것들이었다. 망치로 한 번 때리면 엿가락처럼 박살 날 것 같은 시건장치와 얇은 벽은 늘 찜

찜함을 한 겹 뒤집어쓰고 사는 기분이 들게 했다. 그랬던 고시원 생활 중에 내 인생에서 가장 시트콤 같았던 경험을 한 적이 있다. 다른 책에 쓴 적이 있는 이야기지만 다시 간략하게 소개해볼까 한다. 정치사회 이야기하다가 갑자기 웬 고시원 시트콤이냐고? 그 얘긴 잠시 뒤로 미루고 일단 들어보자.

고시원에 들어갈 무렵, 그래도 꾸준히 모아둔 돈 덕분에 창문과 화장실이 딸린 가장 좋은 방을 쓸 수 있었다. 창밖으로 보이는 풍경이라고 해봐야 맞은편 건물과 그 사이를 가로지르는 낮은 담장 정도였지만, 그 정도라도 뚫려 있는 방과 그조차 없는 방의 답답한 정도는 어마어마하게 달랐다. 고시원은 건물의 1층에 있었다. 여기서 이상함을 느끼지 못했다면 당신은 고시원을 잘 모르는 사람일 것이다. 건물 전체가 처음부터 고시원을 위해 지어진 경우가 아니라면 1층엔 보통 편의점이나 카페, 분식집, 코인세탁소 같은 가게들이 들어선다. 이 고시원이 1층이라는 과분한 위치를 점한 것은 건물이 굉장히 가파른 언덕 경사면에 지어졌기 때문이었다. 언덕길에서는 고시원으로 들어가는 입구가 1층처럼 보였지만, 가파른 경사를 따라 몇 걸음 내려가면 평지와 맞닿은 '진짜 1층', 하지만 공식적으로는 지하 1층인 편의점이 있었다. 내 방은 이렇게 2층 같은 1층에 있어서, 창문을 열면 좁은 담벼락 아래로 사람 키만큼은 내려가야 땅에 발을 디딜 수 있었다. 창문도 제대로 된 창문은 아니었다. 손잡이를 돌려 밖으로 밀어봐야 두 뼘 남짓 열리는, 그저 환기를 위한 작은 통로였다. 그 작고 좁은 창문도 답답한 고시원 방에서는 귀한 숨통이었다. 추운 날이 아니면 방에 있을 때나 없을 때나 항상 그 작은 창을 열어놓고 다녔다. 창밖으로는 에어컨 실외기가 몇 대 놓여 있는 비좁은 담벼락 틈뿐이었고, 창은 지면보다 꽤 높은 곳에 달려 있었으니까.

그러던 어느 날 바로 그 작은 창문으로 누군가 들어왔다. 꽤 늦은 시간까지 도서관에 있다가 돌아와 고시원 문을 여는데, 어두운 방 너머 작은 창으로 검은 형체가 휙 뛰어내리는 걸 목격한 것이다. 눈을 의심하면서도 가슴이 철렁했다. "누구야!" 소리 지르며 불을 켜고 창문으로 뛰어가는 그 짧은 순간 별의별 생각이 스쳤다. 도대체 이 보잘것없는 고시원 방에 가져갈 게 뭐 있다고 여길 들어왔지? 내 방에 뭐가 있었지? 하지만 창밖으로 머리를 내밀자 의외의 장면이 펼쳐졌다. 내 또래쯤 되어 보이는 여학생이 울 것 같은 표정으로 나를 올려다보고 있었다. 순간 당황해 얼어붙은 나를 두고 그가 먼저 격하게 사과하기 시작했다. 엉망인 발음에서 술기운이 물씬 풍겨왔다.

"으아아, 죄송합니다아, 죄송합니다아. 아니 제가 이상한 사람이 아니구요오. 제가요오, 오늘 어떤 남자를 만났는데요오, 그 남자가 저한테 고백을 했그등요오? 근데 너무 싫은 거예요오. 그래서 막 거절하고 나오는데 글쎄 거기다 열쇠랑 지갑을 다 놓고 온 거예요오오."

알코올에 잔뜩 젖은 목소리로 이어진 이야기를 요약하면, 그는 내 옆방에 살고 있었다. 열쇠를 두고 나왔는데 다시 돌아가긴 싫고, 마침 창문을 열어놓고 나왔던 게 생각나 창문으로 들어가려던 참이었다고 한다. 그런데 내 방 창문도 열려 있었던 탓에 착각을 한 모양이었다. 이 창문이 작아 보이지만 자기처럼 체구가 작은 여자는 얼마든지 드나들 수 있다며, 창문 단속 잘하라는 상황에 참 걸맞은 충고까지 던진 그는, 다시 비척비척, 이번에는 진짜 자기 방 창문을 낑낑대며 올라가기 시작했다. 도와드릴까 물으니 취중에도 "너무 쪽팔리니까 이 일은 꼭 잊어달라."라고 당부하기에 존중해 드리기로 했다. 그런데 그 소동 중에 다른 소지품까지 흘리고 갔는지, 다음 날 맨 정신에 죽을 듯이 창피해하며 돌려받으러 온 것까지 시트콤의 한 장면이었다. 그날 밤에는 죄송하다는 메모와 함께 오렌지 한 봉지가 내 방 문고리에 걸려 있었다.

정말로 어디서 많이 본 전개다. 만약 시트콤이나 로맨틱 코미디 영화였다면, 이제 두 주인공은 이 일을 계기로 서로 놀리고 옥신각신하며 점점 가까워졌을 것이다. 방음이 전혀 안 되는 고시원 벽 하나를 사이에 두고 다투거나 공감을 나누기도 하고, 소개팅 상대가 서로인 줄도 모르고 나갔다가 상대를 만나는 전개도 그럴듯하다. ("어? 오렌지?" / "어? 왕재수?!") 나 이거 왜 본 거 같지. 하지만 인생은 시트콤이 아니고, 우리는 그 뒤로 마주치지 않았다. 나는 그 이후로도 창문을 열어놓고 생활했다. 그리고 이일은 오랜 시간이 지난 뒤 완전히 새로운 의미로 다가왔다.

페미니즘과 '이퀄리즘'?

"내가 왜 부유야."보다 더 많고 격렬하게 프로그램에 쏟아진 단 하나의 비판이 있다면 '이퀄리즘'이란 표현의 사용이었다. 한국 사회에서 페미니즘을 둘러싼 갈등은 특히 프로그램의 타깃 시청층인 젊은 세대에게는 가장 심원한 현상이다. 젠더갈등에도 다양한 양상이 있지만, 이들을 이렇게나 갈라놓은 골짜기에는 결국 2015년 전후로 대중화된 페미니즘 운동을 지지하느냐 반대하느냐의 문제가 놓여 있다. 그래서 테스트에서 젠더 차원을 측정할 때는 페미니즘의 여러 주장에 동의하는지의 여부로 점수를 부여했다. 그런데 이때 페미니즘의 반대 항으로 '이퀄리즘'을 배치한 것이 문제가 되었다. 예상했던 반응이었고, 타당한 비판이기도 하다.

페미니즘은 역사와 체계가 있는 사상이자 학문이자 운동이다. 18세기 계몽주의 시대부터 민주주의의 발달과 함께 차근차근 그 깊이와 실천을 쌓아왔다. (또 나왔다, 1789년!) 프랑스혁명이 일으킨 자유와 인권의 물결은 남성들의 정치적 평등뿐만 아니라 오랫동안 부정되어 왔던 여성의 권리를 찾아가는 출발점이 되었다. 페미니즘의 뿌리 역시 혁명의 시대에서 시작했으니 민주주의와 자본주의에 준하는 역사를 가진 셈이다. 반면 '이퀄리즘'은 엄밀하게 말해 개념이라고 보기 어렵다. 한국보다 먼저 페미니즘이 사회적 상식의 영역에 자리 잡은 서구에서도 2010년대 초, 페미니즘에 반감을 느낀 이들이 이에 대항하기 위해 온라인에서 만들어낸 신조어로 보는 것이 '이퀄리즘'에 대한 일반적인 설명이다.* 서구에서도 제대로 정착하지 못한 단어를 가져와 한국의 일부 커뮤니티에서 도입을 시도한 것이다. 물론 나름의 체계와 근거, 논리가 충분히 갖추어진다면 언젠가 하나의 사상으로 불릴 수도 있겠지만, 단순히 역사와 맥락만 따져봐도 페미니즘과 같은 위계에 놓일 수는 없다.

페미니즘은 보통 '여성주의'로 번역된다. 역사가 깊은 만큼 다양한 갈래가 존재하지만, 가장 폭넓게는 여성을 억압하는 구조적·문화적 차별을 철폐하고, 이를 통해 모든 소수자와 약자, 궁극적으로는 남성까지 해방시키는 것을 목표로 한다. 역사적으로 차별에 맞서 평등을 추구해 온 많은 운동은, 억압받는 이들의 이름을 깃발에 새겨왔다. 페미니즘 역시 같은 맥락에서 여성을 뜻하는 프랑스어 femme에서 유래한 이름이다. 한편 구조에 저항하는 운동은 누군가에게는 불편하고 불쾌한 일이 되기 마련이다. 이러한 불편함을 적극적으로 표출하려는 이들은 종종 상대의 구호를 가져와 의도적으로 더 보편적인 이름을 붙이며 전유를 시도한다.

미국 사회에서 흑인에 대한 공권력의 차별적인 과잉 대응으로 인명 피해가 반복적으로 발생하자, 이에 분노한 사람들은 "Black Lives Matter!(흑인의 생명도 소중하다!)"를 외치며 거리로 나섰다. 폭력에 맞대응하는 과정이 언제나 질서 있게 이루어지지는 않는다. 분노한 군중 안에는 늘 흥분과 혼란에 휩싸인 사람들이 있기 마련이므로 BLM 시위의 일부는 폭동과 약탈로 변질

---

* 성평등주의로 번역되는 'gender egalitarianism'은 널리 쓰이지만 이는 페미니즘이 전제하는 구조적 차별을 똑같이 인정하고 해소하려는 개념이다.

되기도 했다. 또 총기 소지가 합법인 미국에서 경찰들은 늘 위험을 감수하며 치안 유지를 위해 노력하는데, BLM 운동이 일부 문제적인 경찰들의 행태를 공권력 전체로 일반화하고 모든 경찰을 인종차별주의자로 규정한다고 분노한 사람들도 있었다. 특히 자신이 흑인이 아니거나, 흑인들이 느끼는 공포에 공감할 수 없는 이들은 BLM 운동이 지적하는 문제보다 그 운동 아래 생겨나는 부작용들을 더 심각하게 받아들였다. 그들은 흑인의 생명만 중요한 게 아니라, 모든 생명이 다 중요하다며 "All Lives Matter!(모든 생명이 소중하다!)"라는 구호를 만들어 외치기 시작했다.

이 구호의 목적은 진심으로 모든 생명이 소중하다고 강조하는 것이라기보다는 '흑인의 목숨'이 강조되는 것을 희석하는 데 있다. ALM을 외치는 이들이 또 다른 위협 앞에 놓인 수많은 약자의 삶에는 별다른 관심을 보이지 않고, 주로 흑인 범죄자에 의해 다치거나 죽은 경찰의 생명에만 관심을 보인다는 점에서 그렇다. "흑인의 생명도 소중하다"라는 목소리에 불편함을 느끼지만 그렇다고 소중하지 않다고 말할 수는 없으니 '흑인만 소중한 게 아니라 다 소중한 거다!'라며 구호를 희석하고 전유하려 한 것이다. 그러면 이런 문제에 별 관심이 없었던 사람들에게 BLM은 마치 흑인의 생명만 소중하다고 외치는 운동처럼 비치게 된다. 「더 커뮤니티」의 한 직업정치인 출연자는 이러한 전략을 이른바 '물타기'라고 칭하며 직업정치인들이 아주 잘 쓰는 전략이라고 인정하기도 했다. 물타기라는 표현은 기술적으로도 정확하다. 주장의 범주를 무의미한 수준으로 확장해 농도를 옅게 만드는 방식이기 때문이다. 사실 "모든 생명이 다 중요하다"라는 말 자체는 너무 당연해서 구체적으로 무엇을 주장하는 것인지 불분명하다. 모든 생명이 소중하다면, 지금 특별히 더 위험에 처해 있는 생명을 보호해야 '모든 생명의 소중함'을 실현할 수 있을 것이다. BLM 운동이 진행되는 과정에서 분명 여러 문제점이 있었지만, 운동 내의 문제를 시정하자는 주장과 BLM이 지적하는 문제 자체를 부정하려는 주장은 구분되어야 한다. (물론 이는 장고한 인종차별의 역사로부터 형성된 흑인들의 저항적 반문화라는 맥락까지 고려해야 하는 복잡한 문제다.)

'이퀄리즘'은 "모든 생명이 다 중요하다"와 정확하게 같은 논리로 만들어진 조어다. 여성들에게 가해지는 차별을 극복하고 성평등을 실현하자는 목소리 앞에서, '여성만 중요한 게 아니라 모든 사람에게 가해지는 차별을 다 극복해야 한다.'라고 외치며 문제의식을 희석하는 표현이다. 그래서 여성주의로 번역되는 페미니즘 대신, 평등주의로 번역할 수 있는 '이퀄리즘'이란 단어를 가져다 놓는다. 이런 식이면 BLM과 마찬가지로 페미니즘도 여성의 권리만 소중하다고 말하는 것처럼 보이게 된다. 이런 프레임 싸움은 정치 담론에서 가장 빈번하게 쓰이는 전술인데, 당하는 입장에서는 정말 환장할 노릇이다. "아니, 내 얘기가 그게 아닌데!"

현실 인식으로서의 '이퀄리즘'

그럼 여기서 당연한 질문이 이어진다. 그렇다면 '이퀄리즘' 대신 페미니즘의 반대 항으로 무엇을 써야 할까? 페미니즘의 반대 항인만큼 페미니스트들의 주장을 그대로 따르자면 '성차별주의자'가 된다. 페미니즘이 성차별주의와 이로 인한 억압과 착취를 없애기 위한 운동이니, 페미니즘이 아닌 것은 곧 성차별주의를 옹호하는 일이기 때문이다. 젠더 문제가 화두가 될 때마다 페미니즘이란 이름 자체에 부담을 느끼는 사람들이 항상 "나는 페미니스트는 아니지만……"이란 전제를 붙이며 그럼에도 성평등을 지지한다고 말하는 패턴이 반복되자, "성평등을 지지하시나요? 그렇다면 당신도 페미니스트입니다."라고 설명하는 것이 하나의 대중적 운동이 되기도 했다. 그만큼 '페미니즘-성차별주의' 구도는 페미니즘에서 중요하다.

혹은 '가부장주의'가 대답이 될 수도 있겠다. 페미니즘 자체가 근대까지 전 세계를 지배했던 가부장제에 대한 반발로 탄생한 것이니까. 가부장제家父長制라는 한자어는 왠지 군사부일체君師父一體*처럼 유교적인 어감이 느껴져 전통적인 단어 같지만, 의외로 '아버지의 지배'를 뜻하는 영어 'patriarchy(패트리아키)'의 번역어다. 이는 고대 그리스와 로마에서 가족 내 최고 연장자인 남성이 재산과 인사에 대한 모든 결정권을 독점하던 제도를 뜻

---

* 임금과 스승과 아버지의 은혜는 모두 같다는 뜻이다.

한다. 이 체제 아래에서 가정을 비롯해 종교와 정치 등 모든 영역에서 남성이 절대적 권력을 쥐었고, 여성과 아이는 동등한 사회 구성원으로 취급받지 못했다. 이를 잘 보여주는 사례가 성경에 등장하는 오병이어五餅二魚 이야기다. 예수께서 빵 다섯 덩이와 물고기 두 마리로 5000명을 배불리 먹였다는 기적을 설명할 때면 항상 그 숫자 안에 여자와 아이는 포함되지 않았다는 설명이 덧붙는다. 실제로 성경에도 "먹은 사람은 여자와 어린이 외에 오천 명이나 되었더라."라고 쓰여 있다. 미국에서 전국적으로 여성에게 투표권이 보장된 것이 1920년이다. 인류 역사의 스케일로 보면 여성을 최소한 '같은 사람'으로 인식하기 시작한 것은 방금 전에야 일어난 일인 셈이다. 제도로서의 가부장제가 대부분 사라졌다고 해도, 수천 년 동안 누적되어 온 가부장제의 문화, 즉 여성을 대상화·도구화하고 하등하게 여기는 인식이 고작 100여 년 만에 모두 사라졌다고 주장하는 것은 설득력이 약하다. 여전히 수많은 나라에서 결혼한 여성은 남편을 따라 성을 바꾼다.

  조선의 유교에도 '삼종지도三從之道'가 있었다. 여자가 따라야 할 세 가지 도리라는 뜻으로 결혼 전에는 아버지를, 결혼해서는 남편을, 남편이 죽은 뒤에는 아들을 따라야 한다는 의미다. 초등학생 때 이 말을 처음 듣고 나도 어처구니가 없었는데, 여성들이 분노하지 않을 수 있겠는가. 자유와 평등이라는 근대적 개념이 자리 잡으며 페미니즘이 태동한 것은 너무나 자연스러운 일이었다. 계몽주의 시대의 여성들은 개별적인 권리 하나하나를 얻어내는 데 집중했고, 이후 페미니즘은 학문으로서 체계를 갖추기 시작하며 이 모든 억압이 '패트리아키'라는 하나의 거대한 구조로 연결되어 있다는 사실을 지적하기 시작했다. 이 과정에서 패트리아키는 고대의 제도를 넘어 보편적인 억압적 구조를 의미하는 개념이 되었다. 이는 20세기 후반에 주요 개념으로 널리 자리 잡기 시작했고, 패트리아키를 가부장제로 번역해 한국에 들여왔을 때 한국 사회를 설명하는 데 전혀 어색함이 없었던 덕분에 모두가 자연스럽게 "원래 유교 개념 아냐?" 하며 쓰기 시작한 셈이다.

그러니까 성차별주의나 가부장제가 페미니즘의 반대 항으로 적절한 것은 맞다. 적어도 페미니즘이 발달해 온 역사 속에서는 그렇다. 하지만 '서로 동의하지 않는 의견을 가진 사람들이 직접 만나 서로의 이야기를 들어보자.'라는 기획을 마련해 놓고 한쪽을 성차별주의자로 호명해서는 애초에 대화가 불가능하다. "페미니즘에 반대하는 성차별주의를 '다른 의견'으로 지칭하는 것 자체가 문제다. 성차별주의는 '틀린 의견'이며, 틀린 의견에 동등한 발언권을 부여하는 것은 차별에 힘을 실어주는 것이나 다름없다."라고 지적할 수도 있겠다. 동의한다. 나 역시 진실은 존재하지 않고 모든 의견은 상대적일 뿐이라는, 상대주의를 가장한 허무주의를 싫어한다. 모든 것을 보류의 영역에 두면 아무것도 변하지 않는다. 아니, 많은 경우 상황은 점점 더 악화된다.

확실히 페미니즘이 개척해 온 평등의 역사를 전면적으로 부정하며 여자는 남자에 비해 열등하기 때문에 남자의 지배를 받아야 한다고 주장하는 사람이라면 성차별주의자나 가부장주의자로 부를 수 있겠다. 그리고 이런 사람들이 사회에 존재할지언정 하나의 의견으로 받아들이며 프로그램에 자리를 내어주는 것은 위험한 일이다. 인터넷에는 온갖 사람이 다 있는 만큼 실제로 이렇게 시대착오적인 말을 하는 이들도 간혹 보이지만, 최소한 오늘날 페미니즘을 둘러싸고 대립하는 젊은 세대의 상당수는 이러한 입장에 서 있는 것으로 보이지는 않는다. '이퀄리즘'이라는 단어는 표면적으로 평등을 주장하고 있으며, 프로그램이 주목하는 방향도 이쪽이다. 이들은 진심으로 평등을 원한다. 여성을 차별해야 한다고 주장하는 것도 아니다. 다만 현실에 대한 인식이 완전히 다르다는 것이 문제다. 다른 것은 평등이라는 지향점이 아니라 그 전제인 현실이라는 출발선이다.

역사가 긴 사상인 만큼 페미니즘이라는 커다란 이름 아래 지향하는 평등의 형태와 범주, 내용 역시 넓고 다양한 스펙트럼을 보인다. 기본적으로는 여성을 지속적으로 억압해 온 다양한 차별과, 이러한 차별을 내재한 문화에 저항하는 것이 공통점이지만, 더 많은 사회적 약자와 광범위한 연대를 형성하는 움직임부터 여성이 더 우월한 성별이기에 더 많은 권력을 가져야 한다고 진심으로 믿는 이들까지도 존재한다. 이 모든 입장이 공유하는 가장 핵심적인 전제는 여성에 대한 가부장제의 차별이 지금도 유효하다는 현실 인식이다. 여성은 여전히 남성 중심적인 사회구조와 문화 안에서 불평등을 겪고 있으며, 이것이 개선되어야 한다는 전제가 없으면 페미니즘이 성립하기 어렵다. 페미니즘에 반대하는 이들 중 다수가 동의하지 않는 지점이 바로 이 전제다. 이들은 남성과 여성이 평등해야 한다는 가치에는 동의하지만, 오늘날의 한국 사회는 더 이상 여성에게 일방적으로 불평등한 사회가 아니라고 본다. 이들의 주장대로 구조적 차별이 대부분 사라졌고 더 이상 남성이 기득권이 아니라면, 여성을 약자로 전제하고 여성의 권리를 적극적으로 확대하려는 노력은 되레 남성을 차별하는 일이 된다. 여기서 '이퀄리즘'이라는 단어가 등장한다. 이러한 현실 인식에 대해 비판할 수는 있겠지만 최소한 이들을 가부장주의자나 성차별주의자로 부르기는 어려울 것 같다.* 신을 믿지 않는다는 고백이 악마를 숭배한다는 뜻은 아닌 것처럼.

---

* 사실 가장 안전하고 기계적인 표현은 '안티-페미니즘'이다. '이퀄리즘'으로 분류되는 이들의 본질은 페미니즘에 반대하는 것이기 때문이다. 혹자는 프로그램 출연자가 안티-페미니즘으로 불리는 것을 제작진이 우려했을 것이라 추측하기도 했지만, 어차피 이들에게 페미니즘은 잘못된 사상이기 때문에 문제가 되지 않았을 것이다. 다만 모든 정치적 집단은 설령 반대가 목적이어도 표면적으로는 가치를 주장하는 것이 원칙이다. 임신중지의 권리를 옹호하는 이들이 '선택권'을, '낙태'를 반대하는 이들이 낙태 반대가 아니라 '생명권'을 외치는 것처럼 말이다. 영어권에서는 지지를 뜻하는 접두사 Pro와 결합해 '프로초이스Pro-Choice' 대 '프로라이프Pro-Life' 진영으로 표현한다. 따라서 안티-페미니즘은 의미상 문제가 없을지언정 구조적으로 페미니즘에 기준을 둔 용어가 된다. 여담이지만 방송에서 '벤자민'이 동성애 혐오 발언에 거부감을 드러내자 교포 출연자인 '마이클'은 그를 동성애 인권을 지지한다는 의미의 'Pro-Gay'라고 메모했는데, 이를 발견한 일부 시청자들이 '프로페셔널 게이'로 오해하는 해프닝이 벌어지기도 했다. (실제로 게이로 오해하기도 했지만.)

그들이 말하는 현실, 남학생에게 학교는 어떤 공간일까?

그렇다면 이러한 현실 인식은 과연 틀리기만 한 것일까? 인간은 모든 세상을 직접 경험할 수 없기에 누구나 자신의 관점과 경험 안에 갇히기 마련이지만, 통계적으로도 이들의 현실 인식을 완전히 오류로 취급하기는 어렵다. 무엇보다 이러한 주장을 가장 적극적으로 펼치는 이들이 10대 후반에서 30대 초반에 이르는 젊은 남성이라는 점에 주목할 필요가 있다. 대부분 학생으로 지내는 이 시기에, 이들의 일상에서 가장 중요한 화두는 무엇일까? 학업과 이성 관계일 것이다.

	중3						고2					
	국어		수학		영어		국어		수학		영어	
	남	여	남	여	남	여	남	여	남	여	남	여
21년	66.2 (1.03)	83.1 (0.69)	54.3 (1.28)	57.0 (1.17)	59.0 (1.26)	69.9 (1.07)	54.4 (1.56)	74.7 (1.28)	61.5 (1.71)	64.9 (1.54)	67.8 (1.58)	81.7 (1.15)
22년	55.3 (1.13)	72.0 (1.25)	48.2 (1.20)	51.3 (1.20)	49.8 (1.24)	62.5 (1.36)	45.2 (1.74)	63.2 (1.46)	54.2 (1.99)	56.4 (1.88)	58.7 (1.92)	74.2 (1.47)
23년	52.5 (1.20)	70.4 (1.00)	48.2 (1.13)	49.8 (1.14)	57.5 (1.17)	68.5 (0.97)	44.7 (1.85)	59.7 (1.42)	55.5 (1.99)	56.3 (1.72)	63.2 (1.98)	77.9 (1.33)

[표2] 교육부 국가수준 학업성취도 평가 / '3수준 이상' 성별비율(%)

학업부터 살펴보자. 교육부가 매년 시행하는 국가수준 학업성취도 평가에 따르면, 2021년부터 3년 동안 일관되게 중학생, 고등학생 모두 여학생의 성적이 남학생보다 월등히 높다. [표2]는 평균(3수준) 이상의 성적을 얻은 학생의 비율을 보여주는데, 국어와 영어 과목의 경우 평균 이상의 성적을 기록한 여학생 비율이 남학생보다 작게는 10퍼센트, 크게는 18퍼센트가량 일관되게 높다. 통상 남학생이 더 뛰어나다고 여겨지는 수학 과목에서도 유의미한 차이는 나타나지 않았고, 오히려 중·고등학교 모두에서 여학생이 약 1퍼센트 내외로 더 높은 비율을 보였다. 물론 수학 성적은 최상위권에 한정하면 남학생의 성적이 더 높은 경우가 많지만, 전체적인 경향을 설명하기에는 최상위권의 비율은 너무 적은 숫자다.

학업 성취도의 일관된 성별 격차는 이제 꽤 오래된 이야기이며 한국만의 현상도 아니다. 이미 2015년 OECD가 시행한 국제학업성취도평가PISA에서도 남학생이 기준 미달의 최하위 성적을 받을 가능성이 여학생의 경우보다 50퍼센트나 높았다.[2] 같은 해 영국의 시사잡지 《이코노미스트》는 이러한 세계적 흐름을 분석한 기사 제목에 '열등한 성the weaker sex'이라는 표현을 쓰기도 했다. 벌써 10년 전 이야기이지만 이러한 흐름은 여전히 이어지고 있다. OECD는 자신들의 국제학업성취도평가 자료를 바탕으로 교육 분야에서 중점적으로 다루어야 할 중요한 과제들을 제시해 왔는데, 그중 교육 성평등은 늘 중요한 주제였다. 그런데 초기에는 모든 국가에서 주로 여성들이 교육에서 배제되는 문제에 초점을 맞추었던 것이 최근에는 남학생의 학습 참여도 증진을 중요하게 다룰 정도로 남학생의 학습 부진은 이제 세계적인 현상이다.

이와 함께 꾸준히 지적되어 온 또 다른 현상은, 성적이 우수한 여학생들의 이공계 진학률이 유독 낮다는 사실이다. 과거에는 여학생의 수학과 과학 성적이 평균적으로 남학생보다 낮은 현실을 두고 뇌가 다르기 때문이라는 생물학적 설명이 지배적이었다. 하지만 이후 다른 원인을 규명하려는 연구가 꾸준히 이어졌고, 최근 학계에서는 일부 생물학적 차이를 인정하더라도 고정관념과 사회문화적 영향이 보다 주요한 원인이라는 분석에 힘이 실리고 있다.

여러 연구에 따르면 여성은 수학과 과학을 못한다는 고정관념이 지배하는 환경에서는 실제로 여학생의 실수가 잦아지고 학습 동기가 현저히 약화된다. 무엇보다 이를 가장 확실하게 보여주는 것은 국제학업성취도평가 조사에서 성평등 지수가 높은 국가일수록 수학 점수의 성별 격차가 작게 나타나는 경향과, 대부분의 국가에서 교육 환경이 개선될수록 성차가 꾸준히 줄어들고 있는 현상이다. 만약 생물학적 차이가 주된 원인이라면 몇 년 만에 이토록 광범위하고 일관되게 수치가 변하는 현상은 나타나지 않았을 것이다.

이공계 과목에서의 여학생의 낮은 점수가 사회문화적 요인에서 기인한다고 본다면, 전 세계적으로 저조한 남학생의 학업 성취도 역시 생물학적 요인으로만 설명할 수 없을 것이다. 즉 현재의 공교육 시스템은 여학생에게 상대적으로 더 유리한 환경이라는 이야기가 된다. 이에 대한 분석은 현재 진행 중이고, 비단 교육제도뿐만 아니라 사회적 분위기나 미디어의 영향 등 다양한 요인이 복합적으로 작용하는 문제일 것이다.

그중 교육 환경을 둘러싼 직접적인 조건으로는 교직의 여성 비율이 특히 눈에 띈다. 이 역시 하나의 원인으로 작용할 가능성을 배제할 수 없다. 2022년 기준 전국 초중고 교사 가운데 여성의 비율은 70퍼센트에 이른다.[3] 초등학교와 중학교에서는 각각 77.2퍼센트와 71.6퍼센트, 고등학교에서도 57퍼센트가 여성 교사다. 여성 교사의 높은 비율은 어떤 영향을 미칠까? 단순하게는 여학생들만 더 편애하는 것 아니냐고 생각할 수 있지만, 이는 교육 현장에서 고군분투하고 있는 교사들의 노력을 함부로 폄하하는 말이다. 높은 비율의 여성 교사가 학생들에게 미치는 영향을 이해하기 위해서는 교실의 문제와는 맥락이 다른 이야기지만, 여성할당제의 논리를 살펴볼 필요가 있다. 잠시 교육 현장에서 눈을 돌려 사회 전반을 살펴보자. 여전히 정부나 기업의 고위직 대다수는 남성이다. 이러한 문제를 개선하기 위해 마련된 제도 중 하나가 여성할당제다. 그렇다면 여성할당제 시행의 근거는 무엇일까? 명시적 차별이 금지되어 있는데도 단순히 남성의 수가 더 많다는 사실만으로 여성에게 불리한 환경이라고 판단할 수 있을까?

 공직은 기본적으로 공공의 이해利害를 대리 수행하는 역할을 한다. 그런데 남성과 여성이 필요로 하는 정책이 다르다면, 한쪽 성별로 편중된 공직자 구성은 의도하지 않았더라도 구조적인 불평등을 낳을 가능성이 크다. 여성의 필요를 제대로 지각하지 못할 확률이 높기 때문이다. 물론 실제로는 공직자 개개인의 관심과 노력, 입장 등이 성별 자체보다 더 중요한 변수로 작용할 것이다. 하지만 여성할당제와 같은 정책은 단순히 공직자의 성비를 조정하는 데 그치지 않고 제도적 압력을 형성하기 때문에 더 의미가 있다. 개별 공직자의 도덕적 신념이나 입장, 노력을 넘어서 일정한 긴장과 감시를 유지하도록 신호를 보내는 것이다.*

공직에 비해 민간기업은 대표성을 반드시 확보해야 할 의무가 상대적으로 적다. 고위직의 성비를 맞추려는 기업의 노력은 다양한 관점을 확보해 리스크를 통제하거나 혁신성을 높이기 위해 이루어진다. 그러나 이 경우에도, 가장 기본적인 정당성은 과거의 명시적 불평등에 근거한다. 현재 기업 고위직 대다수가 남성인 가장 직접적인 원인은 개인의 유능함과는 별개로 여성의 사회 진출이 극히 제한되었던 과거의 사회적 조건에 있다. 그래서 오늘날 명시적인 차별이 줄어들었다고 해도, 인사와 평가의 권한을 가진 고위직은 여전히 남성이 다수인 경우가 많다. 이들이 다른 남성을 의도적으로 끌어주고 으쌰으쌰하며 부당한 이득을 주고받는다는 뜻이 아니다. 물론 이런 문제가 발생하기도 하지만, 이러한 부정을 막는 것이 할당제의 시행 근거가 될 수는 없다. 할당제 시행의 정당한 근거는 결정권자가 차별 의도를 가지지 않더라도 역할 모델을 삼거나 지배 문화에 적응하는 과정에서 성별에 따라 차이가 발생한다는 데 있다.

이러한 차이는 구체적으로 두 가지 차원에서 발생하는데, 첫 번째 차원은 결정권자인 남성의 입장이다. 의도하지 않았더

* 형식적으로 숫자만 채운 뒤 이를 방패 삼아 실질적인 관심과 노력을 오히려 소홀히 하는 '토큰화' 현상에 대한 우려도 존재한다.

라도 자신과 동일한 지배 문화를 따르는 남성을 더 편안하게 느끼고 긍정적으로 평가하기 쉽다. 사회학에서는 이러한 경향을 '동류 집단 재생산homosocial reproduction'이라고 부른다. 사람은 자신과 유사한 사람을 선호한다는 것이다. 일견 당연해 보이는 이러한 선호를 좀 더 구체적으로 설명하면, 동일한 속성을 가진 사람들끼리 관계를 맺는 것을 선호하고 그 결과 집단의 유사성이 재생산되는 경향을 뜻하는데, 이것이 권력 구조와 결합하면 자연스럽게 차별로 이어질 수 있다. 두 번째 차원은 이러한 조직에 속해 있는 여성의 입장이다. 지배적인 위치에 남성들이 포진해 있는 조직에서, 여성들은 네트워크를 형성하거나 문화적 기대에 부응하는 과정에서 주류로 진입하는 데 어려움을 겪는다. 이 두 가지 차원은 서로 영향을 주고받으며 기존의 편향된 구조를 강화한다. 여성할당제는 이러한 구조를 제도적으로 보완하려는 시도다.

이처럼 위계가 존재하는 조직에서 한쪽 성별로 편향된 조직 구성이 지속되면, 직접적인 차별과는 별개로 비공식적 문화나 소통 방식에서 문제가 발생할 수 있다. 물론 할당제가 필요한 이유를 교실 상황에 기계적으로 대입하는 것은 논리적으로 타당하지 않다. 공직의 이행, 채용, 인사평가의 권한은 교육서비스를 제공하는 교사의 역할과 본질적으로 다르기 때문이다. 실제로 교직 내 성비 문제는 꾸준히 거론되어 왔고, 관련 연구도 여러 차례 진행되었다. 대다수의 연구는 교사와 학생의 성별 일치가 학업 성취에 직접 미치는 영향은 미미하거나 유의미하지 않음을 보여준다. 즉 교사의 차원에서 '동류 집단 재생산' 현상이 권력 구조를 고착화한다거나 학생을 평가하는 데 직접적인 편향으로 작용한다는 증거는 발견되지 않았다는 이야기가 된다.

중요한 것은 남학생들이 주관적으로 경험하는 세계와 그로 인해 형성되는 태도의 차원이다. 기본 소양과 사회적 정체성을 만들어나가는 학창 시절 내내 교사의 대부분이 여성이라면, 남녀 학생 모두에게 다양한 사회적 모델을 접할 기회가 제한될 수 있다. 특히 남성과 여성의 지배 문화나 기대되는 사회적 역할이 같지 않다면 동일한 성의 사회적 모델을 만나기 어려운 남학생에게 더욱 그러할 것이다. 또 여교사들이 여학생만 편애하거나 남학생을 부당하게 대우하지 않더라도, 교실의 지배 문화에 적응하고 교사와 소통하는 방식에 있어서 성별에 따라 차이가 발생할 수 있다. 여학생의 낮은 수학 점수를 사회적 편견의 결과로 설명하는 논리와 같은 맥락이다. 여학생은 교사의 권위를 잘 따르고 조용한 교실 환경에 더 잘 적응할 것이라는 사회적 기대를 받고, 이러한 태도가 장려된다. 반면 남학생은 또래 문화와 사회적 관습으로부터 권위에 저항하고 신체적인 능력을 증명해야 한다는 크고 작은 압박을 받는다. 이렇게 구성되는 남성들의 지배 문화는 교실의 학습 환경, 특히 교사의 권위를 존중하는 태도와 충돌할 가능성이 높다.

실제로 교실에서 남학생들이 자주 골칫거리로 여겨지는 분위기는 최근 여러 사회연구가 지적하고 있는 현상인 '남성성의 위기'의 일부다. 오랜 세월에 걸친 페미니즘의 노력 덕분에,

전통적으로 남성성의 긍정적 가치로 여겨졌던 리더십, 적극성, 합리성 등은 이제 주류 담론에서 성별 특성을 넘어 보편적인 개념으로 통하며, 여성에 대해서도 자연스럽게 사용된다. 남성적 가치에서 젠더가 사라진 것이다. 반면 공감, 섬세함, 돌봄처럼 전통적인 여성성으로 여겨진 긍정적 가치들은 여전히 여성의 영역으로 자주 거론되는 가운데, 남성성의 영역에는 긍정적 가치로 남아 있는 것이 거의 없다. 이제 남성들에게 남성성을 드러내는 수단으로는 의도적인 유치함이나 비합리적일 정도의 과감함, 공격성, 규범을 위반하는 유희 같은 것들이 주를 이룬다. 이렇게 부정적인 요소들을 중심으로 재구성된 전통적 남성성과 그로 인한 폐해들을 학계에서는 '유해한 남성성 toxic masculinity'이라고 부르기 시작했다.

    교사의 성비를 논했지만, 결국 그 안에서의 가장 근본적인 문제는 남성 집단을 지배하는 유해한 소통과 관계의 문화다. 여학생들이 급우와 교사를 가리지 않고 적극적으로 다양한 소통을 시도하는 반면, 남학생들은 남자 교사와도 소통하는 것을 어려워하는 경우가 많다.* 학습 과정은 지식 습득이나 동기부여의 측면에서 학생이 교수자와 적극적으로 소통할 때 가장 원활하게 이루어진다. 뉴욕대학교 교육대학의 심리학 교수 니오베 웨이는 20년 동안 150명의 10대 남성들을 장기 추적한 연구에서

---

* 학생과 교사의 성별 일치가 학업 성취도에 직접적인 영향을 끼치지 않는 이유 중 하나다. 여학생으로 한정할 경우 여교사가 성적을 향상시킨다는 일부 연구도 존재한다.

자신을 표현하는 것은 남자답지 못하다는 문화가 남성들을 학업은 물론 건강한 인간관계로부터도 고립시킨다는 사실을 확인했다.[4] 이는 새로운 이야기가 아니다. 개별 남성의 특성과 무관하게 남성의 집단 문화가 언어적·감정적 소통에 인색하다는 사실은 수많은 저술과 연구를 통해 반복적으로 지적되어 왔다. 그간 '그래서 불행하니 남자들이 바뀌어야 한다.'와, '그러니까 이러한 문화를 이해하고 접근해야 한다.'는 주장들이 수없이 교차해 왔다. 중요한 것은 남학생들에게 소통과 교류의 긍정적 역할 모델이 절대적으로 부족하다는 점이다.

이전 세대인 1980년대생까지는 반장을 남학생이, 부반장을 여학생이 하는 등의 차별적인 관행이 존재하기도 했다. 하지만 1990년대 이후에 태어난 젊은 세대는 학창 시절 동안 두각을 드러내는 여학생과 기가 죽어 있는 남학생의 구도가 오히려 익숙하다. 이런 변화 속에서도 신체적 힘은 여전히 차이가 나서 힘을 쓰는 궂은일은 자연스럽게 남학생의 몫이 되기도 한다. 이는 남학생들로 하여금 또 다른 불평등을 체감하게 한다. 여기에는 이중적인 젠더 관념이 여전히 작동해서, 이런 불공평을 대놓고 이야기하는 것은 남자로서 미숙하거나 못난 일로 간주된다. 적어도 학업 전반에서 남성이 기득권이 아니라는 사실은 자명하다.

또 하나의 현실, 연애 시장에서 남성의 이중적 부담

10대와 20대의 또 다른 주요 화두는 이성 관계다.(이 글에서는 이성애 규범에 대해 다룰 것이므로, 이성애에 한정해서 설명하겠다.) 젠더갈등이 심화되고 취업에 대한 불안감이 만성화되면서 젊은 세대가 연애를 포기하고 있다는 설문 조사가 꾸준히 등장하고 있긴 하지만, 이는 주로 20대 후반을 지나며 현실적인 문제와 결합해 형성되는 불가피한 태도에 가깝다. 여전히 젊은 세대가 가장 많이 생산하고 소비하는 이야기의 상당수는 연애다.

「더 커뮤니티」 방송에서 젠더 담론과 관련해 '이퀄리즘' 단어의 사용만큼은 아니지만, 간혹 아쉽다고 거론되는 또 다른 내용은 익명 채팅 토론의 주제들이다. 특히 젠더의 경우 채팅의 찬반 명제로 제시된 "데이트 비용을 더 내는 남자가 섹시한 것은 자연스럽다."가 너무 얄팍하다는 지적이 있었다. 기왕 다양한 배경과 뛰어난 언변을 지닌 사람들 모아놨는데, 좀 더 깊이 있는 대화(혹은 훨씬 더 격렬한 개싸움)를 보고 싶었을 마음도 충분히 이해가 된다.

젠더와 페미니즘의 영역에서 다룰 수 있는 좀 더 논쟁적이고 전문적인 주제들도 많다. 공공 영역에서의 여성할당제나 여성가족부의 역할과 의의, 징병제에 대한 사회적 보상 문제 같은 주제는 여러 자료를 동원해 가며 팽팽한 설전을 벌일 수 있다. 미디어에서 재현되는 여성성의 문제나 가부장적인 구시대 문학과 예술의 가치를 어떻게 재평가할 것인가 같은 이야기들도 흥미로울 것 같다. 특히 출연자들 중에는 직업정치인과 작가, 변호사도 있으니, 이들의 화려한 구강 액션 퍼포먼스를 구경하기도 좋았을 것이다. 하지만 리얼리티 쇼는 「100분 토론」과 그 목적이 다르다. 시청자를 연루시키는 것이 중요하다. 대다수 시청자를 구경꾼으로 만드는 화려한 설전을 보여주고 싶지는 않았다. 사람들은 자신도 한마디 얹고 싶어서 근질거리는 주제에 반응한다.

앞서 늘어놓은 좀 더 전문적인 주제들에 대해 사람들은 과연 하고 싶은 말이 얼마나 떠오를까? 물론 이 책을 읽고 있는 독자라면 평소 이런 주제에 익숙할 가능성이 높고, 주제를 보는 순간 이미 하고 싶은 말이 넘쳐나 들썩였을 수도 있다. 그럼에도 이런 논의를 제대로 해내려면 구체적인 통계와 다양한 자료에 기반해야 한다. 그래야 더 생산적이고 의미 있는 논쟁이 가능하다. 그러나 준비 없이 당장 얘기해 보라고 하면, 평소 자기 입장이 꽤 분명한 사람도 정확한 논거를 들어 길게 이야기하는 것은 생각보다 어렵다. 하물며 책이 아니라 예능을 보는 사람들로 기준을 넓히면, 그런 비율은 훨씬 더 줄어들 수밖에 없다.

하지만 데이트 비용 이야기는 누구나 할 수 있다. 연애 경험은 훨씬 더 보편적인 주제고, 젊은 세대라면 누구나 한 번쯤 데이트 비용과 매력의 관계에 대해 생각해 본 적이 있을 것이다. 연애 경험이 없는 사람도 마찬가지다. 경험에 근거한 의견이든 주변을 관찰한 결과든, 그것도 아니면 인터넷에서 보고 들은 조악한 철학이든 거의 모든 젊은 세대가 어떤 식으로든 나름대로 의견을 가져본 주제다. 주제를 듣자마자 누구나 '그렇지!' 혹은 '아니지!'가 튀어나오기 쉽고, 화면 속 출연자의 주장을 들으면 입이 근질근질해진다. 이렇게 빈 곳이 많은 화두는 누구에게나 쉽게 자리를 내어주고, 관객을 자연스럽게 연루시킨다.

또 다른 이유도 있다. 한 사람의 입장이 가질 수 있는 입체성을 드러내고자 했던 기획이니, 찬반 의사를 물었을 때 진영에 따라 뻔하게 갈라지는 주제는 피하고 싶었다. 예를 들어 여성가족부의 의의를 묻는 질문은 공적인 사안인 만큼 출연자들은 자신이 속한 진영의 논리를 이미 구체적으로 갖추고 있을 것이다. 완성된 논리를 익숙하게 펼칠 가능성이 크고, 설령 개인적으로는 일부 다른 의견이 있더라도, 진영에서 벗어난 주장을 선뜻 드러내기 조심스럽다. 반면 데이트 비용과 매력의 문제는 사적 영역이다. 물론 사적인 영역이 가장 정치적일 수 있지만, 모든 일상을 일관된 정치적 실천으로 채울 수 있는 사람은 드물다. 나아가 맥락에 따라 정치적 신념과 모순되는 태도도 양립할 수 있다.

가까운 지인 중에 페미니스트로 잘 알려진 여성이 있다. 그는 평소 미시적으로 작동하는 젠더 권력을 예리하게 감지해 내고, 이를 다시 세심한 이야기로 풀어내 사람들로 하여금 익숙한 문제를 다시 바라보게 만드는 사람이다. 그런 그가 어느 날 자신은 그래도 연애 관계에 있어서는, 남성이 자신보다 더 권력이 있을 때 어쩔 수 없이 섹시하다고 느낀다고 말했다. 여성을 억압하는 수많은 문제와 싸워온 사람의 말이었기에 흥미로웠지만 이상하다고 느끼지는 않았다. 낭만적 감정은 정치적 가치관과 다른 맥락에서 피어날 수 있다. 한 사람이 남성의 권력에서 매력을 느끼는 것은 자유이며 취향의 영역이다. 그렇지만 그것이 곧 남성이 더 많은 권력을 갖는 사회구조를 옹호하는 것으로 이어지지는 않는다. 어떤 이들은 이러한 불일치를 대단히 민감하게 받아들이며 위선이라고 공격하기도 한다. 그러나 가치관과 감정이 형성되고 작동하는 방식은 다르다. 이 둘 사이에서 기계적으로 일관된 태도를 요구하는 것은, 가령 '일반적으로 직원을 채용할 때 외모가 평가 요소가 되어서는 안 된다.'라고 말하는 사람에게 '그렇다면 데이트 상대를 고를 때도 외모를 따지지 말라.'라고 하는 것과 같다.

여기서 나의 지인이 말한 권력은 관계의 역학일 수도 있고, 신체적 강함이나 지식의 위계를 뜻할 수도 있겠지만, 많은 경우 경제력을 의미한다. 지불은 권력이다. 한국 사회에서 업무 미팅이나 의전 목적이 아닌 사회적 관계끼리 밥을 먹을 때는, 권력을 가진 사람이 사는 일이 흔하다. 동서고금을 막론하고 남성이 데이트 비용을 지불하는 관행을 비롯한 '기사도'와 '매너'는 여성이 경제활동에서 철저히 배제되었던 역사와 그 이후에도 진입할 수 있는 직업의 격차가 컸던 사회구조에서 비롯된 문화다. 이러한 구조에서는 경제적 보상이 성적 관계를 요구하거나 전제하는 방식으로 이해되기도 한다. 페미니즘에서는 통상 이러한 관행을, 여성을 경제적으로 종속시키는 가부장제의 연장으로 간주하며 평등한 관계를 맺기 위해서는 지불의 권력도 분담하거나 거부해야 한다고 주장해 왔다. 하지만 교환 수단으로 생각하지 않는, 호의와 애정에서 우러난 지불이 호감으로 이어지는 것은 자연스러운 일이다. 호의와 거래의 경계는 자주 불분명하며 서로 뒤섞인다. 게다가 낭만적 연애 감정은 오랜 세월 전통적인 이성애 규범과 함께 형성되어 왔다. 페미니스트도 마초에게 끌릴 수 있다. 권위주의적 지배 체제에 동의하지 않는 사람도 충성스러운 종복의 희생에 감동할 수 있는 것처럼.

요컨대 "데이트 비용을 더 내는 남자가 섹시한 것은 자연스럽다."를 젠더 채팅의 주제로 삼은 것은 전문지식이 없는 사람도 쉽게 몰입할 수 있으면서, 진영에 따라 반듯하게 입장이 나뉘기보다는 여러 관점이 다양하게 교차되길 바란 선택이었다. 애초에 남자의 권력에서 섹시함을 느끼는 페미니스트에게서 아이디어를 얻었으니까. 이는 페미니스트라 할지라도 개인 차원에서는 전통적 이성애 규범에서 완전히 자유롭지 않을 수 있음을 보여준다. 우리는 언제나 다양한 규범들 사이에 끼어 있다. 그리고 이렇게 사회적 규범은 성평등을 향해 나아가는 가운데, 이성애 규범에는 전통적인 인식이 여전히 남아 있다. 많은 남성들은 이러한 상황이 자신들에게 불리하게 작동한다고 느낀다. 권력을 더 가진 남성에게 매력을 느끼는 사람이 많다는 것은, 그렇지 않은 남성에게는 매력을 느끼지 못하는 경우가 많다는 뜻이기도 하다. 페미니스트도 마초에게 끌릴 수 있다는 이야기를 반대로 뒤집으면 남성은 마초적인 매너와 성평등한 태도를 동시에 유연하게 발휘해야 매력적이라는 말이 된다.

공적인 영역에서는 젊은 세대일수록 가부장제가 약화되고 여성의 권리가 향상되었다고 느낀다. 이들은 이미 학창시절을 거치며 남성이 강자가 아니라는 감각을 체화했다. 그런데 사적인 영역에서, 특히 애정을 희구할 때는 남성이 권력을 독점하던 시대의 논리가 여전히 남아 있다. 사회적 평등을 추구하는 사람도 낭만적 관계에서는 남성의 권력이 섹시하다고 느낄 수 있으며, 학교에서 공부할 때도 아르바이트를 구할 때도 이제 남성이 유리할 게 없는데* 사랑 앞에 돈을 아끼면 쪼잔한 인간이 된다.

구애의 부담도 여전히 남자의 몫이다. 결혼정보회사 듀오의 2023년 조사에 따르면 좋아하는 이성에게 자신이 먼저 고백을 했거나 할 예정이라고 답한 이는 남성이 80퍼센트, 여성은 53퍼센트다.[5] 젊은 층은 데이팅 앱을 적극적으로 활용하기도 하는데, 2023년 기준 국내 데이팅 앱 상위 열 개의 가입자 남녀 성비는 8 대 2다.[6] 이 극단적 성비는 자연히 남성들이 경쟁적으로 접근하고 구애하며, 여성들은 선택하는 구조로 이어진다. 데이팅 앱은 상대에게 말을 걸거나 대화를 시작하려 할 때 요금을 부과해 매출을 올린다. 심지어 일부 앱은 남성에게만 요금을 부과하고 여성은 무료로 이용할 수 있도록 설계되어 있기도 하다. 2024년 국내 데이팅 앱의 연간 결제액은 1614억 원을 넘어섰는데,[7] 어느 성별이 주로 지불했는지는 자명해 보인다. 구애 행위가 남성에게 편중된 상황은 여성에게도 수동성을 강요하는 가부장제의 유산이다. 하지만 남성의 입장에서는 끊임없는 시도와 반복되는 거절의 경험이 주는 심리적·실질적 부담을 일방적으로 짊어지는 동시에, 선택하고 거절할 수 있는 여성들이 연애

---

* 10대와 20대에게 가장 접근성과 선호도가 높은 아르바이트는 대부분 서비스와 교육 분야이며 꾸준하게 여성 선호 현상이 유지되는 업종이다. 이는 고용노동부의 시정 대상이기도 하다.

시장에서 더 권력을 가졌다고 생각하게 만든다. 더 많은 선택권은 더 많은 권력을 의미하니까.

감정적·언어적 소통에 인색한 남성 집단의 문화 역시 연애 시장에서 남성이 스스로 불리하다고 느끼는 데 일조한다. 앞서 소통과 관련해 남성 집단이 겪는 압박을 언급했는데, 이러한 경향은 놀이 문화에서도 유사하게 나타난다. 남아와 여아의 집단적 젠더 규범을 분석한 대표적 연구인 배리 손의 『젠더 플레이 Gender Play: Girls and Boys in School』 이후, 남성은 신체적이고 경쟁적인 놀이를, 여성은 협동적이고 대화 중심인 놀이에 참여하는 경향이 있다는 관찰은 꾸준히 보고되었다.[8] 연애 관계는 감정적 소통과 높은 관계적 기술을 요구하는, 여성 집단의 지배 규범에 다분히 가까운 문화다. 그래서인지 연인 사이에 갈등이 생긴 경우, 남성이 여성적 소통 규범을 제대로 따르지 못했기 때문이라는 설명이 자주 등장한다. 남성들은 연애에 있어서 지불과 구애에 대한 일방적인 부담을 짊어질 뿐만 아니라 관계의 방식에 있어서도 교정을 요구받는다고 느낀다.

젊은 남성들의 분노가 가리키는 현실들

오늘날 젊은 남성들에게 가부장제는 끝난 지 오래된 이야기다. 학업과 연애에 있어 남성들은 스스로 약자라고 느낀다. 그런데 이성애 규범에는 이미 사라져 버린 남성 권력의 문화가 흔적기관처럼 남아 있다. 실질적인 권력이 없음에도, 관계에서 일방적인 부담쯤은 기꺼이 감당해야 이성으로서 매력을 인정받는다. 20대까지는 여자가 아르바이트를 구하기도 더 쉽고, 군 복무의 공백이 없으니 학업에도 유리하고 취직도 빨리한다. 그런데도 데이트 비용은 남성이 내는 것이 여전히 '기본'처럼 느껴진다. 데이트 비용을 내는 여성은 더 매력적인 사람으로 평가받는 반면, 데이트 비용을 내지 않는 남성은 점수가 깎인다. 이런 현실에서 여전히 여성이 약자라고 말하는 페미니즘은 도저히 이해할 수 없는 말로 들린다. 심지어 이중적인 젠더 관념 사이를 선택적으로 오가는 이기적인 목소리로 느껴지기까지 한다.

실제로는 어떨까? 한국은 27년 연속 OECD 회원국 중 성별 임금 격차가 가장 큰 나라다. 여기에는 여러 원인이 복합적으로 작용하지만, 그중에서도 가장 결정적인 원인은 여전히 '경력단절'이다. 한국 여성의 고용률은 35세를 기점으로 급격히 하락한다. 출산은 불가피하다고 해도 육아가 여전히 여성의 몫으로 편중되는 구조에서는 복직 자체가 어렵고, 복직이 가능하더라도 주요 업무와 승진에서 배제되기 쉽다. 이러한 현상이 반복되면 직장에서 여성 직원에게 갖는 기대와 기대수익은 자연히 낮아지고, 부모 중 한 사람이 육아를 전담해야 할 때 여성이 맡는 것이 현실적인 선택지로 굳어진다. 원인과 결과가 서로를 되먹이며 고착화된다. 이 구조는 취업시장에까지 확장되어 고용주가 남성을 선호하는 경향으로 이어지고, 동시에 여성 스스로 직업적 성취에 대한 기대치를 낮추게 한다. 한국 사회의 유구한 성별 임금 격차는 인과관계와 상관관계가 구분할 수 없을 만큼 뒤

엉켜 굳어진 구조다.

「더 커뮤니티」의 출연진만 살펴보아도 양상은 비슷하다. 최초 열두 명의 출연자들 가운데 여섯 명의 남성 중 자녀가 있는 기혼자는 네 사람이나 되지만, 여섯 명의 여성 중에 기혼자는 한 사람도 없다. 남성 출연진과 여성 출연진의 평균연령도 5년 이상 차이가 난다. 프로그램에서 직접 다루어지진 않았지만, 사회적·정치적 입장에 있어 결혼과 자녀 유무, 나이를 포함한 생애사적 경험은 대단히 중요한 요소다. 그래서 섭외 당시 균형을 맞추기 위해 의도적으로 노력했음에도 불구하고 여성 기혼자를 섭외하지 못했다. 심지어 자녀가 있는 여성을 섭외하기 위해 더 적극적으로 찾고 제안했음에도 그렇다. 애초에 여성은 결혼을 하거나 나이가 들수록 미디어에 노출되는 비율이 급격히 줄어 섭외 후보가 될 수 있는 숫자부터 훨씬 적다. 어렵사리 적절한 후보를 찾아냈는데 정말로 열흘씩이나 자녀를 맡아줄 곳을 찾지 못해 출연이 성사되지 못하기도 했다. 이는 아주 단적인 예시이지만, 수많은 직업 현장에서 반복적으로 일어나고 있는 일이기도 하다.

하지만 이 모든 것은 대부분 취업 이후, 그리고 결혼과 출산 문제를 마주할 때 본격적으로 드러난다. 남성의 경우, 아무리 빨라도 보통 20대 후반의 일이며 요즘처럼 인생의 과업이 늦춰지는 시기에는 30대 중반이 지나시야 실제로 마주하는 경우가 많다. 그전까지 남성들이 주로 경험하는 학업과 연애에 있어서, 남성은 기득권을 경험할 일이 거의 없다. 무엇보다 이 시기에는 병역이 존재한다. 절대다수의 남성이 수행하는 의무라서 그 무게감이 공기처럼 희석되는 경향이 있지만, 징병제는 본질적으로 수많은 기본권을 박탈하는 제도이며 많은 남성에게 좌절을 안겨준다. 실제로 2022년 여름부터 2023년 여름까지 1년 동안 군 복무 중 사망한 군인의 수는 147명에 이르며, 이 중 절반 가까이가 자살로 생을 마감했다. 이는 징병제가 부과하는 고통의 실체를 여실히 보여준다.[9]

나 역시 "멘탈이 강한 것 같다"라는 평가를 자주 듣고 스스로도 그런 편이라고 생각하지만, 군 복무 초기에는 불안 증세로 군병원에서 향정신성의약품을 처방받았을 만큼 심리적으로 고통스러운 시기를 보냈다. 입대 후 백일 휴가를 나올 때쯤에는 몸무게가 30킬로그램 넘게 빠졌다. 정상체중이던 사람이 3개월 사이에 30킬로그램이 빠졌다는 것은, 원인이 무엇이든 의학적으로 긴급한 조치가 필요한 비상상황이다. 휴가를 나와 만난 지인들마다 100일 사이 텅 비어버린 내 눈빛을 보며 당황스러워했던 기억이 난다. 살아오면서 오직 군대에 있었을 때만 벌어진 일이다. 군대 안에서는 많은 것들의 기준이 달라진다.

여성이 겪는 차별은 많은 경우 문화적이고 비공식적인 방식으로 이루어진다. 현재 여성에 대한 차별이 명시적으로 담긴 제도는 자녀가 부계 성을 따라야 한다는 민법 조항 정도이며, 이 역시 부모의 합의하에 모계 성을 따를 수 있는 선택지가 존재한다. 반면 징병제는 모든 남성에게 제도적으로 강행되는 획일적인 기본권 박탈이다. 어떤 차별이 더 심하다고 비교하려는 것이 아니라, 작동하는 방식이 전혀 다르다는 이야기다. 비공식적인 차별은 개인의 경험에 따라 상이하게 인식되고 서로 충돌하기도 한다. 하지만 제도적 차별은 사회 전체에 선명하게 가시화되는 동시에, '필요악'이라는 명목으로 정당화된다. 이러한 사회에서는 징병제의 고통을 국가가 보상하지 않을 경우 그 자체로 대다수 남성에 대한 차별이 되고, 반대로 적극적으로 보상할 경우 그 목적과 무관하게 병역의 의무 바깥에 존재하는 이들에 대한 차별적 요소가 부상할 수 있다. 군대는 모든 젠더 담론을 빨아들이는 블랙홀이 되었다.

적지 않은 학자들이 페미니즘에 적대적인 젊은 남성들을 '기득권을 빼앗긴 남성의 분노'로 해석한다. 과거와 달리 여성들과 경쟁해야 하는 현실에 불만을 품고, 산업화 세대가 누렸던 가부장적 권위를 회복하고 싶어 한다는 것이다. 하지만 이는 산업화 세대의 프레임이다. '이퀄리즘'을 외치는 젊은 남성들은 스스로 기득권이었다고 느낀 적이 없다. 자신을 산업화 세대의 가부장적 남성과 동일시하지도 않는다. 10대와 20대 내내 경험한 세상은 아무리 봐도 남성이 유리할 게 없는데, 페미니즘은 계속해서 여성이 차별받는다고 하니 속이 뒤집어질 따름이다. 앞 세대가 앞 세대를 차별한 일을 왜 지금의 자신들에게 책임을 묻는지 이해할 수가 없다. 게다가 이들이 보기에 페미니즘은 군 복무에 주어지던 최소한의 제도적 혜택까지 걸고넘어진다. 자신들만 강제로 젊음을 박탈당한 것도 억울한데, 그 억울함을 말하면 반박을 넘어 조롱까지 당한다. 이들에게 페미니즘은 평등을 지향하는 것으로 보이지 않는다. 그 결과 페미니즘을 더 거세게 외칠수록 이들은 점점 더 분노한다. 이 시기에 내면화된 분노는, 30대 중반 이후 임금 격차와 남성 중심의 조직 문화를 경험해도 그것을 과거의 불이익에 대한 정당한 보상으로 받아들이게 만든다. '여성들이 이기적이기 때문에 대가를 치르는 것이다.'는 인식이 생기고, '남성들이 승진에 유리한 것은 당연하다.'는 믿음이 공고해진다. 생애 초기에 경험한 남성이 불리하다는 감각은, 이후 기나긴 생애주기 동안 남성끼리 연대할 명분을 제공한다.

젊은 남성들의 이러한 경험은 분명 개인마다 다르고, 지엽적인 측면도 있을 것이다. 하지만 사람은 누구나 자신이 경험한 세계를 기반으로 정치적 태도를 형성한다. 이들의 경험 바깥에 또 다른 현실이 존재한다고 해서, 그들의 경험 자체를 틀렸다고 부정할 수는 없다. '내 말에 동의하지 않는 너는 성차별주의자'라는 화법은 대화의 가능성을 닫고, 갈등을 더 심화시킬 뿐이다.

소수의 극단적인 성차별주의자들이 문제라면 완전히 무시하는 것이 답일 수 있다. 하지만 페미니즘을 사이에 둔 젊은 세대의 광범위한 인식 차이는 여러 자료에서 지속적으로 드러난다. '사상검증 테스트'를 직접 해본 사람들 중 페미니즘으로 분류된 이들은 종종 이러한 반응을 남겼다. "어떻게 페미가 안 나올 수 있어?" 실제로 해당 테스트가 규정하는 페미니즘은 대부분 가장 기초적인 전제를 다루는 질문들로 이루어져 있어, 평소 페미니즘에 부정적인 입장이던 사람들도 페미니즘으로 분류되는 경우가 적지 않아 의외라는 반응이 자주 보였다. 그만큼 어떤 이들에게는 아마 이 테스트에서 페미니즘이 나오지 않는 결과를 상상하기 어려울 것이다.

테스트 결과인 120만여 건의 데이터는 대부분 정규분포곡선과 유사한 모양이라고 언급한 바 있다. 그러나 유일하게 이 분포에서 벗어나는 영역이 '젠더'다. 젠더 차원의 응답은 '이퀄'과 '페미'가 정확하게 절반씩 나눠지며, 정규분포곡선보다 양쪽 꼬리가 훨씬 더 두꺼운 모양으로 나타난다. 극단적인 응답이 더 많았다는 뜻이다. 다른 차원에서는 양쪽 모두 최극단값이 1퍼센트를 넘지 않지만, 젠더에서는 양쪽 모두 1퍼센트 이상이다. 정확하게는 '이퀄리즘' 쪽에서 그런 경향이 훨씬 뚜렷하게 드러나, 최극단값이 5퍼센트가 넘는다. 물론 온라인에 재미 삼아 결과를 공유할 목적으로 일부러 극단적인 답변을 한 사람들도 일부 있겠지만, 그런 사람들이 6만 명에 이를 것 같지는 않다. 더욱이 테스트에는 네 개의 차원을 측정하는 질문들이 무작위로 배치되어 있다. 그런데도 다른 차원의 질문에는 평범한 응답을 보인 이들이, 유독 페미니즘과 관련된 질문에만 극단적으로 반응했다는 점은 분명 의미심장하다. 페미니즘에 대한 '이퀄리즘'의 적의가 생생하게 느껴진다.

'모든 남성은 잠재적 가해자'라는 문장 뒤에는

하지만 '이퀄리즘'의 경험 안에서는 절대로 포착되지 않는 동시에 페미니즘에서 가장 중요한 경험의 영역이 있다. 바로 안전의 감각이다. 설령 모든 사회구조적 성차별이 극복된다 하더라도, 신체만큼은 다를 수밖에 없는 생물학적 차이에서 비롯되는 아득한 한계다. 다시 이 글의 시작이었던 나의 고시원 이야기로 돌아가 보자. 아마 이 글을 읽고 있는 이가 남성이라면 내가 묘사한 대로 귀엽고 유쾌한 시트콤 에피소드처럼 받아들였을 것이다. 하지만 여성 독자들은 "그 뒤로도 창문을 계속 열어놓고 생활했다."라는 구절을 그냥 지나치기 어려웠을 것이다. 이 경험의 성별을 뒤바꿔 보자. 방음도 안 되는 벽 하나를 사이에 두고, 사람이 못 들어오는 줄 알았던 창문으로 술 취한 남자가 불쑥 침입할 수도 있다는 사실을 깨닫고도 그 방에서 더 살고자 하는 여성은 없을 것이다. 선택권이 있다면 바로 짐을 싸서 나갔을 것이고, 그럴 수 없다면 여름 내내 창문을 꼭 걸어 잠근 채 불안 속에서 지내는 수밖에 없다. 여성은 거주지를 선택할 때도 안전을 크게 고려해야 하며, 고려할 것이 많을수록 비용이 올라가는 것은 물론이다.

  많은 여성이 일상적으로 느끼는 안전에 대한 위협은 남성은 상상하기 어려운 영역이다. 나는 종종 여자로 오해받는 외모의 남성이다. 긴 머리 때문이기도 하지만 180센티미터가 넘는 키에도 불구하고 비교적 선이 얇아 종종 사람들을 혼란스럽게 한다. 힘이 아주 약한 편은 아니지만 팔은 유독 무력하다. 학창 시절 반 대항 씨름대회에도 대표로 나갈 만큼 힘이 좋았지만, 팔씨름은 항상 졌다. 나보다 체구가 훨씬 작은 친구도 팔씨름으로는 못 이겼다. 철봉에 턱걸이도, 팔굽혀펴기도 잘하지 못한다.

팔 힘만큼은 분명 남성 집단에서 최하위권일 것이다. 반면 아내는 운동을 좋아한다. 헬스장에서 꾸준히 PT도 받고 무게도 열심히 늘려가며 조금씩 갈라지는 등 근육을 나에게 자랑하는 것이 그의 큰 즐거움이다. 하지만 아내와 내가 팔씨름을 하면 허무할 정도로 내가 쉽게 이긴다. 아내가 안간힘을 써도 전혀 위협이 되지 않아 안쓰러울 정도다. 그만큼 남자와 여자의 신체는 다르다. 물론 전문적으로 운동하는 여자들 중에서는 나보다 힘이 센 사람도 있겠지만, 그건 어디까지나 내가 최하위권 팔 힘을 가진 남자이기 때문이다. 압도적인 신체의 차이가 일상인 세상에서, 그리고 수많은 범죄에 많은 여성이 노출된 사회에서, 남성은 여성이 느끼는 위협감을 체감하기 어렵다.

프로그램에 등장한 "모든 남성은 잠재적 가해자다."라는 문장은 이러한 맥락에서 이해해야 한다. '잠재적 가해자'라는 표현을 남성에게 본질적으로 가해 성향이 내재되어 있다는 뜻으로 해석하면 당연히 동의할 수 없다. 좀 더 극단적으로 풀어보자면 '남자란 놈들은 한 놈도 빠짐없이 범죄자 기질을 갖고 태어나기 때문에 겉으로는 착한 척해도 언제 돌변할지 모른다.'라고 해석하면 안 된다는 뜻이다. 실제로 그렇게 생각하는 사람도 일부 있는 것 같지만, 적어도 이 문장의 본래 의미는 '여성의 입장에서'라는 전제를 붙여야 완성된다. 즉 이 문장은 '남성성'에 대한 이야기가 아니라 '여성이 느끼는 감각'을 표현하는 것이다.

도로 위에서 거대한 대형화물차 옆을 피하는 것은 상식이다. 여러 안전운전 지침에도 대형화물차와는 멀리 떨어져 운전하거나, 빠르게 추월하라고 권고한다. 이는 모든 대형화물차를 '잠재적 가해자'로 가정하는 것에 가깝지만, 그 말이 곧 대형화물차의 모든 운전자가 운전이 미숙하거나 악의적으로 난폭운전을 한다고 가정하는 것은 아니다. 물론 대형화물차뿐 아니라 모든 운전자 가운데는 운전이 미숙하거나, 과로 때문에 졸거나, 악의적으로 난폭운전을 하는 사람이 일정 비율 존재한다. 그런데 만약 그 차가 하필 대형화물차라면, 그 옆에 있는 나는 대처할 도리 없이 죽는다. 차체의 압도적인 물리적 차이 때문이다. 심지어 대형화물차는 운전자의 문제가 아니더라도 차체의 크기가 커서 시야에 사각지대가 생기거나 커브의 각도를 미세하게 조정하지 못해 큰 사고를 일으키기도 한다. 그래서 설령 착실하게 안전운전 중인 화물차라 해도 일단 멀리 떨어지는 것이 방어운전의 원칙이다. 당장 내 입장에서는 실제 운전자의 상태나 의도를 알 도리가 없으니까. 대형화물차 운전자들 역시 이 사실을 인식하고 있으며, 훨씬 더 엄격한 안전운전 수칙들을 준수하도록 교육받는다. 잠재적 '가해의 가능성'은 누군가에게 내재된 악의를 뜻하는 것이 아니다.

대부분의 여성도 모든 남성이 가해자가 아니라는 사실을 잘 알고 있다. 문제는 크고 작은 성범죄가 일상적으로 범람하는 가운데, 어떤 남자가 가해자가 될 수 있고 어떤 남자는 그렇지 않은지 구분하는 것이 사실상 불가능하다는 점이다. 마치 대형화물차 옆을 달리는 소형차처럼, 운 나쁘게 위험한 남성을 만나면 여성은 신체적 차이 때문에 대처할 방법이 거의 없다. 무엇보다 범죄를 저지르는 이들도 이러한 차이를 잘 알고 있다는 것이 더 큰 문제다.

「더 커뮤니티」의 퀴즈에서 인용한 2022년 경찰청 통계에 따르면 전체 강력범죄 피해 건수 2만 4954건 중 여성이 피해자인 비율은 86퍼센트다.[10] 다만 몇몇 시청자들이 지적했듯 강간부터 강제추행에 이르는 성범죄의 경우 여성 피해자 비율이 91퍼센트로 압도적인 반면, 강도(여성 피해자 42퍼센트)·살인 및 살인미수(41퍼센트)·방화(34퍼센트) 등 나머지 강력범죄의 피해자 비율은 남성이 좀 더 높다.(이 내용도 방송에 함께 제시되었다.) 이 통계를 문제 삼는 일부 시청자들은 다른 범죄 피해자는 남성 비율이 더 높은데 "성추행 같은 경미한 범죄"까지 강력범죄에 포함시켜 (이것이 경찰청의 공식적인 분류임에도) 의도적으로 여성 피해 비율을 과장했다고 주장한다. 일단 성범죄가 다른 범죄에 비해 경미하다는 인식 자체가 피해 당사자가 될 가능성이 훨씬 낮은 남성의 입장에서 비롯된 것이 아닌지 묻지 않을 수 없지만, 그렇다면 비율이 아닌 건수 자체를 살펴보자. 미수를 포함한 살인 관련 범죄는 연간 702건이며, 성범죄는 2만 2503건에 달한다. 702건의 41퍼센트와 2만 2503건의 91퍼센트는 비율을 비교하는 의미가 없을 정도로 규모 자체가 다르다. 강제추행이 강력범죄에 포함되는 것이 과하다고 느껴진다면, 강간 범죄만 따져보자. 해당 연도 기준으로 연간 6414건의 범죄 중 6266건이 여성 피해자다. 이 수치 앞에서, 다른 강력범죄에서는 남성 피해자가 100명 정도 많다고 강조하기보다 압도적으로 여성에게 집중되는 성범죄의 심각성을 인식하는 것이 훨씬 더 자연스러운 반응이 아닐까.

나아가 가해자의 성별을 보자. 같은 발표 자료에 따르면, 강력범죄 가해자의 95.6퍼센트는 남성이다. 남성은 강력범죄의 가해자일 수도 있고 피해자일 수도 있지만, 여성은 거의 언제나 피해자라는 뜻이다. 이 수치는 여성의 입장에서, 심리적으로 어떤 남자가 가해자이고 어떤 남자가 아닌지를 사전에 구분하는 것이 사실상 불가능하다는 의미이기도 하다. 심지어 2022년 통계에 따르면 여성이 피해자인 폭력범죄 가해자의 53퍼센트는 과거나 현재의 배우자 또는 애인이었다.[11] 즉 가해자라고 생각하기는커녕 누구보다 가깝고 신뢰했던 사람에게서 폭력을 당한 경우가 절반을 넘는 것이다. 여성들은 가족과 이성애 관계 안에서도 안전함을 느끼기 어려운 경우가 많다.

물론 이 통계를 오해하면 안 된다. 강력범죄 가해자 중 95.6퍼센트가 남성이라는 것이지, 남성의 95.6퍼센트가 가해자라는 뜻은 아니다. 앞의 자료를 기준으로 약 2만 5000건의 강력범죄 가해자는 전체 남성 약 2600만의 0.1퍼센트도 되지 않는다. 강력범죄뿐 아니라 모든 폭력범죄를 포함해도 남성 전체의 1퍼센트에 못 미친다.[12] 대다수의 남성은 범죄와 무관하게 성실한 삶을 살고 있다. 숫자만 놓고 본다면, 일상에서 만나는 모든 남성을 잠재적 가해자로 여기는 것은 과장된 두려움일 것이다. 그리고 여성들 역시, 매순간 그런 두려움을 느낀다면 일상을 제대로 살아갈 수 없다.

하지만 보호받을 수 없다고 느껴지는 순간들, 예컨대 늦은 시간 인적 드문 골목을 지날 때, 새벽에 혼자 엘리베이터를 타는데 누군가 따라 탈 때, 허름한 공용화장실을 이용할 때, 집에 혼자 있는데 누군가 찾아왔을 때, 여성은 마치 도로 위에서 대형화물차 옆을 달리는 것처럼 긴장할 수밖에 없다. 전체 교통사고에서 화물차가 관련된 사고율은 12.5퍼센트다.[13] 이 통계 역시 주의해서 해석해야 한다. 화물차 사고가 전체 교통사고의 12.5퍼센트를 차지한다는 것이지, 도로를 달리는 화물차의 12.5퍼센트가 사고를 낸다는 뜻은 아니다. 95.6퍼센트라는 강력범죄 가해자의 남성 비율과 비교하면 12.5퍼센트는 훨씬 낮은 수치다. 그럼에도 불구하고 사람들이 화물차 옆을 지날 때 더 조심하는 것을 누구도 이상하게 여기지 않는다. 남성이 문제라는 뜻이 아니다. 여성이 느끼는 불안감이 이상하지는 않다는 뜻이다.

　게다가 오늘날 여성을 상대로 이루어지는 범죄는 물리적인 영역을 넘어, 훨씬 더 광범위하고 일상적인 차원으로 확장되고 있다. 온라인에 범람하는 수많은 불법촬영물과 합성음란물 또한 절대다수가 여성을 대상으로 한다. 어젯밤 누군가가 그런 영상을 보고 오늘은 아무렇지 않게 자신을 웃는 얼굴로 마주하고 있을지도 모른다는 공포는 더욱 일상적이다. 이것 또한 여성의 입장에서는 구분할 수 있는 방법이 없다. 이런 삶 속에서 안전하다는 감각은 언제나 간절하고 귀하다. 오늘날 페미니즘을 외치는 여성들이 가장 바라는 것은 안전의 감각을 보장하는 사회다.

간혹 다양한 형태의 성범죄를 '비뚤어진 성욕' 탓으로 여기는 사람들을 본다. 범죄를 정당화하려는 의도가 아니더라도, 이는 중요한 진실을 은폐한다. 욕구에서 출발할 수는 있지만, 모든 욕구가 반드시 행동으로 이어지는 것은 아니다. 식욕은 성욕보다 훨씬 더 생명과 직결된 기본욕구지만, 배가 너무 고파 버티지 못한 사람이 음식을 몰래 훔치는 경우는 많아도, 식당에 쳐들어가 식사 중이던 다른 사람의 음식을 빼앗는 경우는 거의 없다. 그런 상황에 처한 사람은 보통 식당에서 밥을 먹는 사람보다 약자이기 때문이다. 가장 긴급하고 필수적인 욕구인 수면욕도 마찬가지다. 고속도로를 달리다가 졸음이 쏟아진다고 해서 달리는 그대로 의자를 젖히고 잠을 청하는 사람은 없다. 당연히 그러면 죽기 때문이다. 졸음쉼터든 갓길이든 이를 악물고 안전한 곳을 찾을 때까지 버티려 애쓴다. 범죄는 대부분 단순한 욕구 때문이 아니라 '그래도 된다고 생각해서', '가능해 보이기 때문에' 일어난다. 법적 책임은 둘째 치고, 당장 자신의 행동에 대해 대가를 치르지 않을 거라고 생각하기 때문에 저지를 수 있다. 결국 범죄는 상대를 자신과 똑같은 힘과 의지를 가진 인간이라고 생각하지 않을 때 자행된다. 성범죄는 상대를 비인간화한 결과다.

　페미니즘이 요구하는 안전에 대한 감각은 사회가 일관되게 여성을 동등한 인간으로 대할 때 가능해진다. 여성학자 권김현영은 "남자들 모두를 잠재적 가해자로 간주하는 것은 가능하지도 필요하지도 않다. 그렇게 하면 직접 행동을 한 가해자, 그들의 행동을 응원하고 격려했던 또 다른 가해자, 한때의 호기심이라며 선처해 준 가해 공모자 등 가해자 블록을 남성 일반 뒤에 숨겨줄 뿐이다."[14]라고 언급하며, '진짜 가해자들'에 대한 단호한 대처를 촉구한다. 이 분리를 제일 먼저 실현할 수 있는 사람은, 같은 남자들일 것이다.

    다시 한번, 사람은 누구나 자신이 경험하는 세계를 기반으로 정치적 태도를 형성한다. '이퀄리즘'이 경험하는 세계와 페미니즘이 경험하는 세계는 이토록 서로 다르다. 도저히 받아들일 수 없는 주장을 마주했을 때도 그 주장 너머에 이런 세계가 있다는 사실을 기억한다면, 무엇을 무시하고 무엇을 관철시킬 수 있을지 조금은 더 명확하게 그려지지 않을까? 이 글에는 그런 희망을 담았다.

3부

정답 없이 공존하기

1장 개방성, 너의 문제가 우리의 문제가 될 때

    세계적으로 흥행한 픽사의 영화 「코코」는 한국에서도 300만 명이 넘는 관객을 불러 모으며 큰 인기를 끌었다. 워낙 픽사의 영화들을 좋아하는 나 역시 이 영화의 엔딩을 보며 속절없이 울었던 사람 중 한 명이다. 영화를 보지 않은 이들을 위해 간단히 소개하자면, 「코코」는 멕시코의 명절인 '망자의 날'*을 배경으로 펼쳐지는 판타지 가족 드라마다. 주인공인 열두 살 소년

> * 조상과 죽은 가족을 기리는 가장 큰 명절 중 하나로, 추모와 축제가 결합된 독특한 날이다. 해골 모양의 분장을 하고 퍼레이드에 참여하며 죽은 이들을 기억하고 애도한다.

'미겔'은 음악을 너무나 사랑하지만, 음악을 하겠다며 집안을 팽개치고 나간 고조할아버지 때문에 집안에서는 악기 그림자도 보이면 안 될 분위기다. 그렇게 집안 어른들 몰래 음악을 하던 미겔이 망자의 날에 우연히 저승을 방문하게 되고, 거기서 가족의 비밀과 소중함을 깨닫고 이승으로 돌아오는 과정이 「코코」의 줄거리다. 영화의 제목이기도 한 증조할머니 '코코'에게 미겔이 노래를 불러주는 마지막 장면은 거의 모든 관객에게 폭포 같은 눈물을 흘린 기억으로 남아 있을 것이다.

픽사를 인수한 디즈니는 마법 같은 환상을 선물해 온 가족적 기업이라는 이미지와 함께, 오랜 세월 백인 중심적이고 보수적인 미국식 가족주의와 고정된 성역할을 세계에 퍼뜨린 장본인이라는 오명도 짊어져 왔다. 이후 이런 이미지를 지워내기 위해 타 문화권의 이야기를 다루기 시작했지만, 이번에는 해당 문화에 대한 존중이 부족하다는 지적을 받기도 했다. 절치부심 끝에 다양한 문화를 보다 정교하게 담아내려는 노력이 이어졌고 마침내 과거의 이미지를 씻어내는 데 성공하나 했더니, 이제는 상품성은 고려하지 않고 다양성만 고집한다는 비난을 받고 있다.* 「코코」는 작품의 배경이 된 멕시코에서 "우리 문화를 꼼꼼하게 잘 살렸다."라는 유쾌한 공감도 얻고 역대 최고 흥행 기록

* 물론 디즈니의 이러한 행보는 당연히 글로벌 시장의 소비자를 노린 결과이기도 하다. 디즈니 구성원들의 자성을 감안하더라도 이러한 글로벌기업이 내리는 결정은 기본적으로 돈이 가장 큰 목적이다. 미국 시장의 군림을 끝낸 디즈니는 더 많은 문화권으로 시장을 확장할 필요가 있었다.

도 세웠다. (멕시코 사람들이 가장 크게 공감하며 웃은 장면은 미겔의 할머니가 화났을 때 슬리퍼를 벗어 던지는 장면이라고 한다.) 디즈니가 가장 욕을 안 먹던 시기의 아름다운 작품이다.

「코코」가 남긴 미묘한 불편함

영화가 끝나고 엉엉 울고 나오면서도 내게는 「코코」가 성실하게 재현한 멕시코의 모습이 어딘지 모르게 걸리적거렸다. 일단 확실히 해두자면 나도 이 영화 굉장히 좋아한다. 더구나 멕시코 사람들도 좋아했다는데, 내 기분이 뭐가 중요하겠는가. 다만 이렇게도 한번 생각해 보자.

픽사에서 이번엔 한국을 배경으로 애니메이션을 만들었다고 치자. 많은 한국 관객이 정말 우리나라를 기가 막히게 재현했다며 즐겁게 보긴 했는데, 내용이 이런 식인 거다. 주인공 '민지'는 케이팝 댄서를 꿈꾼다. 음악만 들으면 몸이 저절로 움직일 만큼 끼가 넘친다.(여기서 뮤지컬 장면 뽑아주고!) 그런데 집안 어른 중 하나가 예전에 가수가 되겠다고 난리 치다 집안의 기둥뿌리를 뽑아먹은 적이 있어서 가족들은 앞다투어 민지의 꿈을 뜯어말린다. 그런 분위기 속에서 민지는 그저 수학 공부 열심히 하고 대학 잘 가서 집안 어른들의 소원인 판검사나 의사가 되어야 할 판이다. (수학은 미국 사회가 드물게 인정하는 아시아인의 장점이다.) 그러던 어느 추석, 남자들은 전부 제사를 지내고 여자 어른들과 부엌에서 쉼 없이 전을 부치던 민지는 지친 몸으로 방에 몰래 숨어

잠이 들었다가 꿈속에서 조상들을 만난다. 거기서 가족의 비밀을 깨닫고 반성한 뒤, 공부와 춤을 모두 포기하지 않은 끝에 춤추는 판사로 유명세를 얻어 인플루언서로 대성공한다. 덕분에 가족들도 모두 행복해지고, 엔딩 장면에서는 이제 남자들도 부엌에서 다 같이 전을 부친다. 뭐…… 딱히 엄청 잘못된 내용은 없는 것 같은데, 미국의 대형 애니메이션 스튜디오가 이런 영화를 만들었다고 하면 나는 기분이 너무 이상할 것 같다.*

이 이상한 기분을 되짚어 보니, 과거 해외 촬영에 동행했던 현지 코디네이터들이 떠올랐다. 해외로 촬영을 나갈 때, 사전에 아무리 자료 조사를 꼼꼼히 해도 들쭉날쭉한 현지 사정을 모두 파악하기는 어렵다. 그래서 현지 사정에 밝은 코디네이터를 고용한다. 여행에 가이드가 있다면 촬영에는 코디가 있는 셈이다. 우리가 한국에서 왔으니 코디네이터들 역시 현지에 거주하는 한국계인 경우가 많았다. 시드니에 촬영을 갔을 때는 미디어를 전공하는 한인 2세 대학생이 코디로 붙었다. 한국인 같은 외모로 한국어를 능숙하게 구사했지만, 보고 있으면 호주 사람이라는 사실을 계속 떠올리게 만드는 분위기의 사람이었다.

그가 외국인이라는 사실을 가장 강하게 느낀 순간은 회식 자리에서였다. 흥미롭게도 한국식 술자리 예절에 서툴러서가 아니라, 지나치다 싶을 만큼 능숙했기 때문이다. 부장님 앞에서

---

* 「코코」를 처음 봤을 때 딱 이런 생각을 했는데, 4년 뒤 픽사에서 정말로 유사한 작품 「메이의 새빨간 비밀」이 나왔다. 캐나다 이민 사회를 배경으로 한 영화로, 한·중·일 삼국의 문화가 뒤섞여 있다.

몸을 있는 힘껏 돌리며 술을 마신다든지, 잔이 비었다 싶으면 정중히 포갠 두 손으로 절도 있게 술병을 들어 상표를 슬며시 가리고 술을 따르는 모습은 요즘 한국에서도 보기 드문 수준의 주도(酒道)였다. 게다가 피디들 사이에서는 유독 허물없는 태도를 미덕으로 여기는 경향이 있는 터라 과장됐다고까지 할 만한 호주 청년의 몸가짐은 더욱 눈에 띌 수밖에 없었다.

한국식 술자리 예절을 눈에 띄게 지키는 모습이 어째서 그가 외국인이라는 실감으로 이어졌느냐면, 바로 그 모습이 '타 문화에 대한 존중'을 철저히 두른 서양인의 전형처럼 보였기 때문이다. 사실 지나치다 싶을 정도로 깍듯한 술자리 예절은 이제 한국의 젊은 세대에게는 구습으로 여겨진다. 구습이 부담스러운 이유는 자신이 그 문화 안에 속해 있기 때문이다. 이 관행이 사라지지 않으면 계속해서 그 영향 아래 머물러야 하므로 더욱 거세게 거부하게 된다. 하지만 외국인에게는, 호주인 코디네이터에게는 이것은 단지 비즈니스일 뿐이고, 우리는 어차피 촬영이 끝나면 떠날 사람들이다. 하루 저녁 술자리에서 그들의 전통을 존중하는 몸가짐은 글로벌 시대의 매너일 뿐, 굳이 감정을 소모할 필요가 없다. 날이 밝으면 그는 다시 자유분방한 남반구의 문화로 돌아갈 테니까.

「코코」가 성실하게 재현한 멕시코의 풍경에서 내가 걸리적거림을 느꼈던 것도 같은 맥락이었을 것이다. 개인의 재능과 적성을 억누르는 강력한 집단적 가족주의, 어른이 아이에게 행사하는 미시적이고 일상적인 폭력. 미국을 배경으로 한 이야기였다면 절대 귀엽게 그려지지 않았을 장면들이 「코코」에는 그득했고, 영화는 이에 대해 별다른 가치판단을 하지 않는다. 멕시코 관객들이 칭찬할 만큼 현실을 충실하게 고증했으니, 굳이 거기에 미국적 판단을 덧붙일 필요가 없는 것이다. 그리고 영화는 엔딩에 이르러 이 가족주의의 부작용을 적절하게 가지치기한 다음, 주인공 미겔을 그 안으로 안전하게 돌려보낸다. 동시대의 멕시코 젊은 세대는 이미 미국에 가까운 개인주의와 핵가족 문화로 자리를 옮긴 지 오래지만, 뭐 그런 모습은 '미국적'이지 '멕시코적'인 게 아니니까. 「코코」의 매력은 토속성인데, 그걸 희석하면 느낌이 안 산다는 건 나도 잘 안다. 다만 집단적 가족주의의 중력이 미국보다는 훨씬 더 강하게 남아 있는 한국 사회에서 살고 있는 나로서는 이 이야기가 마냥 편하진 않았던 것이다. 나에게는 아직 저 이야기가 상관이 있으니까.

문화상대주의는 어떻게 세계의 상식이 되었을까?

한 사회가 극복 대상으로 삼았던 문제를 다른 문화권에서 마주했을 때, 어떤 태도를 취하는 것이 적절할까? 겉보기에는 비슷한 문제 같아 보여도 그 사회에는 우리가 모르는 고유한 맥락이 있을 테니 그 자체로 존중하는 것이 맞을까? 일단은 존중하는 것이 세계적인 기준으로 여겨지는 것 같다. 이것이 문화상대주의다. 모든 문화는 나름의 고유한 가치가 있기에 우열을 가릴 수 없다는 입장. 가장 일반적으로는 낯선 복식이나 식문화를 설명할 때 자주 등장한다. 오늘날 사람들이 대부분 관광이라는 틀 안에서 타 문화를 접한다는 점을 고려하면, 복식과 식문화가 그 화두인 것은 지극히 당연해 보인다. 예컨대 인도 문화권에서 손으로 음식을 먹는 풍습을 불결하게 여기는 것은 실례라는 인식 정도는 이제 상식이 되었다. 한때 서양인들이 한국의 개고기 문화를 미개하다며 비난했을 때는 정작 개고기를 먹지 않던 한국인들도 분노하며 맞서기도 했다. 다른 나라 문화는 쉽게 이해되지 않더라도, 자기 기준으로 판단하거나 공격하지 않는 것이 오늘날의 기본 상식이다.

그런데 어떤 식문화가 치명적인 감염을 확산시키는 확실한 경로라면? 특정한 복식이 여성이나 아이에게 수치심을 부여하고 구속하기 위한 수단이라면? 식문화나 복식을 넘어, 사람을 사고팔거나 고문하고 죽이는 일이 정당화되는 사회라면? 이 경우에도 그들의 문화니까 존중하고 넘어갈 수 있을까? 결과만 놓고 보면 여전히 '그렇다'에 가까워 보인다. 다만 이는 존중해서라기보다는 딱히 관심이 없거나 어찌할 도리가 없기 때문인 경우가 많다. 애초에 이런 사회를 직접 관광하며 접할 일은 극히 드물고, 설령 마주하더라도 개인이 할 수 있는 일은 거의 없다. 사람들은 더러 소셜미디어로 이런 문제를 접하며 안타까워하다가 해당 문화권 전체를 납작하게 비난한 뒤, 이내 스크롤을 내려 고양이 영상을 보며 잊어버리기도 한다. 국가 차원의 개입은 정치적 간섭이나 외교 문제로 번질 수 있어 더욱 조심스럽다. 그럼에도 이러한 문제에 대해 진지하게 고민하고 행동으로 옮기는 사람들이 있는데, 이들이 모여 연대하는 조직이 비정부기구NGO다. 개인의 역량을 뛰어넘는 힘을 갖추었으면서도 형식상 특정 국가의 정부를 대표하지 않기 때문에 일정한 정치적 중립 아래 민감한 문제들에 개입할 수 있다. 물론 실제로는 정치적 이해관계에서 자유롭지 않은 경우도 많지만, 그럼에도 비정부기구를 통하면 안타까워하는 일을 넘어서 실천으로 나아갈 수 있다. 타 문화에 개입하는 것은 이렇게나 조심스러운 일이다.

그런데 왜 이런 기준이 세워졌을까? 그러니까 분명히 잘못되었다고 느껴지는 일조차 타 문화의 일이라면 조심스럽고 신중하게 접근해야 한다는 문화상대주의는 어떻게 현대 세계의 상식이 되었을까? 수백수천 권의 책이 동원되어야 하는 이야기를 여기에서 파격적으로 압축해 보자.

지금까지 '정치', '계급', '젠더'를 설명하기 위해 서구의 역사를 끌어왔지만, 문화상대주의야말로 서구 문명과 역사를 비추는 거울 그 자체다. 중세 유럽을 지배하던 신의 절대적 권위는 종교개혁과 과학혁명을 거치며 무너졌고, 서구 문명은 세상의 진짜 진리를 찾아냈다는 열기로 달아오르기 시작했다. 어? 지구가 둥글다고? 심지어 돌고 있다고? 성경을 직접 읽어보니 더 이상 교황 말을 들을 필요가 없다고? 바다 건너에 우리가 몰랐던 '미개인'들이 이렇게 많이 살고 있다고? 그런데 우리가 다 이길 수 있다고? 우리, 어쩌면 생각보다 대단한 존재일지도? 이러한 흐름은 18세기에 이르러 인간의 합리적 이성으로 모든 것을 이룰 수 있다고 믿는 계몽주의로 이어졌다. 그 믿음을 증명이라도 하듯 시민혁명과 산업혁명이 몰아친 19세기에는 이전까지의 모든 역사를 합친 것보다 곱절은 빠른 속도로 세상이 변화하기 시작했다.

    1876년 전화가 처음 발명되었을 때의 충격을 상상할 수 있겠는가? 그리고 3년 뒤 백열전구가 탄생했고, 7년 뒤에는 자동차가, 그리고 다시 17년 뒤에는 비행기가 세상에 등장했다. 나는 1986년에 태어나 컴퓨터와 인터넷, 스마트폰의 보급과 함께 성장하며 세상이 변하는 속도를 실감했지만, 19세기 변화의 한가운데에서 태어난 사람이 초등학생 때 전화를 처음 보고, 중학생 때 전구를 접하고, 20대에 자동차를 타보고, 30대에 비행기를 봤다면 세상이 어떻게 보였겠는가.(물론 실제로는 각각의 기술이 발명된 시점과 대중화된 시점 사이에는 상당한 시차가 있었다. 당시의 평범한 유럽인이 이런 속도를 경험할 수는 없었다.) 그 시절 사람들은 인간이 신이 될 수 있다고 진지하게 믿었다. 세상이 더 빠르게 변하고 있는 21세기의 나에게는 미지의 미래가 공포로 다가오지만, 20세기 초의 많은 사람들에게 알 수 없는 미래는 가슴 벅찬 미개척지에 더 가까웠을 것이다.

    그런데 비행기가 발명되고 11년 뒤, 인류가 마주한 것은 더 획기적인 발명과 진보가 아니라 역사상 가장 파괴적인 전쟁이었다. 신이 될 수 있을 것 같았던 서구 문명은 1914년부터 4년간 1000만 명이 넘는 사람을 죽이고 문명이 이룩한 것들을 파괴했다. 전화부터 비행기까지 무서운 속도로 발달한 기술은 천국이 아니라 지옥을 만드는 데 쓰였다. 더 절망적인 것은 제1차 세계대전이 끝나고 21년 만에 제2차 세계대전이 또다시 벌어졌다는 사실이다. 기술이 더 발달한 만큼, 더 많은 사람이 더 잔인하게 죽었다. 그리고 이 전쟁을 청산하는 과정에서 드러난 홀로코스트는, 서구 문명이 마침내 '신'이 되었음을 증명했다. 그들은 다른 인간을 같은 인간으로 보지 않았다.(20세기 초보다 더 빠른 속도로 성장하고 있는 최근의 기술 자본은 다시 한번 신이 되려고 하는 것 같다. 인류 역사에서 신이 되려고 한 인간들이 종국에는 항상 어떤 일을 저질렀는지 기억하는 사람들은 동시대의 이러한 열기를 불안한 눈빛으로 지켜본다.)

실제로 두 번의 세계대전이 발발하기 이전까지 유럽의 제국들은 자신들이 정말 신인 것처럼 굴었다. 그들이 신대륙에서 발견한 '미개인'들은 같은 인간이 아니었고, 합리적 이성이 발견한 진리에 닿지 못한 열등한 문명을 식민지로 삼는 것은 당연하게 여겨졌다. 세계는 단 하나의 기준으로 측정되었다. 서구의 합리주의는 보편적 기준이 되어 모든 나라의 우열을 가리는 데 쓰였다. 이러한 제국주의는 두 차례의 세계대전이 발발한 중요한 배경이다. 전쟁과 홀로코스트가 남긴 충격은 수많은 사상가로 하여금 '보편적 이성'의 실패를 선언하게 했다. 그리고 전쟁에서 패배한 제국들로부터 식민지들이 독립하는 과정에서, 피해자의 입장과 목소리에 주목해야 한다는 관점이 힘을 얻기 시작했다. 이 변화의 배경에는 식민 치하에서 끈질기게 저항하고 목소리를 낸 지식인들의 역할 또한 중요하게 작용했다.

제국주의 이후의 새로운 민족주의, 존중과 선 긋기 사이

"모든 인간은 태어날 때부터 자유로우며 그 존엄과 권리에 있어 동등하다." 익숙한 문장으로 시작하는 세계인권선언은 1948년 인류 역사상 처음으로 전 세계가 보편적인 인권에 대해 합의하며 발표한 약속이다. 이 선언 또한 홀로코스트의 참혹함과 그에 대한 반성에서 이루어졌다. 1조에 이어 2조에서는 "모든 사람은 인종, 피부색, 성, 언어, 종교, 정치적 견해 또는 그 밖의 견해, 출신 민족 또는 사회적 신분, 재산의 많고 적음, 출생 또는 그 밖의 지위에 따른 그 어떤 구분도 없이, 이 선언에 나와 있는 모든 권리와 자유를 누릴 자격이 있다."라고 선언한다.

보편적 이성의 실패는 '새로운 보편'의 기준을 마련했다. 모든 인종과 민족을 동등하게 존중해야 한다는 원칙이 그것이다. 더 이상 어떤 집단도 다른 집단보다 우월할 수 없었다. 과거의 제국주의가 '보편적 정답'을 강요했다면, 제2차 세계대전이라는 최악을 목도한 뒤 되풀이되어서는 안 될 '보편적 오답'의 기준을 마련한 셈이다. 여기에는 모든 문화의 상대적 맥락을 존중하되, 그럼에도 불구하고 그 모든 맥락을 넘어서는 노예적 예속, 고문, 차별, 박해, 착취를 보편적으로 금지하는 '오답'의 기준이 담겼다. 이 새로운 보편은 과거의 보편이 남긴 트라우마 위에 세워졌기에 새로운 보편을 적용하는 데에도 끊임없는 조심성을 요구했다. 이러한 조심성을 기반으로 자라난 것이 인류학적 문화상대주의다.

한편 세계대전과 독립운동에는 양쪽 모두 민족주의가 중요한 역할을 했다. 이전까지는 피부에 와닿지 않는 개념이었던 민족주의는 산업혁명 이후 수많은 사람이 도시로 모여들고 낯선 이들과 뒤섞이면서 구체화됐다. 타지에서의 고단함과 외로움을 달래고자 사람들은 같은 언어와 문화를 공유하는 이들끼리 연대감을 다졌다. 또 제국이 무서운 속도로 식민지를 확장하는 과정에서 국경이 자주 조정되면서 언어와 문화, 역사적 경험을 공유하는 집단으로서의 민족 개념이 사회적 구분과 정체성의 중요한 기준으로 자리 잡았다. (그래서 서양에서는 국가와 민족을 구분하는 것이 익숙하지만, 우리에게 '한국인'과 '한민족'은 사실상 거의 구분되지 않는다.) '우월한 우리 민족끼리 뭉쳐서 다른 열등한 민족을 지배해야 한다.'라는 극단적 민족주의는 세계대전과 홀로코스트가 일어난 중요한 배경이었지만, 동시에 그런 제국에 저항하는 식민지 독립운동의 기반이기도 했다. 일제 식민 치하에서 독립을 외치던 조선에서 '민족자결주의'라는 개념이 확산된 것도 이러한 세계적 맥락의 연장선에 있다. 식민 치하에서 조선이라는 국가는 보이지 않게 되었지만 민족은 여전히 존재했기 때문이다. 전쟁이 끝나자 한국이 그랬듯 수많은 나라가 민족의 이름을 외치며 독립을 맞이했고, '보편적 이성'이라는 이름 아래 타 문화를 억압했던 서구 문명은 이제 각자의 고유한 문명을 그 자체로 인정하며 죗값을 치러야 한다는 요구가 안팎으로 거세게 빗발쳤다. 디즈니가 겪은 그대로다. '우월한 우리 민족'이 다른 민족을 지배하는 것이 정당하다던 제국의 민족주의는 이제

'우리 민족이 우월한 만큼 저들 민족도 우월하다.'는 것을 인정해야 하는 새로운 민족주의에 자리를 내어준다.

제국의 이념이기도 했고, 제국에 저항하는 이념이기도 했던 민족주의는 결국 동질적인 사람들끼리 뭉치는 집단의식을 강조한다. 민족이라는 이름 아래, 개인들의 차이와 개별성은 간소화된다. 당신이 평소 한국인이라는 사실을 특별히 자랑스러워하지 않았더라도 '신발 신고 침대 올라가는 미국 놈들 이해할 수 없다!'라는 분노에 한국인으로서 은근히 공감했거나, 압도적인 마늘 소비량이나 매운맛 음식들에 괜한 자부심을 느낀 적이 있다면, 그 순간 민족주의가 발동한 것이다. 제국주의 이후의 민족주의는 같은 역사와 문화적 맥락을 공유하지 않는 외부의 존재가 민족 내부에 개입하는 것을 허락하지 않는다. 이는 문화상대주의처럼 다른 사회의 고유한 맥락을 존중하려는 태도로 이어지며 타자와 약자의 권리를 보호하는 문제로까지 확장되기도 하지만, 동시에 나와 타인을 분리하고 동질적인 집단끼리 성벽을 쌓아 올리려는 태도로 이어지기도 한다.

세계를 뒤덮은 '진보'의 물결

세계인권선언이 제시한 보편적 오답의 기준은 서구 사회 내부로도 확산되었다. 1960년대 미국에서는 비로소 흑인에게 실질적인 투표권을 부여했고 공적인 인종차별을 금지하는 민권법이 제정되었으며, 전쟁에 반대하는 히피 문화가 확산되기도 했다. 프랑스에서는 1968년 불평등과 권위주의에 저항하는 '68혁명'이 일어났다. 이후 세계적으로 진보의 바람이 불기 시작한 것은 전쟁 이후 승전국들을 중심으로 이루어진 경제성장 및 중산층의 확장과도 무관하지 않다. 삶의 질이 향상되면 사람들은 보다 관대해지기 마련이다. 게다가 돈과 시간이 생긴 대중은 1960년대부터 해외로 여행을 다니기 시작했고, 1980년대에는 아시아 국가들도 경제성장을 이루며 해외여행을 비롯해 다양한 문화권과의 교류가 활발하게 이루어졌다. 세계인권선언 이후 꾸준히 대중화된 인류학과 국제캠페인들도 세계화의 물결을 타고 확산되었다. 산업적 전성기를 누리던 매스미디어는 국경 너머 다양한 문화의 매력과 참상을 고루 알리며 이러한 흐름에 박차를 가했다. 자본주의의 만개와 함께 문화상대주의가 상식으로 자리 잡게 된 궤적도 짐작할 수 있다.

　　진보의 흐름은 시차를 두고 한국에도 영향을 미쳤다. 민족주의의 물결 속에서 독립한 한반도는 곧바로 냉전 질서에 편입되었고, 이후 오랜 세월 군부 정권이 지배력을 행사하면서 진보적 담론이 들어설 자리가 없었다. 권위주의 정권은 권력을 연장하기 위해 헌법을 여러 차례 임의로 개정하기도 했는데, 1987년의 민주화 항쟁은 마침내 그 구조에 균열을 냈다. 그해 이루어진 대통령 직선제 개헌을 통해 한국은 본격적인 민주주의 국가로 진입하기 시작했다. 당시의 권위주의 정권을 긍정적으로 평가하는 이들은, 냉전 질서의 위협과 빠르게 변화하는 자본주의적 흐름 아래 다수가 잘살기 위해서는 소수의 희생은 불가피했다고 주장한다. 정치적 태도를 빈틈으로 설명했던 이야기를 끌어오면, 다수의 이익을 위해 소수의 희생을 감수해야 할 빈틈으로 여긴 우파적 관점인 셈이다. 다만 당시의 권력은 자유주의가 아닌 권위주의적 우파였기 때문에, 이러한 빈틈을 방치하고 감수하는 수준이 아니라, 막강한 권력을 이용해 빈틈으로 간주되는 모든 것을 폭력으로 틀어막았다는 점이 가장 큰 차이다.

권위주의 정권을 극복하고 등장한 민주화의 흐름은, 자연스럽게 그동안 빈틈으로 간주되어 희생되었던 가치들을 회복하는 방향으로 나아갔다. 특히 2000년대 초반 김대중에서 노무현으로 이어지는 두 정권은 이러한 경향을 더욱 확고히 했다. 이는 1991년 소련의 붕괴로 냉전 체제가 종식되면서 권위주의적인 정부를 유지할 국제적 명분이 사라진 시대적 맥락과도 맞닿아 있다. 이 시기 서구에서 축적된 보편적 인권 담론이 국내에도 더욱 적극적으로 유입되었고, 정책적 방향을 공유하며 안정적으로 계승된 두 번의 진보 정권은 국민기초생활보장제도의 도입과 복지권 확대, 소액주주권 강화, 국민참여재판 도입, 여성부 신설 및 육아휴직제 확대 등 진보적 의제를 제도화해 나갔다. 더불어 다양한 시민참여 모델을 도입함으로써 시민 사회와의 '협치'라는 새로운 정치 개념을 만들어내기도 했다. 기존의 권위주의적 권력 구조를 새로운 구도로 재편하는 과정에서 오랫동안 주변부에 머물렀던 소수 집단들이 자신들의 존재를 드러내며 자유와 권리를 요구할 수 있는 사회적 조건이 형성되었다.

현대 사회의 새로운 갈등의 축, 개방성

'정치', '젠더', '계급'은 유구한 사회학적 전통 속에서 다듬어진 개념인 반면, '개방성'은 프로그램을 위해 임의적으로 도입한 용어다. 정치적 성향과 상관관계가 있는 '개방성'이란 개념은 사회학보다는 성격심리학 쪽에서 주로 쓰인다. 심리학자들에게 MBTI보다 높은 신뢰도를 인정받는 빅파이브 검사는 인간의 성격을 개방성, 성실성, 우호성, 외향성, 신경성으로 분류한다. 이 중 개방성은 새로운 자극과 경험에 열려 있는 태도를 의미하며 주로 진보적인 정치 성향과 상관관계를 보인다. 반면 성실성은 질서와 규범을 중시하고 자기 절제를 잘하는 경향으로, 주로 보수적인 정치 성향과 연관된다. 둘 중 사회갈등과 보다 밀접하게 연결되는 쪽은 주로 개방성이다.

사람들에게 '사회적 갈등을 재현하는 프로그램을 만들려고 한다. 어떤 문제를 다루면 좋을까?' 하고 묻는다면 어떤 대답이 나올까? 일단은 여전히 정치, 젠더, 계급과 관련된 이야기들이 가장 먼저 거론될 것이다. 지지정당의 이름이 가장 먼저 나올 것이고, '종북'이나 '수꼴', '좌빨', '극우' 같은 자극적인 단어부터 페미니즘이나 그 반대 세력, 혹은 성별을 변주한 멸칭들이 쏟아져 나올 것도 눈에 선하다.

사회적 갈등을 떠올려보라는 질문에 이런 이야기를 열추 털어내고 나면, 좀 더 다양한 화두가 떠오른다. 종교, 그중에서도 개신교가 주로 도마에 오르는 편이고, 세대도 자주 호출되는 단어다. 하지만 이 두 항목은 개념적으로나 정량적으로 명확한 대립의 기준을 찾기 어려운 데다, 겉으로 보기에는 그 자체가 갈등의 원인인 것 같지만 실제로는 정치적 이해관계나 계급갈등에 동원된 경우가 많아 독립적인 갈등의 축으로 삼기에는 한계가 분명하다.

더 떠올려보면 이제 사안은 점점 구체적인 집단과 이슈로 세분화된다. 성소수자는 이제 젊은 세대에게 낯선 존재가 아니지만 이들의 권리를 법적으로 보장할 것인지, 어떤 방식으로 보장할 것인지에 대해서는 여전히 의견이 분분하다. 휠체어 이용자들의 출근길 지하철 시위로 장애인 이동권 문제가 어떤 방식으로든 논쟁의 대상이 되기는 했지만, 다른 종류의 장애는 아예 논의의 대상도 되지 않는 듯하다. 저출생 시대에 이민과 난민 문제는 더 이상 한국 사회에서도 피할 수 없는 주제다. 거의 반 토막에 가깝게 줄어들게 될 인구로는 노동력, 소비 시장, 세수 모두를 유지할 수 없기 때문이다. 이는 그간 상대적으로 덜 주목받았던 '인종'과 '문화'에 대한 태도와도 연결된다.

그 밖에도 기후위기 시대에 종이 빨대를 써야할지(환경), 결혼을 하지 않고 독신으로 살아가는 일이 과연 행복한 삶의 방식일지(가족 형태), 부모가 어린 자녀를 촬영한 콘텐츠로 인기와 수익을 얻는 것은 괜찮은지(아동인권), 반려동물을 가족구성원으로서 어디까지 인정해 줄 수 있을지(동물권), 그럼 반려동물은 가족이고 그렇지 않은 동물은 먹어도 괜찮은 것인지(비거니즘), 영화나 게임에서 미형의 캐릭터만 선호하는 것은 잘못인지(다양성)

등 크고 작은 질문들이 끊임없이 이어진다. 누군가는 확고한 답을 가지고 있고, 누군가는 어디선가 스치듯 접한 뒤 깊이 생각해 본 적 없는 질문들일 것이다.

이 모든 갈등 하나하나가 정치, 젠더, 계급 같은 거대 담론에 비해 사소하거나 중요하지 않다고 말할 수는 없다. 늘어놓은 질문들은 누군가에게는 생존과 직결된 문제이며, 어떤 질문은 우리 모두에게 좌우나 계급보다 시급히 해결해야 할 문제일 수 있다.

소수의 권리에 대한 다수의 태도

하지만 현실 정치의 관점에서 보았을 때, 즉 여론을 통해 권력과 정책을 움직이는 역학의 문제로 놓고 보면 앞서 언급한 문제들은 대부분 직접적인 당사자가(혹은 당사자라고 자각하고 있는 사람이) 너무 적다는 한계에 부딪힌다. 2023년 기준 스스로 성소수자라고 밝힌 사람은 전체 응답자의 약 6퍼센트이며,[1] 같은 해 보건복지부가 발표한 등록장애인의 비율은 5퍼센트 정도다. 2025년 현재 한국에 살고 있는 외국인 인구는 역대 최고치를 경신했지만, 그래봐야 전체 인구의 5퍼센트에 불과하다.[2] (외국인은 정치에 참여할 수 있는 권리가 없다. 거주하는 국가의 사회제도에 영향은 받지만 의사를 반영할 수는 없는 입장이다.) 스스로 채식주의자라고 대답한 사람은 약 4퍼센트다.[3] 아동의 입장은 당사자의 의견이 제대로 논의되기도 어려운 데다가, 이제 반려동물 키우는 사람들보다도 적다.*

이 모든 사안에 대해 당사자와 당사자가 아닌 사람들의 입장이 항상 대립한다면, 말 그대로 수가 적은 소수자의 관점이 정책과 권력에 반영되는 일은 영원히 불가능할 것이다. 그런데 실제로 대단히 요원한 것은 맞지만, 그럼에도 어떤 식으로든 관철된 부분이 있다면 이는 당사자가 아닌 사람들 가운데서도 해당 문제의식에 공감하고 지지를 보낸 이들이 있었다는 뜻이다. 가령 2023년 국가인권위원회가 1만 5000여 명의 국민을 대상으로 실시한 인권실태조사[4]에 따르면 "장애인의 이동권 보장을 강화해야 한다."라는 의견에는 87퍼센트가 찬성했고, "이주민의 노동을 좀 더 자유롭게 보장해 주어야 한다."라는 문항은 상대적으로 찬성 비율이 가장 낮았음에도 과반(64퍼센트)이 넘었다. 물론 국가인권위원회의 설문인 만큼 질문이 '인권'에 초점을 맞추고 있어 사람들이 좀 더 긍정적으로 답변했을 가능성이 크다. 만약 질문이 이해관계에 초점을 맞춘 정치적 질문으로 제시되었다면, 그 수치는 더 낮아졌을지도 모른다. 그럼에도 불구하고 중요한 사실은 사람들이 당사자로서 경험하는 영역을 넘어 관심과 지지를 보낸다는 것이다. 정치는 오직 이해관계로만 구성되지 않는다.

정치적 기반이 약한 소수자의 입장에서, 직접적인 이해관계에 얽혀 있지 않은 사람들과 함께 목소리를 내는 일은 대단히 중요하다. 성소수자, 장애인, 이주민, 아동, 나아가 동물에 이르

---

* 2020 인구주택총조사에 따르면 0~14세 인구는 전체의 약 12퍼센트다. 우리가 흔히 어린이라고 부르는 비율은 당연히 이보다 훨씬 더 적을 것이다.

기까지 각각의 권리는 서로 개별적인 사안처럼 보이지만, 한 가지 문제에 관심을 갖고 목소리를 내는 사람은 다른 문제에도 비슷한 입장을 갖는 경우가 많다. 특정 사안보다는 '권리를 갖지 못한 이들'에 대한 보다 근본적인 문제의식에서 관심을 갖기 시작하는 경우도 있고, 혹은 개인적인 이유로 한 가지 사안에 관심을 두기 시작했더니 그 경험이 다른 소수자들의 상황을 이해하는 감각으로 확장된 경우도 많다.

「더 커뮤니티」에서는 이러한 일관된 경향성을 '개방성'이라고 지칭하기로 했다. 이는 다수가 익숙하게 따르는 기존의 규범이 존재할 때, 그 규범의 사각지대에 위치한 사람들을 어떻게 바라보는가를 하나의 기준으로 삼은 개념이다. 이처럼 다양한 사안을 하나의 축으로 통합하는 일이 거칠게 느껴질 수도 있다. 특히 각각의 문제들에 대해 구체적인 경험을 가진 사람에겐 지나치게 자의적이고 편리한 분류로 보일 것이다. 하지만 대부분의 사람은 개별 사안 하나하나에 깊은 이해를 가져서가 아니라, 자신의 자리에서 세상을 이해하고 바라보며 정치적 태도를 형성한다. 사상검증 테스트에서는 소수자의 권리가 주류 사회의 규범과 충돌하거나 낯설게 느껴지더라도 그 문제를 적극적으로 이해해 보려는 입장일수록 '개방적'으로, 다수가 따르는 기존의 규범을 우선하며 소수의 권리를 위해 다수가 낯선 변화를 감수하는 일은 부당하다고 생각할수록 '전통적'으로 분류했다. 그러니까 우리가 일상적으로 진보와 보수라는 단어를 쓰는 맥락은 이 프로그램의 분류 체계에서는 '정치'의 좌우 분류보다 '개방성'의 영역에 더 가깝다. 새로운 규범에 '개방적'인 사람들은 '진보', 기존의 규범을 중시하는 '전통적'인 사람들은 '보수'라는 표현과 자연스럽게 맞닿는다.

　소수자와 다수 집단에 대한 태도는, 좀 더 확장하면 개인의 자유와 다수의 안정이 충돌할 때의 태도와도 연결된다. 개방성을 측정하는 질문들 중에는 "동성 커플은 결혼과 입양 권리 등 이성 커플과 동일한 권리를 누려야 한다.", "장애인들이 바쁜 출퇴근 시간에까지 피해를 끼치며 시위하는 것은 동의할 수 없다."처럼 의도를 파악하기 쉬운 것들도 있지만, "숨길 것이 없는 떳떳한 사람에게는 정부의 감시가 오히려 그를 보호해 주는 수단이 된다.", "의무를 먼저 잘 이행할 때 권리를 주장할 자격도 주어진다."처럼 어떤 차원을 측정하는지 모호해 보이는 질문들도 있다. 정부의 감시에 대한 태도를 묻는 질문은 표면적으로는 정치 차원의 질문으로 보이지만, 다수의 안정과 질서를 위해 소수의 자유를 어디까지 제한할 수 있는가를 묻는 질문이다.

　"숨길 것이 없는 떳떳한 사람에게는 정부의 감시가 오히려 그를 보호해 주는 수단이 된다."를 좀 더 와닿는 문장인 "고용주는 노동의 효율성을 위해 사무실에 감시 카메라를 설치할 수 있다."로 바꾸어보자. 근무시간 내내 성실하게 일하는 사람이라면, 같은 급여를 받으면서 딴짓하는 사람을 감시 카메라로 잡아내는 일에 찬성할지도 모른다. "안 그래도 나 일할 때 저 새끼 농땡이 치는 거 못마땅했는데 마침 잘됐다!" 하지만 업무시간 내내 상사가 카메라로 감시하는 곳에서 일하고 싶어 하는 노동자는 없다. 내가 떳떳한가와 별개로 그 '떳떳함'을 감시 권력을 가진 누군가가 자의적으로 판단하기 때문이다. 우리는 감시 앞에서 불안과 스트레스를 느낄 수밖에 없다.

직장이라 할지라도, 업무 성과와 무관한 태도의 자유는 법이 보장하는 기본권이다. 개인정보보호법에 따르면 CCTV는 "공개된 장소"에 "시설안전이나 범죄예방" 등의 목적에 부합하는 경우에만 설치할 수 있으며, 직원 개개인을 식별할 수 있는 장치일 경우 당사자들의 동의를 반드시 얻어야만 한다.[5] 여기서 공개된 장소란 건물의 로비처럼 불특정 다수가 드나드는 공간을 뜻한다. 내부 직원만 출입증이 있어야 들어갈 수 있는 사무실은 해당하지 않는다는 이야기다.

같은 논리를 인터넷 공간으로 옮겨보자. 이토록 끔찍한 악성 댓글과 쓰레기 같은 가짜 정보가 넘쳐나는 시대에 댓글실명제는 도입할 만하지 않은가? 실제로 온라인에 적극적으로 글을 남기는 사람들이 얼마나 소수인지는 앞서 이미 확인한 바 있다. 이렇게나 과대 대표된 댓글이 민심의 지표로 활용된다면 여론이 왜곡될 위험이 있으며, 익명성이 낳는 온갖 부작용은 굳이 설명할 필요가 없을 정도다. 따라서 인터넷 공간의 건전성을 확보하기 위해서라면 소수의 개인이 검증되지 않은 생각을 표현할 자유는 제한될 필요가 있을지도 모른다.

하지만 이때 '건전성'이라는 기준이 모호하다는 문제가 발생한다. 타인을 향한 악의적인 비방과 권력에 대한 정당한 비판을 어떻게 구분할 수 있을까? 이를 제도로 규제하려는 순간, 그 기준은 결국 제도를 만들고 집행하는 쪽에 유리하게 적용되지 않을까? 위헌적인 계엄을 옹호하는 의견이 난무하는 상황은 위험하지만, 그렇다고 규제가 가능해지면 오히려 계엄군이 국회를 점령하라는 지시를 받고 움직이는 과정을 실시간으로 중계하고 기록하는 일 자체가 불가능해질 수도 있다. 반대로 사무실 CCTV가 누군가에게는 감시장치지만, 상사에게 끔찍한 괴롭힘을 당하고 있는 직원에겐 오히려 절실한 증거이자 보호장치일 수도 있다. 자유와 안전의 경계는 이토록 아슬아슬하다.

우리는 각 사안마다 어떤 가능성과 효과를 더 중요하게 여길지 매번 새롭게 판단한다. 인터넷 실명제에는 찬성하면서도 사무실에 CCTV를 설치하는 일에는 반대할 수 있다. '정치' 영역이 주로 세금과 복지를 통해 기능하는 정부의 경제적 역할에 집중했다면, '개방성' 영역은 윤리와 질서에 있어 정부와 사회가 개인들의 자유를 어디까지 보장해야 하는지에 대한 고민에 가깝다. 규범과 제도를 통제하는 이들에게 힘을 실어주며, 다수의 안정과 질서를 위해 소수의 희생을 감수할 것인가? 아니면 다수와 규범이라는 이름 아래 억눌리고 존엄과 생존까지 위협받는 개인들의 권리를 더 우선할 것인가? 이러한 판단 속에서 한 개인의 '개방성'은 스펙트럼 어딘가에 자리하게 된다.

우리는 서로 다른 정체성을 지지할 수 있을까

사상검증 테스트의 누적 데이터 결과를 보면, '개방성' 영역의 종 모양 그래프의 중심은 완전한 중앙값보다는 개방적인 쪽으로 약간 기울어 있다. '개방성'의 질문들을 '다수의 규범 대 개인의 자유'로 거칠게 요약한다면, 테스트의 주 참여층인 젊은 세대는 개인의 자유를 중시하는 답변에 상대적으로 더 호응했다고 이해할 수 있다.

그런데 이러한 개인주의적 개방성은 책의 앞부분에서 언급했던 '취향 존중'의 유보적 휴전 선언에 가까울 때가 많다. 자신에게 직접적인 영향을 끼치지 않는다면 존중하겠다는 태도다. 예를 들어 "팀워크를 위해 내키지 않는 회식에 참석해야 하는가?"라는 질문을 떠올려보자. 만약 자신이 팀워크를 생각해야 하는 입장일 경우 그렇다고 답할 것이고, 내키지 않는 개인의 입장이라면 아니라고 답할 것이다. 젊은 세대일수록 팀 전체를 관리해야 하는 책임자 입장보다는 회식자리가 불편한 실무자의 입장일 가능성이 높은 만큼 개인주의적인 대답이 나오기 쉽다. 성소수자에 대한 태도도 젊은 세대가 상대적으로 더 우호적인 반응을 보이는 주제다. 실제로 "동성애자들의 결혼과 입양의 권리"에 대한 질문이나 "성소수자의 미디어 가시화"와 같은 질문에는 긍정적으로 답한 비율이 63퍼센트가 넘는다. 생각해 보면 동성애는 본질적으로 사적이고 배타적인 애정 관계의 영역이다. 법적으로 혼인이 가능해지더라도 이성애자 개인의 삶에는 실질적인 변화나 부담이 거의 생기지 않는다.

그런데 장애인운동 시위, 채식 메뉴, 이주민, 난민 등과 관련한 질문들에서는 유독 보수적인 응답 비율이 높아진다. 한정된 재화를 가지고 서로 영향을 주고받아야 한다고 느껴지는 영역, 그러면서 응답자 자신이 다수의 입장에 속할 것이 확실해 보이는 주제에서는 슬며시 지지를 거두는 것이다. 즉 사상검증 테스트의 결과만 놓고 보면 그래프가 '개방적'으로 살짝 기울어 있지만, 이것이 실제로 소수자 권리에 대한 일관된 지지를 의미한다고 보기는 어렵다. 오히려 개인주의적인 성향이 주요하게 작용했을 가능성이 크다.

이 지점에서 나는 영화 「코코」와 호주의 코디네이터에게서 느꼈던 묘한 위화감을 다시 떠올리게 된다. 홀로코스트의 충격 이후 탄생한 세계인권선언은 인류 보편의 새로운 기준을 마련했지만, 동시에 각 문화의 상대적 맥락을 존중해야 한다는 신중한 태도도 함께 요청했다. 그렇게 두 기준 사이에는 언제나 긴장이 발생한다. 긴장은 피로한 일이기 때문에, 사람들은 신중하게 고민하는 대신 균질한 다수의 내부로 숨어들어 안락함을 느낀다. 동시에 바깥으로는 선을 긋고 적당히 신경을 끄는 방식으로 존중을 대체한다. 그 결과 나와 직접적으로 관련이 없는 사안일수록 '개방적'인 태도로 지지를 보내는 것이 수월해진다.

비슷한 논리는 보수적 규범을 중시하는 '전통적'인 입장에도 적용될 수 있다. 개방성을 묻는 항목 중에서도 한국 사회에서 가장 지속적인 갈등을 빚어온 문제는 보수적인 개신교 진영과 성소수자 권리의 충돌이다. 성소수자의 제도적 권리가 수면 위로 올라올 때마다, 보수 개신교단체들은 가장 조직적이고 강력한 반대의 목소리를 낸다. 이는 종교 내부의 윤리 체계와 성소수자의 권리가 어긋나는 구조에서 비롯된 것이기도 하다. 가령 불교 승려들의 삭발이나 엄격한 개신교인의 금주, 금연처럼 종교 내부의 윤리는 사회적 기준과 상이할 때가 많다. 유성생식을 기반으로 하는 전통적 가족제도를 창조 질서와 연결하는 개신교의 교리 해석을 고려하면 이들이 성소수자 문제에 우호적이기 어려운 한계도 일정 부분 이해할 수 있다. 무엇보다 전통적 가족제도는 집단주의와 가부장제의 관점에서 자주 비판받아 왔지만, 다양한 형태의 가족을 폭넓게 인정하더라도 여전히 인구재생산과 정서적·물질적 기반을 제공하는 이른바 '정상가족'은 사회안정을 지탱하는 중요한 축임을 부정할 수 없다. 전통적 가족제도를 소중히 여기며 가족에게 헌신하는 주변의 여러 성실한 개신교인들을 보면, 기독교적 가치가 보수적 규범 안에서 얼마나 많은 역할을 할 수 있는지 매번 실감한다.

그러나 그 모든 것을 선해하더라도, 다른 윤리 규범에 비해 유독 성소수자 문제에만 압도적으로 반대 목소리를 내는 행태는 의아하다. 신학적 해석의 차이를 최대한 폭넓게 인정하더라도, 성경 전체에서 동성애를 죄로 규정하는 구절은 많아야 스무 구절 정도다. 반면 빈자를 구제하고 부를 경계하라는 명령은 200곳이 넘게 나온다.

예수께서 "낙타가 바늘귀로 들어가는 것이 부자가 하나님의 나라에 들어가는 것보다 쉬우니라."[6]라고 말한 구절은 아주 유명하고, "부하려 하는 자들은 시험과 올무와 여러 가지 어리석고 해로운 욕심에 떨어지나니 곧 사람으로 파멸과 멸망에 빠지게 하는 것"이며 "돈을 사랑함이 일만 악의 뿌리가 되나니"[7] 라는 표현을 비롯해 더 강력한 구절들도 많이 있다. 이처럼 성경은 부와 권력을 경계하라는 메시지를 훨씬 더 강조하고 있다. 그러나 여러 신실한 신도들의 기부와 봉사를 통한 실천에도 불구하고, 주류 개신교계가 목소리를 높여 경제적 불평등의 제도적 해결을 강력하게 요구하거나, 부유층의 감세정책을 대규모로 비판한 사례는 절망적일 정도로 찾기 어렵다. 심지어 '반동성애' 집회를 주도하는 일부 대형교회들은 목회자의 투기나 횡령, 고액 연봉과 전별금 등 돈과 관련된 비위로 자주 문제가 된다. 혹자는 창조 질서와 관련된 교리가 더 중대하다고 주장하기도 하지만, 세계적인 기후위기나 동물학대, 인종차별, 심지어는 인공지능을 통해 인간이 인격을 창조하려는 시도에 대해서도 이와 같은 강도와 규모의 반대 목소리를 낸 사례는 없다.

 기독교인의 한 사람으로서 그 이유를 생각해 보건대, 정체성의 문제는 같은 기준으로 자신이 평가받을 가능성이 사실상 없기 때문이라고 생각한다. 성경 말씀대로 지나친 부의 축적을 비판하려면 자신 또한 그 기준에서 자유로울 수 없다. 그러나 스스로 이성애자라고 확신한다면 최소한 동성애자를 향하는 손가락질이 자신을 향할 일은 없을 것 같다. 그렇기에 성경의 수많은 명령과 금기를 뒤로한 채, 유독 '동성애는 죄'라는 목소리에만 그토록 강력한 확신을 담을 수 있는 것이다. 이것은 앞서 말한 개방성의 이중적인 작동 방식과도 연결된다. 개방적인 사람들이 자신과 무관한 사안에 더 부담 없이 지지를 보낼 수 있었던 것처럼, 전통적인 사람들은 자신에게 직접 영향을 미치지 않는 정체성에 대해서는 마음 놓고 반대의 목소리를 낼 수 있다. 정체성이 규정하는 소수자란 그런 존재다. 결코 직접 그 입장이 되어 볼 수 없기에, 가장 쉽게 지워지고 보이지 않는 삶.

취향 존중과 거리 두기를 넘어, 개방의 정치는 가능할까

사람들은 정보만큼이나 직간접적 체험을 기반으로 정치적 입장을 형성한다. 대형차와 소형차 운전자가 서로 운전석을 바꿔 앉아보면 자신이 타고 있던 차량이 상대에게 어떻게 느껴지는지를 직접 경험할 수 있겠지만, 인간의 뇌를 그렇게 바꿔볼 수는 없다. 남성은 여성이 경험하는 세계를, 백인은 오랜 위계가 존재해 온 사회에서 흑인이 겪는 사회적 맥락을 고스란히 경험할 수 없다.

인간이기에 가질 수밖에 없는 경험의 한계는 정체성 정치가 형성되는 핵심 배경이다. 남성 공직자가 아무리 선의를 갖고 있다 해도 여성의 구체적인 경험을 듣지 않는 이상 가장 적절한 정책을 설계하는 것은 불가능에 가깝다. 마찬가지로 백인이 경험한 사회를 기준으로 흑인의 노력과 성과를 판단하면 필연적으로 그 결과는 왜곡될 수밖에 없다. 물론 한 사람의 정치적 입장이 여러 차원으로 이루어지듯, 모든 여성의 경험이 천편일률적으로 같을 수 없고 흑인의 경험 또한 마찬가지겠지만, 특정한 신체와 정체성 밖에서는 결코 접근하거나 체감할 수 없는 고유한 경험의 영역이 분명히 존재한다. 무엇보다 중요한 점은 정치적 입장은 선택할 수 있고 계급은 추락하거나 상승할 수도 있지만, 신체나 정체성은 개인의 의지로 자유롭게 바꿀 수 없다는 사실이다. 그래서 누군가는 더 부담 없이 지지할 수 있고, 또 누군가는 더 격렬하게 반대할 수 있게 된다.

하지만 세상의 절반은 여성이고, 흑인 또한 미국 사회를 구성하는 가장 큰 집단 중 하나다. 제2차 세계대전 이후 전 세계적인 진보의 물결 아래, 가장 뚜렷한 제도적 변화를 이루어낸 집단이 여성과 흑인이었다는 사실은 이 두 집단의 크기와 무관하지 않다. 오늘날 정체성 정치는 더 작은 집단들로 분화되었고, 그만큼 각 집단의 경험은 더욱 희소한 것이 되었다. 서로의 경험을 온전히 공유할 수 없다는 전제는 점차 그 경험에 대해 누가 발언할 자격이 있는지를 가르는 문제로 이어졌다. 너무 많은 이들이 당사자의 경험을 지나치게 단순화하거나 의도적으로 왜곡하는 일이 잦아졌고, '당사자의 목소리에 집중해 달라.'는 요구가 어느 순간 '당사자 외에는 말할 수 없다.'는 말로 왜곡되기도 했다. 그래서 사람들은 자신의 경험 밖에 존재하는 여러 정체성에 대해 '개방적'이라는 이름으로 멀찌감치 지지하거나, '전통적'인 태도로 손쉽게 반대하기 시작한다. 그 결과 정체성 정치는 점점 더 납작한 파편들로 흩어지고 말았다. 갈수록 까마득해 보이는 이 경험의 괴리는 채울 수 없는 것일까?

2장 무지의 장막이 걷힐 때

　시력이 꽤 안 좋은 동료가 한 명 있다. 안경 없이 엘리베이터를 타면 버튼의 숫자도 잘 보이지 않아서 바짝 붙어 누르곤 한다. 세상을 흐릿하게 보는 일에 제법 익숙해졌는지, 그는 그 나쁜 시력에도 불구하고 귀찮다는 이유로 안경을 잘 쓰지 않는다. 이렇게 방치한 시력의 가장 큰 부작용은 다른 직원들이 인사해오는 것을 알아보지 못하고 종종 무시하게 된다는 점이다. 그의 시력에 대해 잘 모르는 사람들은 그의 성격을 오해하기도 한다.
　장난스럽게 말했지만, 시력이 이렇게 나쁘면 안경 없이 일상생활을 유지하기 어렵다. 성격 나쁘다는 오해야 귀여운 수준이지만, 급히 운전할 일이 생겼는데 안경을 못 찾는 순간을 상상해 보면 눈앞이 아찔해진다. 그 동료보다 시력이 더 나쁜 사람도 있을 것이다. 하지만 누구도 이들을 시각장애인이라고 부르지 않는다. 당연한 얘기지만 이는 '안경'이라는 기술 덕분이다. 정확히는 안경에 쉽게 접근할 수 있는 환경 덕분이다.

안경은 일상적인 물건이다. 마냥 싸다고 할 수는 없지만, 어지간히 여유가 없는 사람도 가산을 탕진해서 마련해야 할 정도로 부담되는 가격은 아니다. 적어도 한국 사회에서는 돈이 없다는 이유만으로 앞을 제대로 보지 못하는 삶을 감수해야 할 일은 거의 없는 수준이다. 기초생활수급자나 차상위 계층에 해당하면 지자체에서 안경 구매가 가능한 바우처를 지원하기도 한다. 생활에 꼭 필요한 물건이며, 눈이 너무 나쁜데 가난하다는 이유로 그 모든 불편함을 감당해야 하는 것은 아니라고 제도가 인정한 셈이다. 한국 사회에서 안경이 이렇게 보편적인 도구가 된 것은 조선 말기와 일제강점기를 거치며 서양식 안경이 본격적으로 보급되면서부터다. 조선 후기까지만 해도 안경은 일부 고위층만 쓰던 사치품에 가까웠고, 최고급 안경은 수정으로 만들어지기도 했다. 물론 그 시절에는 운전할 일도 없었고 글을 읽는 사람도 소수였으니 지금보다 안경의 필요성이 덜하기야 했겠지만, 코앞까지 와야 사람 얼굴을 겨우 알아볼 수 있을 만큼 눈이 나쁜 사람이라면 그때도 일상의 많은 것들을 감내하며 살아야 했을 것이다. 지금의 기준이라면 '시각장애인'으로 분류되는 데 무리가 없었을 만큼.

어떤 조건이 '장애'를 만들어내는가

한 시대에는 분명히 '장애'였던 것이 지금은 아무것도 아닌 일이 되기도 한다. 우리는 일상에서 도수가 엄청나게 높은 안경을 쓴 사람을 마주쳐도 '저 사람은 저 안경 없으면 아무것도 못 하겠지.'라는 생각부터 하지는 않는다. 하지만 오늘날의 다른 장애 보조기기들에 대해서는 그런 생각을 하는 경우가 적지 않다. 차이는 역시 접근성일 것이다. 어떤 물건이 얼마나 널리 쓰이는지, 얼마나 자연스럽게 사회에 통합되어 있는지에 따라 장애의 개념 자체가 달라지는 것이다. 반대로 사회가 어떤 물건을 '당연한 전제'로 삼으면, 그것에 접근하거나 사용하지 못하는 사람들이 제도 밖으로 사라지는 일도 생긴다. 지금의 한국 사회에서 스마트폰이 없거나 있어도 제대로 활용할 줄 모르는 사람은 대부분의 시스템에서 '존재하지 않는 사람'이 되기 쉽다.

아무런 도구가 없는, 자연 상태에서의 인간을 상상해 보자. 최근 한국에 새로 지어지는 아파트의 평균 실내 높이는 약 2.4미터다. 이런 저런 구조를 고려하면 아파트 2층은 지면으로부터 약 3미터 정도 떨어져 있겠다. 자연 상태의 인간은 아무리 뛰어난 신체 능력을 지녔어도 2미터 이상 뛸 수 없다. 초인적인 신체 능력을 가진 사람도 도구의 도움 없이 점프해서 2층 건물에 들어가는 것은 불가능하다. 그래도 건물이 공중에 떠 있지는 않을 테니, 아마 팔 힘이 강력하고 점프력이 뛰어난 소수의 사람은 벽을 타고 어찌어찌 오를 수도 있겠다. 이 2층짜리 건물이 그렇게 만들어져 있다면 그걸 만든 사람은 이 정도 신체 능력을 갖추지 못한 사람들의 접근을 의도적으로 배제한 것이다. 왜 영화 보면 그런 비밀 기지 같은 거 있지 않나. 다른 사람 못 들어오게 일부러 사다리를 치워둔다든지, 특정한 능력을 가진 사람만 들어올 수 있도록 설계되었다든지.

그러니까 애초에 도구 없이 2층에 접근하는 것은 누구에게나 불가능한 일이다. 어떤 도구를 표준으로 삼느냐에 따라 배제되는 사람이 달라진다. 접근 수단이 밧줄일 때, 계단일 때, 경사로일 때, 엘리베이터일 때, 각각 진입할 수 있는 신체와 배제되는 사람이 달라진다. 가령 경사로 앞에서는 아무 문제 없던 사람이 계단 앞에서는 '장애인'이 될 수 있다. 꽤 많은 경우 장애는 그렇게 구성된다. 서로 다른 신체 조건이 원인인 것은 사실이지만, 궁극적으로는 사회가 무엇을 '정상'이라 정의했는지, 어떤 인식과 물리적 조건을 선택했는지에 따라 '장애'가 결정된다.

무지의 장막을 쓰고 사회를 상상하기

기왕 서바이벌 예능에 대해서 이야기하는 중이니 이런 게임을 한번 상상해 보자. 스튜디오에 초대된 참가자들은 세트장 안에서 미로를 탐험하거나 퀴즈를 맞히는 등 다양한 미션을 수행하며 상금을 획득한다. 단 세트장의 특정 구역 바깥인 탈락 블록에 신체가 닿으면 즉시 탈락하고, 탈락자의 상금은 다른 출연자에게 이전된다.

게임이 진행될수록 조건이 더해진다. 본격적인 미션 장소로 입장하기 전에 출연자 한 명당 하나의 감각이나 신체 기능이 무작위로 제한되는 것이다. 눈을 가려 시각을 차단할 수도 있고, 발을 묶어 이동을 제한할 수도 있다. 혹은 세트장 전체가 암전이 되어 모두가 볼 수 없는 상태가 되거나, 시끄러운 음악이 울려퍼져 대화가 불가능해질 수도 있다.

대신 소지한 상금으로 미션 장소에 이런저런 아이템을 세팅해 두는 것도 가능하다. 예컨대 시야가 캄캄해도 위치를 추적할 수 있는 음향신호기를 설치할 수도 있고, 곳곳에 바퀴가 달린 의자를 배치해 놓을 수도 있다. 탈락 블록을 제거해 위험을 줄이는 것도 가능하다. 물론 상금을 아끼고자 아무런 아이템을 선택하지 않을 수도 있겠지만, 시야나 보행이 제한된 상태에서 탈락하지 않는 것은 불가능에 가깝다. 무엇보다 중요한 점은 누가 어떤 감각을 빼앗길지는 무작위로 결정된다는 것이다. 자, 이제 게임에 들어가기 전에 출연자들 사이에서 어떤 대화가 오갈지 상상해 보자.

"일단 음향신호기는 있어야 하지 않을까? 들어가자마자 불이 꺼져서 아무것도 안 보이면 상금이고 뭐고 우리 다 죽어."
"잠깐만, 여기 야간투시경도 있네. 이거 하나면 다 보이니까 이게 제일 낫지 않아?"
"그건 한 사람밖에 못 쓰잖아요. 음향신호기가 나을 것 같은데."
"야, 아까 2층에도 미션 있었는데 거긴 아예 못 올라갔잖아. 계단부터 설치하면 안 돼?"

"아니 여기 탈락 블록부터 없애자. 여기는 까딱해서 스치기만 해도 바로 탈락이야. 이거 하나만 없애도 훨씬 안전하겠는데?"

통제되는 신체 기능과 그것을 보완할 아이템을 논의하는 과정은 곧 사회기반시설에 대한 은유가 된다. 현실과 가장 큰 차이가 있다면, 여기서는 논의에 참여하는 사람들이 그 아이템을 직접 사용하는 '당사자'라는 것이다. (현실에서 이러한 논의는 그 시설을 활용할 당사자들이 배제된 상태에서 이루어지는 경우가 많다.) 통상 서바이벌 프로그램의 출연자들이 게임 속 탈락을 너무나 당연하게 '죽음'으로 지칭하듯, 이렇게 세팅된 공간은 재현된 '삶'이다. 그렇다면 아직 미션을, 즉 삶을 시작하지 않은 상태에서 자신이 어떤 조건으로 게임에 들어가게 될지 모른 채 세팅을 논의하고 있는 출연자들은 '아직 태어나지 않은' 상태에 해당할 것이다. 다시 한번, 중요한 것은 출연자들에게 주어질 조건이 전적으로 운에 의해 결정된다는 점이다. 세트장의 환경을 미리 세팅할 수 있다면 출연자들은 자신에게 좋은 운이 몰린 경우보다는, 예측 가능한 최악의 경우를 상상하며 필요한 장치를 논의할 가능성이 크다. 상금이 아무리 많아도 탈락하면 끝이니까. 여기서 존 롤스가 『정의론』에서 언급한 '무지의 장막' 개념이 등장한다.

정의를 구성하는 두 가지 운

롤스의 『정의론』은 현대의 정치철학에서 빼놓을 수 없는 중요한 저작 중 하나다. 앞서 계급을 설명하며 개인의 노력만큼이나 '운'이 얼마나 중요한 요소인지 이야기했는데, 롤스는 이 운을 다시 '사회적 운'과 '자연적 운'으로 구분한다. 사회적 운은 사회 환경과 같은 외부 조건을 가리킨다. 이 책에서는 한국 사회 내부의 문제를 다루는 데 집중했기 때문에 주로 경제적 배경 등에 초점을 맞췄지만, 프레임을 조금만 넓히면 사회적 운의 범위는 훨씬 더 커진다. 어떤 국가, 어떤 시대에 태어났는지만으로도 삶의 궤도는 완전히 달라진다. 이제는 유행어로도 촌스러워진 '헬조선'이란 단어는 많은 한국인의 절망감을 드러내지만, 전 세계를 기준으로 보면 대한민국에서 태어났다는 사실만으로도 이미 여러 유리한 조건을 획득했다는 사실을 부정할 수 없다. 세계지도를 벽에 붙여두고 다트를 던져 꽂히는 곳으로 무조건 이민을 가야 한다고 하면 아마 선뜻 하겠다는 사람은 거의 없을 것이다. 물론 이러한 사실이 우리 사회가 개선해야 할 문제들에 대한 면책 사유가 될 수는 없겠지만, 그럼에도 '어디서' 태어나는가는 중요한 사회적 운이다.

반면 자연적 운은 유전적 능력이나 신체 조건처럼 타고나는 개인의 자질을 말한다. 가장 기본적이고 눈에 띄는 것은 성별과 인종 같은 신체 조건들일 테고, 선천적인 질병의 유무*도 자연적 운에 의해 결정된다. 비슷한 사회적 환경에서 태어났다고 해도 타고난 외모나 운동신경, 지적 능력 등에 따라 삶은 얼마든지 달라진다. 앞선 나의 이야기에서는 책을 좋아하는 기질이 대표적으로 자연적 운에 해당한다. 이러한 나의 자연적 운은 양질의 공교육과 공립도서관이 갖춰진 사회에서 태어났다는 사회적 운이 뒷받침된 덕분에 의미를 가질 수 있었다. 아무리 독서를 좋아하는 기질을 타고났더라도, 읽을 것을 구하기 어려운 환경이었다면 그러한 기질을 발견하는 것조차 불가능했을 것이다. 능력주의를 강조하는 사람들은 열악한 환경을 극복하는 개인의 노력을 높이 평가하지만, 심지어는 성실하게 노력하는 '기질' 자체에도 선천적인 요소가 크게 작용한다는 연구가 꾸준히 나오고 있다.

롤스를 위시한 현대 정치철학은 기본적으로 개인의 삶에서 운의 영향력을 축소할수록 사회는 더 정의로워진다고 전제한다. "노력 또한 타고나는 재능"이라는 표현은 많은 사람을 맥빠지게 만드는 말이다. '다 타고나는 거고 다 선천적인 운이면, 왜 살아?' 소리가 절로 나온다. 서바이벌 게임은 자주 인생과 사회의 은유로 받아들여지는데, 흥미롭게도 비디오 게임을 일상적으로 즐기는 사람들이 재미없는 게임에 대해 자주 던지는 악평 중 하나가 '운빨좆망겜'이다. 순화하면 '운의 요소가 너무 크게 작용해서 망할 수밖에 없는 구린 게임' 정도가 되겠다. 어떤

* 물론 여기에는 부모의 계급과 사회적 제도와 관습도 큰 작용을 한다. 공중보건은 태어날 때부터 시작되는 불평등을 줄이는 가장 중요한 방법 중 하나다.

게임을 재미있다고 느끼게 만드는 두 가지 핵심 요소는 '적절한 보상'과 '예측 불가능성'이다. 이 두 요소는 게임의 재미를 넘어 중독을 설계할 때 더욱 적극적으로 고려되는 필수 요소다. 공식대로만 하면 모든 결과가 예측한 대로 나오는 게임은 금방 지루하게 느껴지기에 운의 요소가 적절히 작용해야 재미있다. 반대로 운이 너무 많은 것을 결정하면 열심히 플레이할 동기를 잃는다. 물론 기본적으로는 잘할수록 좋은 보상을 제공하는 게임이 재밌는 게임이다.

인생과 사회라는 게임에서도 운의 요소가 너무 크게 작용하면 '운빨좆망겜'이 된다. 그래서 현대 국가들은 이러한 운의 영향력을 줄이는 방향으로 제도를 만들어왔다. 하지만 운의 요소가 완전히 배제된 게임도 재미없기는 마찬가지다. 모든 것을 통제하고 기계적 평등을 지향했던 공산주의의 실패를 연상시키기도 한다. 그래서 롤스는 사회적 운이 개인의 삶에 미치는 영향을 최대한 완화하되 자연적 운, 즉 타고난 능력이나 기질까지 교정해야 한다고 주장하지는 않았다. 대신 그로 인한 이익의 일부가 자연적 운을 가장 불리하게 부여받은 사람을 위해 쓰이도록 조정해야 한다고 주장했다. 쉽게 생각해 보면, 누진세 등의 제도를 통해 이루어지는 부의 재분배는 찬반 여부를 떠나 많은 나라에서 일반적으로 수용되고 있다. 반면 타고난 지능이나 외모 자체를 제도적으로 조정하는 일은 생각만 해도 기이하게 느껴진다. 다만 이렇게 자연적 운의 차이로 발생하는 불평등은 결국 사회적 불평등으로 이어질 수밖에 없으니, 롤스는 뛰어난 재능으로 발생한 이익을 다시 일정 부분 자연적 운의 최소 수혜자들을 위해 쓰일 수 있도록 조정하는 방법들을 제시한 것이다. 가령 손흥민 선수가 뛰어난 신체 능력으로 벌어들인 수익의 일부가 유아 질병이나 기형아 발생을 예방하는 공공 위생과 안전한 환경을 위해 쓰이는 식이다.

무지의 장막은 이러한 운의 영향력을 조절하는 제도를 설계할 때 필요한 전제다. 정의의 여신이 장막으로 눈을 가린 채 저울을 들고 심판에 임하는 것처럼, 우리가 사회제도를 설계할 때도 각자가 어떤 사회적·자연적 운을 부여받을지 알 수 없는 상태에서 임해야 한다는 것이다.* 자기 입장을 미리 알고 있는 이가 제도를 설계한다면, 제도는 자연히 그 사람에게 유리한 방향으로 기울어지기 쉽다. 잠시 상상해 본 '감각 제거 서바이벌 게임'의 출연자들은 게임을 시작하기 전에 무지의 장막 아래 놓여 있는 셈이다. 어떤 자연적 운을 타고나게 될지 누구도 알 수 없는 채로 세트장의 규칙을 함께 결정해야 한다. 이러한 상황에서는 누구든 최악의 조건을 부여받아도 탈락하지는 않을 정도의 안전장치, 동시에 운이 좋아 꽤 유리한 조건을 부여받았을 때에는 더 많은 보상을 기대해 볼 수 있는 구조로 세팅하는 데 합의하게 될 것이다.

* 여담이지만 한국의 대법원 앞에 있는 정의의 여신상은 서구의 통념과 달리 눈을 뜨고 있다. 이를 두고 '상대를 봐가면서 심판하겠다는 거 아니냐.'는 조롱이 자주 따라붙지만 영국, 호주 등 서구의 법원 중에서도 눈을 가리지 않은 경우가 적지 않다. 조각상 자체보다는 사법제도에 대한 불신이 조롱할 핑계를 찾아낸 것에 가깝겠다.

가상의 감각 제거 서바이벌이 물리적 조건에 대한 상상이라면 「더 커뮤니티」의 출연자들은 사회제도와 권력을 두고 무지의 장막 아래로 들어간 셈이다. 촬영 초반 매일 투표를 통해 네 번의 일일 리더를 선발했던 출연자들은 촬영 중반부에 이르면 마지막까지 권력을 유지할 최종 리더를 뽑는 선거를 치르게 된다. 공교롭게도 이 선거에는 실제 더불어민주당과 국민의힘 소속 직업정치인인 백곰과 슈퍼맨이 후보로 나섰다. 좌파와 우파의 입장을 상징적으로 보여주는 선거 과정은 정치 서바이벌로서 이 프로그램의 백미다.

「더 커뮤니티」를 비롯한 대부분의 서바이벌 쇼에서 참가자들의 이해관계는 결국 '상금'과 '탈락' 두 가지로 압축된다. 하지만 대개 정말로 중요한 것은 탈락 하나다. 많은 서바이벌 쇼는 최후의 생존자 한 사람이 모든 상금을 독식하는 구조이기 때문이다. 이런 구조에서는 내가 최후의 1인이 되지 못하면, 쌓아놓은 상금이 아무리 많아도 의미가 없다. 그래서 마지막 순간이 찾아오기 직전까지 상금은 실제 돈이라기보다는 게임 내에서만 쓰이는 '게임머니'로 인식된다. 특히 참가자 입장에서 최후의 1인이 되는 것이 사실상 불가능해 보이는 순간을 맞이하면 그 이후의 과정은 무의미하게 느껴지기도 한다. 장르의 이름이 서바이벌, 즉 생존인 것도 그 때문이다. 그래서 「더 커뮤니티」는 승자 독식 구조를 처음부터 피했다. 여러 사람이 살아남을 수 있도록 설계했고, 살아남은 사람 모두가 각자의 상금을 실제로 챙겨갈 수 있게 했다. 탈락자도 많이 발생하지 않도록 만들었지만,

탈락자가 발생할 경우 그의 상금을 빼앗을 수도 있고, 상금을 자유롭게 분배하는 것도 가능하게 했다. 이렇게 하면 액수가 많지는 않아도 각자가 돈을 가져갈 가능성은 훨씬 높아지는 동시에, 다른 사람이 더 많이 탈락할수록 자신의 기대 상금은 높아지는 서바이벌의 구조도 유지된다. 그 결과 다른 서바이벌 쇼에 비해 상금이 더 현실적인 조건이 된다. 물론 탈락 가능성 또한 여전히 존재하기 때문에, 상금과 생존이라는 두 축이 모두 유의미한 이해관계로 작동하게 된다.

이러한 구조 아래 리더 후보로 나선 백곰은 '리더에게 매일 보상으로 지급되는 100만 원을 상금이 가장 적은 참가자에게 양도'하겠다는 공약을 발표했다. 공약이 발표된 시점에는 게임의 규칙이 선거 이후 대대적으로 바뀔 수 있다는 사실이 암시되고 있었고, 정확한 탈락의 조건을 모르는 출연자들 사이에서는 각자의 상금 액수로 탈락이 결정될 수도 있다는 불안이 조성되고 있었다. 백곰은 이러한 분위기 속에서 제도를 통해 탈락 가능성이 높은 약자를 보호하겠다는 좌파적 공약을 내건 셈이다. 그는 '생존'에 집중했다.

이러한 백곰의 공약에 맞서 우파적이고 부유한 배경을 가진 한 참가자는 다음과 같은 요지의 질문을 던졌다. '550만 원과 600만 원을 가진 참가자가 있다고 할 때, 최저 상금을 기준으로 100만 원이 지급되면 550만 원이 650만 원이 되어 기존의 순위가 역전된다. 이는 노력으로 600만 원을 획득한 사람에 대한 역차별이 되는 것 아닌가?' 이는 우파가 복지제도를 비판할 때 가장 빈번하게 등장하는 '빈틈'이다. 이에 대해 백곰은 이러한 역설적 상황에 대한 대안도 고민해 보겠다고 약속하면서, 다음과 같은 논지의 답을 덧붙인다. "그런데 우리는 이런 상황을 가정할 때 항상 자신이 600만 원을 가진 입장일 거라고 생각하는 경향이 있다. 하지만 경제적인 상황은 언제든지 바뀔 수 있다." 즉 지금 그 질문을 던지고 있는 당신이 550만 원을 가진 입장이 될 수도 있다는 사실을 강조한 것이다. 앞서 선배가 나에게 건넸던 "평등이 중요하다고 말하는 사람들도 묘하게 시혜적인 뉘앙스를 풍긴다는 게 재밌지."라는 지적과 같은 맥락이다. 우리는 자신이 약자가 될 가능성을 덜 고려하는 경향이 있다.

반면 슈퍼맨의 공약은 '개인의 노력이 최대한 보상받는 커뮤니티'를 만들겠다는 것이었다. 그는 생존과 상금 중 상금에 집중했다. 선거가 이루어지던 시점까지 출연자들은 모든 상금을 비교적 평등하게 분배하고 있었다. 얼굴을 맞대고 함께 지내는 상황이 만든 심리적 부담 때문일 수도 있고, 카메라가 찍고 있으니 어쩔 수 없이 이미지를 의식한 행동이었을 수도 있다. 하지만 출연자들의 원래 성향은 대체로 파란색이 더 많았다. 평등한 분배를 원래 선호하던 이들은 아니었다는 뜻이다. 결국 상금이 쌓이기 시작하자 지나치게 고른 분배에 대한 불만도 쌓이기 시작했다. 참여도와 기여도에 따라 상금이 돌아갔으면 일부 출연자는 훨씬 더 많은 금액을 소지할 수도 있었다. 슈퍼맨은 이 지점을 건드렸다. 지금 게임머니처럼 보이는 저 숫자가 촬영이 끝나면 가져갈 수 있는 진짜 돈임을 강조하면서, 열흘도 안 되는 기간에 수천 만 원을 챙길 수 있는 기회라는 현실 감각을 일깨웠다. 실제로 이 전략은 효과가 있었다. 많은 출연자가 상금을 좀 더 진지하게 생각하게 되었다고 인터뷰에서 고백했다.

더불어 슈퍼맨은 공리주의적 효율성을 강조했다. 커뮤니티의 재정을 효율적으로 운영해 최대한 많은 사람이 최대한 많은 상금을 가져가는 것을 목표로 삼은 것이다. 이는 곧 공적 자원의 지출을 최소화하겠다는 선언이었다. 또 그는 공동체에 위협이 되는 사람은 강력하게 징벌하겠다는 의사를 표명하기도 했다. 백곰이 각자가 가져갈 수 있는 상금은 언급하지 않은 채 탈락의 위험과 예측 불가능한 미래에 집중했다면, 슈퍼맨은 전체에 도움이 되지 않는 특정 소수를 견제하고 다수의 이익과 효율을 강조했다. 백곰은 약자와 소수자의 입장을, 슈퍼맨은 강자와 다수의 입장을 대변한 것이다. 선거는 결국 다수의 마음을 얻어야 이긴다. 승리의 기운은 슈퍼맨에게 기울고 있는 것으로 보였다.

하지만 결과는 백곰의 압승이었다. 두 후보자의 표를 포함한 총 13표 가운데 11표가 백곰에게 몰렸다. 두 후보가 각자 자신에게 표를 던졌음을 감안하면 슈퍼맨의 논리에 설득된 사람은 한 명뿐이었다는 이야기다. 한 출연자는 이 결과를 보고 "생각보다 다들 무섭구나, 지금."이라고 말했다. "다들 자신이 1등을 할 거라고 생각하기보다는 스스로를 잠재적 탈락자로 보고 있는 거야."라는 그의 감상은 출연자들에게 무지의 장막이 드리워졌음을 의미한다. 촬영장 바깥에서는 대부분 여유롭고 유능한, 강자에 더 가까운 사람들이었지만, 기존의 맥락을 제거하고 모두가 미래를 알 수 없는 원초적 입장에 놓이자 선택이 달라졌다. 소수의 희생을 전제로 강자의 이익을 극대화하는 시스템을 선택하는 일이 '내가 약자가 될 수도 있다.'라는 두려움에 가로막힌 것이다.

두 후보의 입장을 선명하게 드러낸 토론이 끝나고, 또 다른 두 출연자가 나눈 짧은 대화는 이곳에 드리운 무지의 장막을 다시금 보여준다. "사회에서의 나는 직업이 정해져 있지만 여긴 직업도 없고, 평균보다 높은 사람이 될 수도, 평균에 못 미치는 사람이 될 수도 있다. 내가 살면서 생각해 온 시선과 전혀 다른 관점을 갖게 된다."

이는 「더 커뮤니티」라는 가상의 사회실험에 한정된 이야기인 것 같지만, 실제 현실에서도 다를 바 없다. 우리는 누구나 하루아침에 장애를 갖게 될 수도 있고, 계급의 전락을 경험할 수도 있으며, 반드시 늙고 병든다. 범죄 피의자의 기본권을 지켜줘야 한다는 원칙은 종종 평범한 사람들의 분노를 사기도 하지만, 성실하게 살던 누군가가 하루아침에 억울한 피의자가 되는 일도 끊이지 않고 일어난다. 전쟁과 팬데믹, 금융 위기를 미리 예측하고 대비한 사람은 극히 드물며, 앞으로 이어질 기술 진보와 기후 위기는 점점 더 예측 불가능성을 심화시키고 있다. 사회의 하방을 단단하게 다지고 약자를 위한 안전장치를 마련하는 것은 겉보기에는 비효율적이고 손해처럼 보일 수 있지만, 조금만 상상력을 발휘해 보면 나 역시 얼마든지 그 제도의 수혜자가 될 수 있다는 사실은 너무나 분명하다.

무지의 장막을 벗고 사람을 마주하기

하지만 무지의 장막은 어디까지나 제도 설계를 위한 사고 실험이다. 그리고 상상력은 생각보다 희소한 재능이다. 아직 태어나지 않았다고 가정하며 앞으로 살아가야 할 세상을 상상하는 일은 어렵고, 솔직히 말해 굳이 왜 그래야 하나 싶기도 하다. 우리는 이미 태어나 버렸고, 너무 많은 입장과 이해관계를 덕지덕지 두르고 있으니까. 제도를 설계하는 사람들에게는 정의를 위한 상상력이 필요할지도 모르지만, 이미 설계된 제도 안에서 살아가는 대다수의 사람에게는 지금 나에게 조금이라도 더 유리한 제도가 필요할 뿐이다. 나 살기도 팍팍해 죽겠는데 내가 왜 타인의 입장까지 상상해 가며 이해해 주어야 한단 말인가.

나는 '현실과 당위는 별개'라는 말을 항상 중요하게 여기는데, 이 말이 가장 자주 떠오르는 순간 중 하나가 진화심리학과 관련된 이야기를 들을 때다. 예를 들어, 진화심리학에서는 남성과 여성의 번식 전략에 대해 위험부담이 적은 수컷은 자신의 유전자를 최대한 많이 뿌리고 싶어 하고, 임신과 출산이라는 부담을 지는 암컷은 파트너의 장기적인 헌신을 원한다고 설명한다. 하지만 이런 설명을 제시하는 학자들도 '그러니까 남자가 바람을 피우는 것은 당연하고 어쩔 수 없는 일이다.'라고 결론짓지 않는다. 이 이론 자체에도 다양한 비판이 제기되어 왔지만, 설령 이 이론이 현실을 설명하는 부분이 있다고 해도 그것이 곧 '남자는 바람을 피워도 된다.'는 당위가 될 수는 없다. 인간은 이기적인 동물인가? 나는 항상 그렇지는 않다고 생각하는 쪽이지만 설령 그렇다 해도, '그러니 이기적으로 사는 것이 옳다.'로 결론 내리는 것은 결코 논리적이지 않다.

서글픈 것은, 같은 맥락에서 당위 역시 현실이 아니라는 사실이다. 개인적으로는 아름다운 당위만으로도 세상이 충분히 기능하면 좋겠다는 생각을 자주 하지만, 세상은 그렇게 작동하지 않는다는 것도 잘 알고 있다. 무지의 장막을 드리우고 사회적 운을 최소화할 것을 요구하는 롤스의 『정의론』은 어디까지나 훌륭한 사고실험이고 철학의 영역이다. 그리고 현실이 늘 훌륭한 철학에 부응하는 것은 아니다. 철학과 종교는 아름다운 당위를 제시하고 그 자체로 부응할 것을 요구하지만, 정치는 그렇게 작동하지 않는 것 같다. 정치의 언어는 사람들 안에 이미 존재하는 입장과 감정에 호소하고 설득하며, 사람들이 거기 반응하기 시작하면 그때 비로소 청유하고 명령하기 시작한다.

그러니 당위와 별개로 움직이는 현실을 전제로 말하자면, 철학적 상상력은 상대를 설득하기 위한 발판으로서 필요하다. 우리의 입장과 이해관계가 서로 다를 때, 상상력은 내 생각을 조금이라도 더 효과적으로 관철시키기 위한 정치적 도구가 된다. 정치의 언어가 사람들 안에 이미 존재하는 입장과 감정을 건드려야 한다면, 그 안에 무엇이 있고 그것이 어떤 모양인지를 이해하기 위해서 상상력이 필요하다. 비록 거기에 동의하지 않더라도 말이다. '지피지기면 백전백승'라는 표현은 과장이지만,[*] 아예 모르고 덤비는 것보다야 당연히 낫다. 설득과 대화가 도무지

불가능한 저 먼 곳의 사람들에게는 닿지 않을 수도 있지만, 스펙트럼상의 어딘가에 서성이는 이들과 마주할 때는 더욱 지피지기가 유용할 것이다. 하지만 다시 한번, 상상력은 희소한 재능이다. 내가 있는 힘껏 상상해 본다고 한들, 나와 생각이 전혀 다른 사람이 품고 있는 진실에 얼마나 가까이 닿을 수 있단 말인가. 그러니 결국은 직접 들어보는 것 말고는 방법이 없다. 듣고 있으면 열불이 뻗치고 속이 뒤집어질 것 같은 말이라도 말이다.

숫자가 말하지 못하는 것

2025년 4월 어느 보수정당 의원이 고용노동부의 실업급여 관련 자료를 제시하며 이 제도의 문제점을 지적해 주요 언론들에서 다룬 적이 있다. 지난 5년 동안 실업급여를 반복적으로 받고 있는 사람이 꾸준히 증가해 2회 이상 수령한 사람이 30퍼센트에 육박한다는 내용이었다. 이와 함께 실업급여가 오히려 구직 의지를 약화시킬 수 있으니 횟수를 제한하거나 반복수급자에게는 감액을 적용하는 등의 조치가 필요하다는 주장도 함께 다루어졌다.[1]

이러한 주장만 들으면 정말 도덕적으로 해이한 사람들이 많은 것처럼 느껴진다. 특히 기사 제목에서 인용한 것처럼 "20회에 걸쳐 1억 원 가까이" 받은 사례는 정말 시정해야 할 문제

---

* 실제 손자병법에 등장하는 표현은 '백전불태百戰不殆', 즉 백 번 싸워도 위태롭지 않다는 뜻이다. 이쪽도 물론 과장이다.

같아 보인다. 이처럼 복지제도의 '빈틈'을 무임승차라고 비판하는 사람들은 대개 이런 이례적인 사례를 가장 자주 인용한다. 하지만 기사들은 종종 문제를 더 커 보이게 만들기 위해 교묘한 문장 구조를 활용하기도 한다. "20회에 걸쳐 1억 원 가까이"라고 써놓으니 1년 동안 받아간 금액처럼 보이지만, 기사가 인용한 것은 5년간의 누적 자료다. 실업급여는 퇴직 직전 3개월 평균임금의 60퍼센트로 산정되며, 아무리 고소득자였더라도 2025년 기준 상한액이 일당 6만 6000원으로 정해져 있다. 지급 기간에도 제한이 있어, 1년 만에 이런 식으로 실업급여를 받는 것은 불가능하다. 기사에서 이례적이라며 지적한 사례는 5년 동안 여러 번 퇴직을 반복하며 매년 2000만 원 정도의 실업급여를 받은 사람일 것이다. 원래 소득이 많은 사람이었다면 가능한 액수다.

게다가 실업급여를 받기 위해서는 18개월 이내에 180일 이상의 고용보험 가입 이력과 비자발적 퇴사라는 조건을 충족해야 한다. 아무나 놀고 있다고 막 주는 것이 아니라는 뜻이다. 물론 자발적 퇴사임에도 불구하고 고용주가 배려해 비자발적 퇴사로 처리해 주는 등의 부정수급의 사례도 존재한다. 그러나 부정수급을 문제 삼는 기사들의 공통점은 "약 2만 4000건", "268억 원" 등 건수와 액수만 언급하고 비율은 잘 기재하지 않는다는 점이다. 지난 5년간 실업급여 수급자는 매년 160만~170만 명 사이로 부정수급자의 비율은 1~2퍼센트에 불과하다.[2] 이는 제도가 감당하고 있는 '빈틈'인 수준이다. 앞의 기사에서도 부정수급자보다는 반복수급자를 주요 문제로 지목하고 있다.

그렇다면 실업급여를 반복적으로 수급하는 사람들은 어떤 사람들일까? 즉 1년 반 내에 180일 이상 노동계약을 맺은 이력이 있을 만큼 열심히 일했지만, 본인의 의지와 상관없이 한 해에 두세 차례씩 고용관계가 끝나는 사람들 말이다. 방송 피디인 내 주변에는 이런 사람이 아주 많다. 프리랜서로 일하는 작가들과 피디들이 그렇다. 방송 제작 업계는 비정규직의 비율이 대단히 높은 분야다. 일반적인 예능 프로그램에는 한 팀에 피디가 대략 열 명 내외, 작가도 비슷한 규모로 참여하는 경우가 흔한데, 스무 명에 가까운 이 제작 인력 중 정규직은 보통 많아 봐야 피디 서너 명이다. 이러한 고용 구조는 프로그램 제작에 필요한 인력의 수요가 유동적이라는 이유로 생긴 현상이다. 촬영과 편집 등 제작이 몰리는 시기에는 많은 인력이 필요하지만, 그 외의 기간에는 필요한 노동력이 급격히 줄어든다. 대부분의 식당에서 손님이 몰리는 점심시간에만 파트타이머를 쓰는 것과 비슷한 구조다.

그렇지만 원래는 이런 유동적인 계약 구조 안에도 나름의 안정성이 있었다. 매스미디어의 시대에는 대부분의 방송이 '레귤러', 즉 정규 방송이었기 때문이다. 예를 들어 「복면가왕」은 어느덧 10년째, 「라디오 스타」는 거의 20년에 이르는 세월 동안 매주 같은 요일에 꾸준히 방송되고 있다. 이렇게 프로그램이 장기적으로 유지되는 경우, 여기에 참여하는 프리랜서 전문가들 역시 나름 안정적인 고용을 보장받는 편이었다.

하지만 이제 사람들은 더 이상 텔레비전을 보지 않는다. 시청자들은 호흡이 짧더라도 많은 예산과 인력이 투입된 프로그램에 더 강하게 반응하기 시작했다. OTT에 공급되는 예능 프로그램들은 대부분 10회에서 길어야 20회 내외의 분량으로 제작된다. 심지어 전통적인 방송사들도 이미 자리 잡은 장수 프로그램들이 아니면 짧은 편성을 반복하는 경향이 뚜렷해지고 있다. 이 정도 길이의 프로그램을 기획하고 촬영하는 데는 짧게는 3~4개월, 길어야 6개월 정도 걸린다. 제작사 입장에서도 제작비를 줄이기 위해 프리랜서 인력을 고용하는 기간을 최대한 짧게 잡으려 한다. 그 결과 프리랜서 작가들과 피디들은 1년에도 두세 번씩 팀이 바뀌는 경험을 한다. 한 팀이 끝나고 공백 없이 바로 다음 팀으로 넘어갈 수 있다면 다행이지만, 언제나 가능한 일이 아니라서 그 사이사이에는 실업급여로 생활하는 수밖에 없다. 언제 새로운 프로그램의 제작에 투입될지 예측할 수 없으니 단기 아르바이트조차 구하기도 어렵다. 1년 내에 두세 번씩 실업급여를 신청하는 것은 흔한 일이 되었다.

    내가 속한 업계의 이야기를 예로 들었지만, 사실 많은 산업이 이런 경향으로 변해왔다. 시장 상황이 시시각각 바뀌다 보니 기업 입장에서는 정규직으로 사람을 오래 데리고 있는 것이 점점 부담스러워졌고, 그때그때 유연하게 대처하기 위해 필요한 인력의 상당수를 비정규직으로 전환했다. 이러한 기업의 필요를 법적으로 허용하는 대신 그로 인한 충격을 완화해 주는 제도가 실업급여다. 그러니 실업급여를 반복해서 수급하는 사람이 많아졌다는 것은 사람들이 나태해졌다는 뜻이 아니라, 그만큼

기업이 제공하는 안정적인 일자리가 줄어들고 있다는 뜻이다. 그런데 이제 와서 불안정한 구조 속에서 일하는 사람을 탓하며 액수도 줄이고 수급 횟수도 제한을 두자고 한다. 숫자만 보면 사람이 보이지 않는다. 직접 만나서 이야기를 듣지 않으면 이해할 수 없는 것이 너무 많다. 사고실험이 아닌 실제 삶 속에서 무지의 장막이란 말은 서로의 얼굴을 가리는 가림막을 가리킬 때 더 잘 어울린다. 그 가림막을 들추고 서로의 얼굴을 들여다봐야 비로소 보이는 것들이 있다.

한걸음만 물러서 서로를 마주한다면

「더 커뮤니티」 후반부에서 중요한 구성 중 하나는 '인생 스피치'라는 미션이었다. 출연자 각자가 자신의 삶에 대해 자유롭게 이야기한 뒤, 다른 출연자들로부터 호감을 얻어야 하는 단순한 구성이었다. 모두가 저마다의 이야기를 꺼내놓았다. 각자의 방식으로, 자신이 왜 이런 사람이 되었는지 설명했다. '다크나이트'라는 가명의 출연자는 촬영 내내 보여준 능력주의적 태도 때문에 진보적인 시청자들 사이에서 이해할 수 없다는 평가를 많이 받아왔다. 하지만 그가 인생 스피치 미션에서 지금의 삶에 이르기까지의 과정을 이야기하자, 그의 정치적 입장에 다 동의할 수는 없어도 그의 역사는 이해하게 되었다는 반응을 많이 만날 수 있었다.

그는 방송에 나가지 않은 인터뷰에서 정서적 지지가 부족했던 어린 시절을 솔직하게 언급하기도 했다. 하마와 다크나이트는 비슷한 계급 경험을 바탕으로 자랐지만, 전혀 다른 정치적 태도를 형성했다. 그 사이에는 젠더와 타고난 기질, 상황을 극복하기 위해 선택한 노력의 방식, 관계 속에서 받아온 정서적 지지 등 다양한 차이들이 존재한다. 이러한 개인들의 경험과 역사 속에는, 그 부산물로 형성되는 정치적 의견에는 직접 드러나지 않는 수많은 이유가 담겨 있다. 그것들을 발견할 수 있다면 우리는 조금 더 나은 조율과 설득의 실마리를 찾을 수 있을 것이다.

그렇다면 나와 다른 이들을 어떻게 만날 수 있을까? 프로그램의 출연자 '그레이'는 모든 촬영이 끝나고 이루어진 인터뷰에서 "촬영의 경험이 원래 갖고 있던 생각에 영향을 주긴 했지만, 사람들이 우리처럼 이렇게 일일이 만날 기회는 없기 때문에 현실적으로는 회의적인 생각이 든다."라고 솔직한 감상을 전하기도 했다. 그의 말처럼 우리는 이미 균질한 집단 안에서 살고 있다. 생각이 다른 사람을 만나려 해도 당장 떠오르는 방법이 없다. 정치적 의견을 미리 물어가며 일부러 찾아가 볼 수도 없고, 그렇다고 아예 이러한 의견들이 가장 강력한 형태로 표출되는 집회 등에 찾아가는 것도 별로 좋은 방법은 아닌 것 같다. 온라인에서 반대 의견들을 일부러 찾아보는 것도 그다지 도움이 되지 않는다. 집회나 온라인의 글 속에는 개개인의 역사도 얼굴도 존재하지 않을 때가 많다. 맥락이 제거된 돌출된 말들과 감정들만 만나게 되기 쉽다. 익명의 다수 속에 섞여 있을 때, 사람은 이미 한껏 비인간화되어 있다. 물론 제도와 선의가 마련하는 공론장도 필요하겠지만, 그것이 꼭 정답은 아닐 수 있다. 앞서 말했듯 '공론장'이라는 간판이 걸린 곳에는 준비된 사람들이 자신의 입장과 맥락을 정돈해서 찾아오기 마련이다.

그보다는 좀 더 다양한 맥락 안에서 서로 섞이고 마주칠 수 있는 기회가 많아져야 한다. 당장은 주변 사람들과 건강한 대화를 나누는 연습을 하고, 그러한 대화를 위한 상상력을 다지고, 기회가 있을 때마다 더 다양한 이야기를 나눌 수 있는 사람들을 곁에 두기 위해 조금씩 더 애쓰는 것부터 시작해도 좋겠다. 지금 당장 어떤 실체를 만들자는 이야기는 보통 공허하다. 아주 조금씩 경계를 무르며 다가가는 노력이, 결국 우리가 나아갈 수 있는 가장 현실적인 길일지도 모른다. 인류의 참극 위에 비로소 쓰인 세계인권선언이 그랬듯, 중요한 것은 저 높은 곳에 꽂아놓은 정답의 깃발이 아니라 우리가 내려가지 말아야 할 납작한 하방 경계선이다.

다만 내가 가진 가장 실용적이면서 가장 사소한 대안은 간접경험을 가능케 하는 세상의 수많은 이야기와 책, 콘텐츠와 예술 들이다. 우리는 모든 세상을 직접 경험할 수 없다. 좀 더 정확히 말하면 우리가 알고 있다고 믿는 대부분의 세상이 간접경험의 결과일 뿐이다. 직접 만난 적이 없어도 우리는 미국의 대통령이 누구인지 알고 있고, 가본 적 없어도 북극과 사막의 풍경과 그 안에 새겨진 고통을 어렴풋이나마 알고 있다. 그리고 이 간접경험의 양과 질에 따라 미국 대통령이 어떤 생각과 성격을 가졌는지, 북극의 추위와 풍경이 어떻게 달라지고 있는지, 사막이라는 척박한 환경이 구체적으로 어떤 수준이고 사람들은 여기에 어떻게 대처해 왔는지를 더 깊이, 입체적으로 이해하게 된다.

　　태고로부터 예술과 이야기는 이해할 수 없는 삶의 모순을 이해해 보려는 노력에서 비롯되었다. 사람들은 때로는 현실에 나름대로 해석을 덧붙이고, 때로는 직접 다가가 보고 듣고 기록해서 현실을 재구성하기도 한다. 예술과 문학과 언론은 끊임없이 세상의 미답지를 찾아내고 가려진 삶을 밝히는 일을 해왔다. 미답지는 멀리 있어 가보지 못한 곳이기도 하지만, 자주 그늘에 가려져 보이지 않았던 주변 언저리이기도 하다. 아무리 얄팍하고 무도한 이야기들이 난무하는 시대라 할지라도, 양심을 가지고 미답지를 찾아가는 이야기꾼들은 언제나 존재해 왔다. 수많은 이야기 속에서 이들의 양심을 발견하는 일은 의외로 어렵지 않다. 지나친 확신을 경계하면 된다. 단일한 기준과 절대적 진리를 외치는 목소리 앞에서는 한발만 물러서서 들어보는 습관만 가져도 좋은 이야기를 가려낼 수 있다. 나에게 편안하고 내 생각을 강화해 주는 이야기 너머로 눈길을 한 번씩 돌려보는 것, 그 작은 습관이 많은 것을 바꾼다고 나는 믿는다.

　　우리가 서로의 고유한 삶을 직접 경험할 수 없기에 이야기와 예술이 존재한다. 우리는 영화나 문학, 예술을 통해 서로의 삶을 간접적으로나마 엿볼 수 있다. 예술은 소형차와 대형차의 운전자가 서로 자리를 바꿔 앉는 것 같은 경험을 남성과 여성이, 서로 다른 인종이, 계급과 정체성의 경계 너머에 있는 사람들이 해볼 수 있도록 돕는다. 예술이 소수자들의 이야기를 반복해서 소환하는 이유도 여기에 있다. 예술은 우리에게 익숙한 시선을 버리고 낯선 눈으로 세상을 바라보게끔 하는데, 때로는 우리 사회에서 가장 낯설고 잘 보이지 않는 사람들의 시야로 우리를 초대한다. '체험'이라는 형식의 한계와 윤리적 논란에도 불구하고 비장애인이 휠체어를 타고 도시를 이동해 보는 경험은 그동안 시야 밖에 존재했던 공적 인프라를 새롭게 바라볼 수 있게 돕는다. 그리고 이러한 간접경험을 통해 우리는 실제 그 삶을 살고 있는 당사자의 목소리와 경험을 더 구체적으로 듣고자 하는 단계로 나아갈 수 있다. 우리가 지금까지 해온, 서바이벌 쇼라는 은유를 통해 삶을 상상하는 일 또한 이러한 예술적 간접경험의 한 갈래다. 이야기와 예술을 경유하는 수많은 간접경험들이, 우리로 하여금 차원과 스펙트럼을 넘나드는 상상력의 양분이 되는 데 쓰이기를 간절히 바란다.

3장 누구에게나 인정이 필요하다

「전지적 독자 시점」은 웹소설 플랫폼 문피아에서 연재를 시작해 누적 조회 수 1억 뷰를 돌파하며 선풍적인 인기를 끈 웹소설 분야의 대표작이다. 이후 네이버 웹툰으로 각색되어 연재 기간 내내 인기 순위 최상위권을 기록하며, 대자본 프로덕션 웹툰의 대표작이 되기도 했다. 이 작품은 이세계*의 신적 존재들이 현실 세계의 주인공들에게 게임처럼 미션을 부여하고, 그 과

* 현실과는 다른, 주로 마법이나 게임 규칙이 적용되는 세계로 주인공이 이동하거나 다시 태어나 새로운 삶을 시작하는 환상적 장르의 배경.

정을 비디오 스트리밍하듯 감상한다는 설정의 '성좌물'에 속한다. 시장의 주류로 자리 잡은 성좌물 중에서도 웹소설과 웹툰을 아우르는 열렬한 팬층이 존재하는 작품으로 손꼽힌다.

그리고 이 작품이 영화로 만들어진다는 소식이 전해졌다! 그리스 로마 신화와 서유기의 제천대성, 한국의 고조선부터 조선 시대를 아우르는 위인들이 등장하고, 한강대교 위로 거대 괴수가 나타나며, 저승과 판타지 세계, 소인국과 스팀펑크 세계관을 종횡무진 넘나드는 이 방대한 이야기를 영화로 제작한다는 소식에 수많은 팬들이 기대보다 걱정을 앞세우기 시작했다. 그리고 마침내 예고편이 공개되자, 각종 소셜미디어와 커뮤니티에는 예상대로 불만이 들끓었다. 원작 캐릭터의 날카로운 느낌과 배우의 이미지가 다르다는 지적은 원작이 있는 영화가 자주 만나는 반응이지만, 그보다 더 많은 우려가 원작에서 칼을 쓰는 캐릭터가 예고편에서는 총을 들고 있다는 사실에 쏟아졌다. '그게 그렇게 중요한가?' 싶은 독자도 있겠지만 이들에겐 중요하다. 순화해서 팬, 더 흔한 표현으로 '덕후'들은 그런 존재들이다.

비슷한 예는 너무나 많다. 국내에서는 「치즈 인 더 트랩」, 「유미의 세포들」 같은 인기 웹툰이 드라마로 제작될 때마다 원작 팬들은 배우와 캐릭터를 비교하며 성토의 장을 열었다. 사람마다 마음속에 그려둔 이미지는 당연히 천차만별일 것이고, 캐스팅에는 산업적인 이유도 얽히다 보니 칭찬보다는 불만이 더 자주 보일 수 밖에 없다. 섭외뿐이랴. 10년 넘게 전 세계 문화산업을 평정했던 슈퍼히어로 장르의 초창기로 거슬러 올라가 보면, 2000년에 처음 영화로 만들어진 「엑스맨」 시리즈를 만날 수 있다. 원작 만화에서 주인공들이 입고 있던 알록달록한 스판덱스 의상은, 영화로 건너오며 세련된 무채색의 가죽 의상으로 바뀌었다. 영화에는 팀에 뒤늦게 합류한 주인공이 처음으로 유니폼을 건네받는 장면이 나오는데, 옷을 영 탐탁지 않아 하는 주인공을 보던 동료가 "왜? 노란 스판덱스라도 기대했어?"라고 핀잔을 준다. 원작 만화에서 주인공의 노란 스판덱스가 워낙 상징적이었기에, 영화 의상에 불만을 표하는 원작 팬들에게 슬쩍 전하는 일종의 양해이자 유쾌한 하소연인 셈이다.*

자, 이번에도 「코코」에 이어 또 디즈니 이야기다. 내가 디즈니·픽사의 오랜 팬, 속칭 '빠돌이'라 어쩔 수 없다. 이쯤 되면 짐작할 수 있겠지만, 2023년에 개봉한 영화 「인어공주」가 등장할 차례다. 인종 정체성 문제가 비교적 덜 주목받는 한국에서도 이 영화는 대중적으로 꽤 소란스러웠던 주제이고, 미국에서는 말할 것도 없었다. 「더 커뮤니티」에서도 개방성과 이주민 문제를 다룰 때, 출연자들이 이 영화를 언급하기도 했다.

원래 디즈니는 애니메이션뿐 아니라 훌륭한 가족 영화도 여럿 만들어왔다. 「캐리비안의 해적」 시리즈나 「프린세스 다이어리」 같은 영화들이 디즈니 작품이라는 사실을 모르는 사람도

* 이에 화답이라도 하듯 2024년 개봉한 「데드풀과 울버린」에서는 원작의 노란색 의상을 적절하게 살려 팬덤의 열렬한 지지를 받았다. 제작진들 스스로 원작의 팬인 만큼 팬덤에 충분히 호응하는 전략을 사용한 것이다.

제법 있을 것이다. 하지만 꽤 오랜 세월 디즈니의 애니메이션과 실사영화 사이에 교집합은 크지 않았다. 1996년 개봉한 실사영화 「101 달마시안」 외에 대부분의 디즈니 영화는 영화만의 고유한 아이템으로 제작되었다. 그러다가 2010년 팀 버튼 감독과 함께 만든 「이상한 나라의 앨리스」의 성공을 기점으로 디즈니는 자사의 애니메이션을 영화화하는 프로젝트를 본격화한다. 여기에는 여러 상업적인 판단이 작용했겠지만, 추측건대 이전까지는 기술의 한계로 애니메이션 특유의 감성과 세계관을 영화로 충분히 구현하기 어렵다고 판단했던 것 같다. 하지만 일단 기술이 충분히 갖춰지고 나자, 수십 년간 쌓아온 자사의 방대한 IP들이 금광으로 보이기 시작했을 것이다. 과거의 성공적인 애니메이션들이 새로운 영화의 훌륭한 원석으로 여겨지는 가장 큰 이유는 노스텔지어, 즉 향수를 활용할 수 있기 때문이다.

1980년대부터 2000년대 초반까지, 전 세계적으로 매스미디어가 전성기를 누리던 시절에 성공한 IP들을 재활용하는 일은 비단 디즈니만의 전략은 아니다. 산업의 중심이 뉴미디어로 이동하면서, 이제 소비자는 각자의 취향에 따라 무한에 가까운 선택지로 흩어졌다. 더 이상 세대를 넘어, 온 가족이 모두 아는 메가 히트작은 찾기 힘들뿐더러 심지어 같은 세대 안에서도 '내가 보는 넷플릭스'와 '네가 보는 유튜브'가 전혀 다른 시대다. 이런 환경에서 거대 자본을 투자해 손익분기점이 까마득히 높은 블록버스터를 제작하는 일은 너무 큰 위험을 떠안는 도전이지만, 대형 제작사들은 그 리스크를 포기할 수는 없는 구조다. 이

때 가장 안전한 선택지는 노스탤지어, 소위 '추억 팔이'가 된다. 매스미디어의 전성기에 유년기와 청소년기를 보낸 세대는 현재 30대에서 50대 초반 사이로, 소득과 소비력이 가장 높고 인구 규모도 두터운 시장을 형성하고 있다. 이들을 겨냥해 한 세대 전의 메가 히트작들을 최신 기술과 대규모 자본으로 다시 만들어내는 일은, 어쩌면 큰 수익을 올릴 수 있는 마지막 기회인 셈이다.

흑인 인어공주의 출현

2023년 실사영화로 제작된 디즈니의 「인어공주」 또한 이러한 흐름 가운데 있었다. 1989년 개봉한 애니메이션 「인어공주」는 창립자 월트 디즈니의 사망 이후 침체기에 빠져 있던 디즈니를 다시 정상으로 올려놓았다. 이 작품을 기점으로 10년 동안 '디즈니 르네상스'라 불리는 최고의 전성기가 시작되었다. 「인어공주」를 비롯해 「미녀와 야수」, 「알라딘」, 「라이온 킹」은 디즈니 르네상스를 대표하는 네 편의 작품으로, 오늘날까지도 '디즈니' 하면 가장 먼저 떠오르는 이름이다. 네 작품 외에도 이 시기에 제작된 작품 대부분이 전 세계 흥행 10위권 안에 올랐고, 아카데미와 골든 글로브 등 주요 시상식에서도 수상을 놓치지 않는 등 극장 애니메이션 산업이 폭발적으로 성장하는 기반을 마련했다. 그 르네상스의 신호탄을 쏘아 올린 「인어공주」는 디즈니의 상징과도 같은 작품이다.

그러한 「인어공주」의 주인공, 빨간 머리 '애리얼'을 영화에서 흑인 배우가 연기한다는 사실이 알려지자 전 세계 관객들이 들썩였다. 애리얼이 갖는 상징성을 생각하면 디즈니로서도 대단히 큰 용기를 낸 결정이었을 것이다. 실사화 프로젝트의 시작이었던 「이상한 나라의 앨리스」가 2010년 개봉한 것을 고려하면, 13년 뒤에나 이루어진 「인어공주」의 실사화는 다소 늦은 감이 있다. 디즈니 르네상스를 대표하는 네 작품 중에서도 가장 마지막 순서인데, 리스트에서 빠져 있었을 리가 없으니 내부적으로도 얼마나 많은 고민을 거쳤는지 짐작할 수 있다.

앞선 디즈니 실사화 작품들에서는 주인공의 외양을 이렇게 파격적으로 바꾼 적이 없었다. 대부분 원작의 이미지를 충실히 재현한 편이었다. 그런 점에서 「인어공주」의 파격적인 섭외는 기본적으로 꾸준히 다양성을 강화하고자 하는 디즈니 '원죄 청산'의 연장선 위에 놓인 윤리적 시도이며, 동시에 「코코」처럼 새로운 세대와 시장을 포섭하려는 전략적 확장이다. 특히 다인종 사회인 미국과 유럽에서 수십 년째 어린 소녀들의 마음을 꽉 잡고 있는 '디즈니 프린세스'에는 확실히 흑인 공주가 더 필요하다. 어마어마한 관객이 있는 아프리카 시장도 무시할 수 없는 요소다. 이미 「공주와 개구리」의 '티아나'라는 흑인 공주가 있긴 하지만 아시아 배경의 「뮬란」이나 중동의 「알라딘」, 아메리카 원주민을 다룬 「포카혼타스」에 비하면 「공주와 개구리」는 상대적으로 존재감이 약하다. 물론 티아나는 강한 의지와 열정을 가진 매력적인 캐릭터다. 하지만 이 글을 읽는 독자들 중에서도 「알라딘」이나 「뮬란」은 봤어도 「공주와 개구리」는 안 본 사람이 많을 것이다. 심지어 티아나는 작품 내내 개구리로 변해 있어서 본래의 모습도 거의 안 나온다. 유일한 흑인 공주가 하필이면 작품 내내 인간이 아닌 모습으로 등장한다는 사실은 당시 평론가들에게도 인종차별적인 요소로 지적받았다. (심지어 온갖 불평 속에 등장한 두 번째 흑인 공주도 인간이 아니다!)

흑인이 미국 주류 미디어에서 어떻게 대표되고 재현되는지는, 흑인 사회 내부에서 우리의 상상 이상으로 큰 의미를 지닌다. 2018년 마블 시네마틱 유니버스 최초의 흑인 영웅 영화 「블랙 팬서」가 개봉했을 때 나는 마침 뉴욕을 여행하는 중이었고, 현지의 흑인 지인과 함께 할렘의 유서 깊은 재즈 바를 들르는 호사를 누렸다. 관광객들이 대부분 빠져나간 밤 11시 무렵, 객석은 거의 흑인들로 가득 찼다. 밤 시간대의 공연자였던 흑인 여성 가수는 무대에 올라가자마자 "「블랙 팬서」 본 사람!"을 외쳤고 좌중의 3분의 2 정도가 환호성을 지르며 손을 번쩍 들었다. 3분의 2라는 비율이 많긴 해도 상상초월일 것까지일까 싶겠지만 그날은 미국에서 「블랙 팬서」가 개봉한 다음 날이었다. 영화 속 가상의 흑인 국가 와칸다에서 쓰는 코사어를 실제로 사용하는 남아프리카공화국에서는 관객들이 전통의상을 입고 극장에서 춤을 추며 축제를 벌이는 진풍경을 낳기도 했다. 40년이 안 되는 세월 동안 식민 지배를 받았던 한국인도 일제강점기와 민족주의를 정면으로 다룬 영화에 전 국민적인 공감대를 형성하는데, 하물며 약 246년 동안 식민지도 아닌 노예제의 역사와 그 후유증 속에서 살아온 후손들이 느끼는 감정은 오죽하겠는가. 게다가 우리는 해방 이후 일본인들과 함께 살지 않지만, 미국의 흑인들은 지금도 같은 나라의 구성원으로서 함께 살고 있다. 여전히 수많은 불평등이 남아 있는 채로. 이 모든 것을 생각하면 영화 「인어공주」 예고편에 등장한 흑인 애리얼을 본 흑인 아이들이 "나랑 같아!"라고 외치며 감격하는 모습을 담은 영상이 왜 그렇게 화제가 되었는지 단번에 이해된다. 그 벅찬 표정은 논리로는 다 설명할 수 없는 대표성의 문제를 무엇보다 잘 이해시켜 주는 장면이었다. 이제 이들에겐 새로운 애리얼이 필요하다. 빨간 머리 애리얼은 우리의 추억으로 남겨도 괜찮다.

흑인 애리얼에 반대하는 사람들은 인종차별주의자인가?

「인어공주」의 흑인 캐스팅에 불만을 품은 사람들 중에서도 대표성이 필요하다는 사실 자체를 부정하는 이는 드물다. 다만 그렇다면 「블랙 팬서」처럼 흑인이 주인공인 별도의 이야기를 만들면 될 것을, 굳이 많은 사랑을 받은 기존 작품을 재활용하는 것은 게으른 시도가 아니냐고 지적한다. 속 편한 지적 같지만, 그 예로 나 역시 굉장히 좋아하는 영화 「모아나」라는 훌륭한 사례가 있긴 하다. 디즈니 르네상스 이후 등장한 대표작 중 하나로, 폴리네시안 문화를 훌륭하게 반영하면서도 상업적으로도 큰 성공을 거두었다. 덕분에 모아나는 당당히 디즈니 프린세스의 인기 멤버로 합류했다.

「인어공주」의 흑인 캐스팅을 문제라고 생각하지 않는 이들에게 이 모든 논란은 그저 피곤하다. 새로운 이야기든 아니든, 영화 한 편의 주인공이 흑인이면 안 될 이유가 대체 어디 있단 말인가? 왜 흑인이 주인공이 되는 일에는 이렇게나 많은 설명과 정당화가 필요한가? 원작의 유색인종 캐릭터를 백인 배우가 맡는 이른바 '화이트 워싱white washing'*의 역사가 훨씬 길고 그 사례도 많은데, 같은 사람들이 그때도 이렇게 난리였나? 이런 질문들을 던지는 입장에서는 백인 중심적 기준을 들이밀며 흑인 캐스팅을 문제 삼는 것은 어떻게 포장해도 인종차별일 뿐이다. 화이트 워싱을 비판할 때 창작의 자유를 옹호했던 논리를 그대로 적용하자면, 싫으면 보지 말고 1989년 애니메이션을 계속 보면 되는 일 아닌가. 새로운 세대는 새로운 애리얼을 만나도록 놔두고 말이다.

맞다. 다 맞는 말이고, 솔직히 말하면 내 생각도 그렇다. 그런데 그게 문제다. 옳은 말이라 더 강하게 주장할 수 있고, 그렇게 몰아붙이는 말 앞에서 사람들은 대개 입을 다물게 된다. 문제는 입을 다문다고 해서 마음까지 정리되는 건 아니라는 사실이다. 그렇게 억눌려 마음속에 쌓인 불만은 더 단단하게 굳어지기

---

* 고전 영화 시대로 올라가면 백인 배우가 아시아인이나 흑인 분장을 하고 노골적으로 희화화한 사례들이 많다. 최근에는 「공각기동대」의 아시아인 주인공을 백인 배우가 연기한 경우가 자주 언급되지만, 구체적인 사례를 손에 꼽기 어려울 정도로 흔한 현상이다. 중동 출신 유대인인 예수 그리스도를 꾸준히 백인 배우들이 연기해 온 것도 같은 맥락에서 거론된다. 그 밖에 흑인 캐릭터가 등장해도 피부색이 밝은 혼혈 계통의 배우들 위주로 섭외가 이루어지는 일이 비판의 대상이 되기도 한다.

도 한다. 예전에는 공론장에서 퇴출된 이런 의견들은 얼마간 시간이 지나면 서서히 사라졌지만 지금은 다르다. 오늘날 온라인에는 비슷한 불만을 가진 이들끼리 서로를 찾아내고, 얼마든지 모여 의견을 불려나가고, 감정을 증폭시킬 수 있는 대안들이 즐비하다.

이 글의 서두에서 「전지적 독자 시점」과 팬덤 문화를 소개한 것은, 누군가에겐 그저 허구에 불과한 이야기가 어떤 이들에게는 얼마나 깊고 진지한 애정의 대상이 되는지를 설명하기 위해서였다. 인종처럼 커다랗게 눈에 띄는 범주가 아니라, 작은 의상이나 손에 든 무기만 바꾸어도 서운한 사람들이 있다. 그리고 실사화가 기대하는 가장 기본적인 기대수익 역시, 이런 '덕후'들의 지지와 소비에서 비롯된다.

30년 넘게 사랑받아 온 애니메이션이 실사로 제작된다고 했을 때 덕후들은 가장 먼저 원작의 아름다운 장면들이 얼마나 충실하게 화면으로 옮겨질지부터 기대하게 된다. 좋아하는 만화 캐릭터를 실제 배우들과 매치해 보는 '가상 캐스팅'은 팬덤 안에서 가장 흔하게 이루어지는 놀이 문화다. 1989년 개봉한 「인어공주」는 80분 남짓한 애니메이션 한 편이었지만, 빨간 머리 애리얼은 이후 30여 년 넘게 다양한 캐릭터 상품으로 소비되며 끊임없이 새로운 생명력을 얻어왔다. 본격적인 실사화 소식이 들려왔을 때 덕후들 사이에서는 결국 애리얼을 연기할 배우가 초미의 관심사였을 것이다. 인공지능 이미지 생성 기술이 보편화된 이후로는 자신이 원하는 배우의 이미지를 캐릭터에 입혀보는 일이 유행처럼 번졌다. 하나의 작품은 이러한 경험들 속에서 더 풍성한 맥락을 얻는다.

그러니 빨간 머리 애리얼이 아예 인종이 바뀌어 캐스팅되었을 때, 팬들이 상실감을 느낀 것은 너무나 당연한 일이다. 애초에 이미 성공한 작품을 다시 꺼내들 수 있는 가장 중요한 상업적 근거는 말했듯 '노스탤지어'다. 기존의 두터운 팬층이 인지도의 기반이 되어주기 때문에 공급자는 제작비에 대한 리스크를 줄이고 새로운 시장으로 확장할 기회를 얻는다. 다시 말해 원작이 받아온 오랜 애정을 자산으로 삼는 전략인 만큼, 보통은 원작에 대한 존중도 중요하게 요구된다. 당연히 외양이 파격적으로 다른 캐스팅은 아쉬움을 낳는다. 그런데 원작 팬으로서 그 아쉬움을 말하는 순간 돌아오는 대답이 '인종차별주의자!'라면 아쉬움과 상실감은 이내 분노로 바뀐다. 요점이 그게 아니라고 아무리 설명해도 소용이 없다. 캐스팅된 배우가 흑인이라는 이유만으로, 모든 비판은 흑인에 대한 공격으로 간주된다. 원작 팬들의 복합적인 감정은 설 자리를 잃는다.

흑인 캐스팅을 변호하는 입장에서 이 원작 논쟁에 참가하는 사람들은 갑자기 안데르센의 원작 동화를 가져오기 시작한다. 진짜 원작을 따지면 애니메이션이 아니라 동화인데, 거기에는 인종에 대한 명시적 묘사가 없고, 애초에 인어라는 상상 속 존재에 인종이 무슨 의미냐는 것이다. 흑인 배우의 캐스팅에 반대하지 않는 내가 보기에도 이건 너무 억지다. 영화 예고편에서부터 애리얼이 애니메이션을 상징하는 OST 「파트 오브 유어

월드Part of Your World」를 부르며 등장하는데 갑자기 원작 동화로 논점을 옮기는 것은 설득을 위해 개발된 논리로밖에 보이지 않는다. 덕후들은 속이 터진다. "내 말이 그게 아닌 거 알잖아!" 하지만 돌아오는 대답은 "네, 다음 인종차별주의자."인 경우가 대부분이다.

캐릭터에 대한 애정, 원작과 각색 작품의 관계, 실사영화의 산업적 논리와 노스탤지어까지, 이 모든 것에는 다양한 맥락과 감정이 얽혀 있다. 그런데 그 중심에 '인종 정체성'이라는 이슈가 놓이는 순간, 이 모든 논란은 단 하나의 프레임인 정체성 정치로 환원된다. 그리고 그 프레임 안에서는 캐스팅을 환영하는 입장을 제외한 모든 의견에 인종차별이라는 낙인이 찍힌다. 여러 의견에 담긴 다양한 차원들은 인종 담론이라는 일차원의 평면 위에 놓이고, 그 위에서도 극단적인 양쪽 진영의 끝으로 밀려난다.

「더 커뮤니티」 출연자 하마는 논픽션 작가로, 이 책에서도 자주 인용할 만큼 가장 정제된 언어를 사용하는 직업을 가졌다. 그런데 그는 인터뷰에서 "사람이 살면서 언제나 언어와 논리로 설득되는 것 같지는 않다."라고 말했다. 실제로 운동선수나 군인 출신의 출연자들처럼, 상대적으로 덜 정제된 언어를 사용하는 이들은 '나 믿지? 그냥 하자!' 같은 방식으로 문제를 풀어간다. 하마는 이러한 방식으로 문제를 해결해 나가는 것도 삶에서 너무나 중요한 일이라고 강조한다. 여기서 중심이 되는 것은 언어가 아니라 관계다. 형이 얘기하니까 믿고 따르는 것이다. 형은 좋은 사람이니까.

정말 그렇다. 논리만으로는 사람을 설득하지 못한다. 아니, 정확히는 상대를 굴복시키려는 논리는 사람을 설득하지 못한다. 그저 입을 다물게 만들 뿐이다. 중요한 건 논리 자체가 아니라, 그 아래 전제된 태도다. 「인어공주」의 파격적인 캐스팅에 아쉬움을 표하는 사람들을 곧장 인종차별주의자라고 비난하는 대신, 그들이 원작에 품는 애정을 진심으로 이해하면서 새로운 캐스팅의 의미를 나누었다면 덮어놓고 비난하는 사람들은 훨씬 줄어들지 않았을까. 무엇보다 새로운 캐스팅이 갖는 강력한 설득력은 자신과 닮은 애리얼을 보며 감격하는 아이의 얼굴에서 나온다. 새로운 캐스팅에 대한 아쉬움이 정말로 원작에 대한 애정에서 출발한 사람이라면, 누구나 그 아이의 얼굴에서 30년 전 자신의 모습을 발견할 수 있을 것이다. 그 앞에서는 덕후의 마음도 한 수 접을 수밖에 없다.

물론 그 모든 감정을 조롱하는 진짜 차별주의자들도 있다. 「인어공주」를 좋아하지도 않았으면서 다양성과 대표성을 넓히려는 자리마다 찾아와 비아냥거리는 사람들. 정말 다퉈야 할 대상은 그런 사람들이다. 그들과 제대로 싸우기 위해서라도 덕후들과는 선을 잘 그을 필요도 있다. 원작에 대한 애정으로 아쉬움을 갖는 사람들을 몰아세우는 것은, 결국 그들을 조롱의 자리로 떠미는 일이다.

진보의 계몽과 도덕이 실패한 이유

「더 커뮤니티」의 테스트 결과에서 빨간색과 파란색은 그동안 같은 입장에 있다고 해석되어 온 것들끼리 묶여 있다. '좌파-페미니즘-서민-개방적'은 빨간색, '우파-이퀄리즘-부유-전통적'은 파란색으로 묶이는 일이 자연스러웠다. '빨간색'은 불평등으로 인한 고통을 인식하고, 약자의 입장을 대변하는 태도다. 반면 '파란색'은 불평등 자체는 불가피하거나 혹은 합리적으로 나타나는 현상이라고 보는 입장이며, 최근에는 빨간색이 말하는 불평등 자체가 실제로는 과장되었다는 시각까지도 포함한다. 파란색의 이러한 시각은 그런 의도가 아니었더라도 결과적으로 기득권과 힘의 논리를 대변하는 결과로 자주 이어진다.

하지만 21세기에 이르러 이러한 고전적인 결합이 곳곳에서 해체되고 있다. 그중 가장 눈에 띄는 것은 계급과 개방성이 정치와 분리되기 시작한 것이다. 오늘날 산업화를 이룬 미국과 유럽, 그리고 한국에서도 전통 규범과 우파적 질서를 가장 눈에 띄게 지지하는 층은 오히려 노동자 계급의 저소득층이다. 반면 부의 재분배와 사회적 약자 보호라는 좌파적 가치를 옹호하는 이들은 주로 '문화 엘리트'라 불리는 고학력·고소득 유권자를 중심으로 결집한다. 실제로 투표 성향을 분석해 보면, 소득이 낮은 농업과 제조업 중심의 지역은 우파, 지식·문화 산업 중심의 대도시는 좌파적 성향을 보이는 경향이 서구와 한국에서 유사하게 관찰된다. '부유한 우파'와 '재분배를 원하는 좌파'라는 오랜 도식은 정치 이념이 처음 형성될 무렵부터 당연한 상식처럼 여겨져 왔지만 오늘날 그 구도가 뒤집히고, 점차 새로운 현실로 굳어지고 있다.

좌·우파의 유래, 계급이라는 개념, 페미니즘의 역사는 상당 부분 합의가 이루어진 지식의 영역에 속한다. 하지만 오늘날 벌어지고 있는 계급 배반적 현상에 대해서는 학자들 사이에서도 수많은 해석과 분석이 논쟁적으로 교차하고 있다. 제2차 세계대전 이후 세계적으로 이어진 자본주의의 성장이 한계에 도달하고, 저성장과 산업구조의 변화가 초래한 노동계급의 불안감이 정체성 정치와 결합했다는 것이 가장 주된 설명이다. 이 설명을 아주 단순화하면 다음과 같다.

자유시장 경제를 중시하는 신자유주의는 생산의 끝없는 효율성을 추구했다. 산업화를 먼저 이루어 임금과 생활수준이 높아진 국가일수록, 자본은 더 값싼 노동력을 찾아 나섰다. 이때 가장 먼저 대체되는 대상은 전문성과 협상력이 낮은 저숙련 노동자들이다. 이들은 더 열악한 조건에서도 기꺼이 일할 저개발국가의 노동력으로 대체된다. 기업이 생산 기지를 직접 해외로 이전하기도 하고, 저개발국가 출신 노동자들이 국내로 이주해 들어오기도 한다. 이렇게 유입된 저개발국가 출신의 이주 노동자들은 다양한 구조적 맥락 속에서 열악한 처지에 놓일 수밖에 없다. 때문에 약자성에 민감한 진보 진영, 특히 문화 엘리트들은 이주 노동자들의 입장을 대변하기 시작한다. 그런데 정작 이주 노동자들과 일상에서 가장 직접적으로 경쟁하거나 영향을 주고받는 이들은, 원래 좌파가 대변했어야 할 또 다른 저임금 노동자들이다.

이주 노동자들은 저숙련 일자리가 밀집된 지역에 거주하게 된다. 그리고 어느 공단 인근의 식당에서 채식 메뉴를 요구했던 외국인처럼, 이들의 수가 늘어나면 자신들의 고유한 문화와 생활방식이 점차 지역 안에서 가시화되기 시작한다. 그렇지 않아도 일자리가 줄어들고 삶의 불안정성이 높아진다고 느끼던 기존의 저소득 노동자들은 이러한 변화 앞에서 익숙한 생활이 위협받는다고 느낀다. 정치적 진보 진영은 기질적으로 새로운 문화와 다양성에 열려 있는 사람들인데, 그중에서도 학력이 뛰어나고 소득이 높은 문화 엘리트들은 직간접적인 해외 경험이 많고, 다양성을 수용하는 문화적 훈련도 잘되어 있다. 무엇보다 이러한 문화 엘리트들은 저숙련 이주 노동자들에 의해 일자리가 대체될 가능성이 거의 없다. 그 결과, 이주 노동자라는 약자를 보호하겠다는 진보적 의제는 국내의 저소득 노동 계층의 눈에는 현실과 동떨어진 위선으로 보인다. '너희들은 상관없다 이거지?' 이는 진보 문화 엘리트들에 대한 반감으로 이어지고, 그들이 지지하는 이민자, 성소수자, 환경, 젠더 등 진보 의제 전반을 향한 반발로 확산된다. 이들은 자신이 약자임에도, 혹은 오히려 약자여서 진보와 좌파의 입장을 거부하기 시작한다.

진보 정권이든 보수 정권이든, 권력을 유지하기 위해서는 무엇보다 가장 기본적인 이해관계인 먹고사는 문제를 책임져야 한다. 혹은 최소한 책임지고 있다는 인상이라도 주어야 한다. 하지만 그것만으로는 충분하지 않다. 모든 권력에는 반대 세력이 있기 마련이다. 권력은 이 저항을 정치적인 방식으로 관리하고 견제할 수 있는 방안을 찾아야 자신들의 영향력을 안정적으로 유지할 수 있다. 이는 공권력이라는 공인된 폭력으로 범죄를 제압하는 치안과는 다른 영역이다. 즉 야당과 그 지지자들을 견제하는 논리가 무엇이냐의 문제다.

권위주의적인 군사독재 정권은 여기에도 폭력을 사용했다. 특히 한국의 경우 휴전 중인 분단국이라는 특수성은 모든 정치적 갈등을 '안보'라는 명분으로 억누르기 용이했다. 권력에 대한 저항에는 각종 혐의를 덧씌워 물리적 폭력으로 제압했다. 이처럼 권력의 무기가 무력武力일 경우, 여기에 대항하는 수단은 이를 무력화無力化하는 것이다. 폭력을 두려워하지 않는 국민들이 항쟁으로 이루어낸 민주화는 한국 역사의 중요한 궤적이다.

실제 성과와 무관하게, 표면적으로 효율과 시장을 강조하는 우파 정권의 경우 주로 사용하는 무기 또한 '효율'과 '이익'이다. 모두가 잘먹고 잘살 수 있게 해준다고 설득하며, 상대 진영을 견제할 때는 '무능'과 '비효율'이라는 논리를 사용한다. '무능하고 게으른 이들을 챙기는 좌파가 정권을 잡으면 모두가 먹고 살기 힘들어진다.', '돈을 잘 버는 것은 역시 우파 정권이다.'라는 인식을 반복적으로 활용한다. 이에 맞서 좌파 정권은 '우파가 일을 잘한다는 것은 착각'이라며 반론을 펼치거나 혹은 '부패' 프레임을 소환하기도 한다. 설령 정말로 국가의 경제력이 강화된다고 해도 권력자들의 배만 불린다면 소용이 없기 때문이다. 먹고사는 문제가 너무 심각해지면 이것도 안 먹힐 때가 있다. '비리 좀 있어도 유능하면 괜찮다.'는 정서가 퍼지기 시작한다.

 반면 좌파 정권은 주로 '도덕과 계몽'을 정치적 수단으로 활용한다. 그에 따라 상대측을 견제하는 논리는 '수치'와 '분노'가 된다. 가진 자들의 이기심과 탐욕을 부각시키고, 약자를 차별하는 행위는 인간으로서 부끄러운 일이라며 수치심을 자극한다. 비슷한 비리를 저질러도 진보 진영 인사들에게 민심이 더 엄격하게 반응하는 것은 도덕과 분노가 원래 좌파의 무기이기 때문이다. 그 결과 자신이 주장하는 가치를 자신이 지키지 못하는 위선은 좌파 정치인에게 가장 붙이기 좋은 꼬리표가 된다. 무능은 증명하는 데 시간이 걸리고 명확한 책임 규명이 어려운 반면, 비리와 부도덕은 구체적인 인물과 사건을 통해 즉각적으로 드러난다. 효율을 내세우는 정권의 무능은 공격하기 모호하지만, 도덕을 앞세우는 정권의 비리는 정황만 있어도 엄청난 타격을 받을 수 있다. 게다가 권력은 본질적으로 부패하는 속성을 갖고 있다. 도덕과 계몽을 권력 유지의 무기로 삼는 일은 애당초 난항에 부딪힐 숙명이다.

 아예 상대의 프레임 자체를 부정하는 방식도 가능하다. 효율과 이익을 강조하는 우파의 프레임에 '너희들도 무능하다.'라고 공격하는 것은 프레임을 받아들인 채 맞대응하는 것이지만, '먹고사는 것만이 삶의 전부는 아니다, 더 중요한 것들도 있다.'라고 말하는 것은 프레임 자체를 공격하는 것이다. 이는 중요한 진실을 담은 주장이지만 현실 정치에서는 기본적으로 먹고사는 문제가 핵심 과제이므로 이 프레임을 부정하는 전략은 설득력을 갖기 어려워 보인다. 그러한 역할은 정치보다는 운동과 예술의 언어가 된다.

그럼 반대로 도덕과 계몽을 활용하는 정권의 프레임을 공격하는 수단은 무엇일까? 군부 정권의 무력을 두려워하지 않으면 권력을 유지할 수 없게 되듯, 계몽 정권이 부여하는 수치심을 거부하면 계몽에 의한 통치는 작동하지 않는다. 이러한 태도는 대개 '가르치려 드는' 혹은 '강요하는' 모든 행태에 대한 강력한 거부감으로 나타난다. 좌파적 계몽에 대한 저항인 만큼, 우파적 자유주의와 경쟁 원리도 동원된다. '남을 돕는 것은 좋은 일이겠지만 절대 강요하면 안 된다.', '약자를 도와야 한다고? 나 먹고 살기도 힘든데 배부른 소리다.', '너는 여유가 있으니까 그런 말이 쉽게 나오겠지.', '나보다 훨씬 더 어려운 사람들도 많으니 나도 부유한 편이라고? 내가 왜 부유야.' 이 모든 대답에는 계몽적 질서가 강요하는 부끄러움이 배제되어 있다.

보편적 인권이 부상한 배경을 설명할 때 언급했듯, 진보적 가치관이 세계를 이끌어가는 것처럼 보일 때가 있었다. 한국에서도 두 차례 이어진 진보 정권은 10년의 집권 기간 동안 점차 사회를 주도하는 기득권으로 인식되기 시작했다. 특히 이 시기에 처음 정치적·사회적 입장을 형성하기 시작한 젊은 세대는 이전의 권위주의 정부를 목격하지 못한 만큼 이들의 인식 속에서 진보 정권은 처음부터 기득권이었다. 그리고 기득권이 '약자'를 내세우는 행위는 모순과 위선으로 해석되기 쉬운 구석이 많았다. 그 가운데 다양한 복지제도의 도입에도 불구하고 세계 경제의 신자유주의 흐름과 저성장 시대의 불안정성은 점차 심화되었다. 이는 사람들로 하여금 '삶이 나아지지 않는 책임'을 정치에 묻게 만들었고, 결국 진보 정권은 10년 만에 '경제 대통령'을 자처한 기업인 출신 정치인에게 자리를 내준다.

이러한 정권 교체는 진보 정권이 주도해 온 계몽의 프레임 또한 지배력을 상실했음을 의미한다. 게다가 두 차례의 진보 정권이 이어지는 동안 다양한 진보적 의제들이 공론장의 주요 담론으로 부상했고, 이러한 분위기를 등에 업은 어떤 진보 인사들은 의견이 다른 상대를 조롱하거나 희화화하는 방식으로 공론장 밖으로 밀어내며 인기를 얻기도 했다. 이러한 방식에 대한 반감 또한 차곡차곡 누적되었고, 그 결과 진보 정권을 기득권으로 인식해 온 젊은 세대, 그중에서도 위계에 더 민감하고 젠더 담론에서도 소외감을 느끼던 젊은 남성들은 새롭게 주류로 떠오른 온라인 공간들 속에서 다양한 진보 담론 전반을 공격하고 조롱하기 시작했다. 이들에게 교체된 정권은 계몽을 강요하다 실패한 위선적인 기득권의 상징이 되었고, 진보 담론에 대한 조롱은 위선과 기득권에 대한 저항으로 정당화된다. 계몽의 도구였던 수치심을 무력화하는 가장 효과적인 저항은 모든 윤리적 권위를 희화화하는 것이다. 이 구조 안에서는 모든 진지한 이야기에 조롱으로 대응하며 부끄러움을 느끼지 않는 것이 하나의 정치적 실천이 된다. 이 전략은 차근차근 우파적 남성 중심의 온라인 문화를 지배하는 논리로 자리 잡는다.

이는 한국뿐 아니라 전 세계적인 현상이다. 문화 엘리트들이 주도해 온 기성 언론과 다양한 담론의 장은, 자신들의 프레임을 따르지 않는 이들에게 수치심을 부여하고 공론장에서 배척하는 방식으로 유지되어 왔다.(흔히 '발언권을 주지 말라'는 표현이 이러한 대응의 대표적인 방식이다.) 그러나 기술 자본의 시대, 기존의 공론장에서 배제된 이들은 이제 온라인이라는 새로운 미디어에서 발언권을 얻기 시작했다. 그동안 자신의 말을 제대로 들어주는 사람이 없었는데, 이곳에 와보니 자신과 같은 사람이 이토록 많을 줄이야. 계몽적 권력은 급격하게 힘을 상실하기 시작했다.

노동계급은 왜 파란색이 되어갈까?

「더 커뮤니티」 후반부에 등장하는 국민참여재판 미션에서는 계급 배반적 정치를 정면에서 다루었다. 이 미션은 하나의 딜레마 상황을 가정한 사례를 중심으로 출연자들이 찬반으로 갈라져 공방을 벌인 뒤, 이 공방을 지켜본 외부 참가자 대학생 33명이 최종 결과를 투표로 결정하는 방식으로 진행되었다. 미션에서 제시한 사례는 다음과 같다.

기자 A는 기본적인 노동권과 최저임금도 보장받지 못한 채 열악한 환경에서 일하고 있는 봉제 노동자들의 현실에 분개하여, 이를 고발하는 심층 취재 기사를 썼다. 그러나 취재 과정에서 당사자인 노동자들의 하소연을 듣게 된다. "이런 일이라도 하지 않으면 우리를 써주는 곳이 없다. 우리의 일자리를 빼앗지 말아 달라."라는 내용이었다. 기자 A는 고민 끝에 취재한 기사를 폐기하고 봉제 공장의 문제를 눈감아 주기로 했다. 기자의 행동은 옳은가 그른가?

가상의 상황이라고 소개했지만, 실제로 문제가 되고 있는 노동 현장을 그대로 반영한 내용이다. 오래전 일도 아니다. 당장 2024년 기준 부산 지역 봉제 노동자의 65퍼센트가 월 200만 원이 안 되는 최저임금 미만의 조건으로 일하고 있다.[1] 서울의 봉제 노동자 역시 1997년과 크게 다르지 않은 노동조건에서 일한다.[2] 기자의 상황은 가상의 설정이지만, 그가 마주한 '폭로냐 생존이냐'의 딜레마는 현실에서도 반복되는 문제다. 다수의 의류 제조기업이 저임금 노동력을 찾아 생산 거점을 해외로 옮기면서, 국내에 남은 소규모 봉제 공장들은 노동자에게 적법한 임금을 지급하면 아예 사업장을 유지하는 것 자체가 어려운 구조다. 이들의 고용주가 악덕이어서도 아니다. 이런 소규모 봉제 공장을 운영하는 사업자는 대부분 본인도 노동자들과 유사한 조건으로 노동력을 쏟아붓고 있는 노동자이기도 하다. 그리고 저임금 봉제 노동자의 상당수는 고령 여성들로, 평생 숙련해 온 이 기술이 아니면 더 열악한 일자리 말고는 선택지가 없는 경우가 많다. 결국 이 사례를 단순화하면 '법적 기준에 미달하는 임금을 받고서라도 일하고 싶어 하는 사람을 어떻게 할 것인가?'라는 질문으로 바꿀 수 있다. 얼핏 들으면 '본인이 원하면 그냥 하게 두면 되는 것 아닌가?' 싶을 수 있지만, 이러한 선택을 방치하면 사회 전반의 노동자 착취로 쉽게 이어질 수 있다. 모든 규제 아래에는, 이전 시대의 수많은 죽음과 희생이 깔려 있다.

이 미션에서는 출연자들의 평소 입장과 무관하게 리더가 임의로 찬반 입장을 배정하는 것이 규칙이었다. 리더에게 출연자 개개인의 유·불리를 조정할 수 있는 강력한 권한을 제공한 것이다. 그런데 당시 리더였던 백곰의 배정 방식이 흥미롭다. 그는 출연자들의 정치적 이념(좌파-우파)과 계급적 위치(서민-부유)를 함께 고려해 '좌파-부유'에 해당하는 이들을 "그래도 노동법을 준수하는 것이 중요하다."라는 입장으로, '우파-서민'에 해당하는 이들을 "본인이 원하면 적은 임금으로도 노동을 할 수 있게 해야 한다."로 배정했다. 노동법은 원래 서민을 보호하기 위해 만들어진 제도임에도, 오히려 서민적 특성이 강한 출연자들을 노동법에 반대하는 입장에 배치한 것이다.

배정된 입장대로 논리를 만드는 것이 게임의 규칙이었기 때문에 출연자들의 진짜 생각은 알 수 없지만, 이들이 게임 안에서 주장한 내용은 백곰의 의도와 잘 맞아떨어진 것으로 보인다. 특히 실제 서민 계급 출신으로 청와대 경호원을 거쳐 배우로 활동하고 있는 출연자 '낭자'의 강경한 발언은 노동계급의 보수화를 가장 잘 보여주는 예시라고 할 수 있다.

법적으로 이런 일이 대물림되면 안 된다고 하잖아요. 그럼 그 노동자들은 당장 어디로 가요? 공장이 당장 문을 닫았을 때, 당장 오늘 저녁에 밥 먹을 수도 없고 월셋방에 월세도 낼 수 없는 사람들은 어디로 가요? 그거 책임지실 거예요? 번지르르하고 번듯한 말 너무 많아요. 근데 그거 모르는 거 아닌데 안 해주잖아요.

낭자는 과거 학비를 벌기 위해 법적으로 보호받지 못하는 열악한 일자리에서도 아르바이트를 해야 했던 자신의 경험을 빌려 봉제 노동자들을 변호했다. 게임이었던 만큼 약간의 각색을 더하긴 했지만, 상당 부분 자신의 실제 경험을 바탕으로 한 고백이었다. 노동 착취의 확산을 우려하는 진보 정치의 '보편적 선'은, 당장의 생계가 걸려 있는 노동자들이 실감하기 어렵다는 논리다.

트럼프 시대가 의미하는 것

미국의 트럼프 대통령 당선과 영국의 브렉시트는 전 세계 지식인들에게 거대한 충격을 연달아 안긴 사건이었다. 자신들이 보편적 인권을 위한 방향이라고 믿고 지지해 온 흐름을 다수의 유권자들이 정면으로 거스르는 선택을 했기 때문이다. 두 경우 모두 처음에는 일종의 해프닝으로 설명하려는 시도가 이어졌다. 교육수준이 낮은 저소득층이 정확한 정보를 접하지 못해 내린 오판이라는 식이었다. 하지만 이러한 설명은 그 선택을 했던 당사자들을 더욱 분노하게 만들었으며, 두 번째로 시작한 트럼프의 임기와 함께 이제 더 이상 해프닝이라고 부를 수 없는 현실이 되었다.

　트럼프가 당선된 미국과 브렉시트에 찬성한 영국의 경우 모두 제조업이 쇠퇴하는 가운데, 지속적으로 저임금 이주 노동자들과 난민들이 유입되어 왔다. 그리고 그들이 진입할 수 있는 일자리 또한 기존의 저임금·저숙련 직종들이었다. 이런 상황에서 진보 진영의 문화 엘리트들이 외치는 '다양성과 포용의 가치'는 당장의 생존과 안정을 위협받는다고 느끼는 기존 노동 계층에게는 현실과 괴리된 선언처럼 들렸을 가능성이 크다.

　영국의 기자 데이비드 굿하트는 2017년 출간된 책 『엘리트가 버린 사람들』에서 '애니웨어anywhere'와 '섬웨어somewhere'라는 구도로 브렉시트의 배경을 분석한다. (좀 더 단순하게는 '도시'와 '시골'의 갈등으로 표현하기도 한다.) 애니웨어는 고등교육을 받은 지식 노동자들이다. 이들이 종사하는 분야는 물리적 제약을 덜 받기 때문에 '어디서든anywhere' 일할 수 있으며 지역 기반의 공동체보다는 문화자본을 중심으로 느슨하고 광범위한 네트워크를 형성한다. 반면 섬웨어는 '그곳에서somewhere' 거의 평생 거주지를 이동하지 않고 사는 사람들이다. 이들은 지역 공동체를 중심으로 생활하고, 제조업이나 자영업, 농업 등 경제활동도 지역 중심으로 이루어진다. 그만큼 사는 지역에 대한 애착이 강하고, 가족과 지역 공동체에 헌신하며 삶의 의미를 찾는다. 이민자들이 유입될수록 지역의 풍경과 질서가 빠르게 달라지는 상황에서 어느 쪽이 더 위기감을 느꼈을지 예상하는 것은 어렵지 않다.

　하지만 실제로 이주민들의 유입이 기존 노동자들에게 부

정적인 영향을 끼쳤는지는 불분명하다. 유럽개혁센터Centre for European Reform[3]나 옥스퍼드대학교 산하 이민관찰소Migration Observatory의 최근 분석[4]에 따르면, 이민자 유입이 기존 영국인 노동자의 임금과 고용에 끼치는 영향은 전반적으로 미미했다. 오히려 유럽연합의 핵심 경제국이었던 영국은 브렉시트 이후 다른 유럽연합 주요국들에 비해 경제 성과가 저조했고, 최근에는 추가적인 후속 협상으로 브렉시트의 부작용을 보완하기 위해 노력하고 있다.[5] 미국의 경우도 전미경제연구소의 논문에 따르면 저숙련 일자리에 이민자를 고용한 기업일수록 생산성이 높아졌고, 이는 오히려 자국민 고용에도 긍정적인 영향을 끼치는 것으로 드러났다.[6] 산업구조의 문제로 노동환경이 열악해졌을 수는 있지만, 그 원인이 꼭 이민자는 아니라는 것이다.

바로 이게 문제다. 지금 당장 이민자들이 내 눈앞에서 일하며 소중한 지역의 풍경을 바꾸고, 전통이 무너지고, 지역의 일자리는 실제로 악화되고 있는데 저 잘난 엘리트들은 거시적인 통계 수치를 들이밀며 "당신이 틀렸다."라고 말하는 것이다. 그리고 그 말에 동의하지 않으면 멍청한 사람, 못 배운 사람, 말이 통하지 않는 사람 취급을 한다. 하지만 숫자만으로는 다 표현되지 않는 삶의 경험과 체험, 감각이 있다. 우리가 매일 경험하는 감정, 우리가 소중하게 여기는 지역성과 공동체의 가치는 수치에 담기지 않는다. (아이러니하게도 이것은 진보 진영에서 다양성과 소수자의 권리를 옹호할 때 등장하는 설명이기도 하다.) 소셜미디어와 유튜브에는 말이 통하는 사람들이 있다. 우리의 목소리에 귀를 기울여주는 정치인도 있다. 숫자도 우리가 분명히 많다. 민주주의는 결국 다수결의 싸움이다.

누구에게나 인정은 필요하다

20세기의 저명한 사회과학자 앨버트 허시먼은 사회적 갈등을 '나눌 수 있는 것'과 '나눌 수 없는 것'으로 구분한다.[7] 그중 나눌 수 있는 것은 분배적 갈등이다. 임금, 복지 등 경제적인 자원들을 분배하는 문제가 핵심이다. 이를 조정하고 결정할 권력을 어떻게 뽑고 어떻게 나눠 가질 것인지도 여기에 해당한다. 이러한 정치경제적 갈등은 근대 이후 '정치'라는 개념을 구성하는 핵심 축이었으며, 「더 커뮤니티」가 주목한 장면들 역시 이 축 위에 놓여 있다.

반면 나눌 수 없는 것은 가치의 갈등이다. 정체성, 문화, 종교, 도덕 이념 등 산술적으로 분배하고 타협하기 어려운 문제들이 여기에 속한다. 예컨대 성소수자라는 정체성 자체를 인정하지 않으면, 그와 관련한 제도는 논의를 시작하는 것조차 불가능하다. 채식주의자에게 '고기가 50퍼센트만 들어간 메뉴'는 아무런 의미가 없다. 전국 공공기관의 최소 절반 이상에 채식 메뉴를 포함시키겠다는 식의 정책은 표면적으로는 가능할 수 있겠지만, 당사자 입장에서는 내가 속한 지역이 포함되지 않으면 이 역시 무의미하다. 나눌 수 없는 가치의 문제로 갈등할 때는 정치의 핵심을 경제적 분배로 보는 관점과 어긋날 때가 많다. 이러한 갈등에서의 화폐는 '인정'이다.

노벨경제학상을 수상한 경제학자 아마르티아 센은 롤스의 정의론에서 한 발 더 나아가 '역량 접근capability approach'이라는 개념을 제안했다. 자원의 공정한 분배만으로는 정의를 실현할 수 없으며, 그 자원이 실제로 개인의 삶에서 어떻게 실현될 수 있는가를 함께 고려해야 한다는 관점이다. 아주 쉬운 예로는 이런 것이 있다. 방송을 제작하는 입장에서 출연 후보자들과 미팅을 할 때, 최종 섭외로 이어지지 않더라도 시간을 내준 것에 대한 감사의 뜻으로 종종 커피 기프티콘 등을 선물한다. 나름의 성의를 표하는 것이지만, 카페인에 예민하거나 거주지 주변에 해당 브랜드의 카페 매장이 없는 사람에게 이 선물은 실질적인 가치를 갖지 못한다. 이처럼 자원을 똑같이 제공하더라도 받는 이의 정체성과 생활 조건에 따라 그것이 '역량'으로 전환되는 정도는 달라질 수 있다. 사람들의 고유한 경험을 인정하고 존중할 때에야, 자원은 비로소 역량으로 이어질 수 있다.

「더 커뮤니티」를 준비하면서 참고로 봤던 콘텐츠 중 하나는 'Jubilee'라는 유튜브 채널의 「스펙트럼」이라는 쇼다. 제목 그대로 논쟁적인 주제를 가지고 찬성과 반대가 아닌 스펙트럼 위에서 각자의 입장을 이야기하는 콘텐츠다. 정체성 정치의 시대답게 다양한 정체성을 가진 사람들이 대거 등장한다. 남성, 여성, 흑인, 백인, 아시아인, 무슬림, 기독교인, 게이, 트랜스젠더, 페미니스트, 포르노 배우, 동정, 비건, 입양아, 운동선수, 다운증후군 당사자, 자살 생존자, 10대, 10대 아빠, 10대 엄마 등등 건

드리지 않는 정체성이 없을 정도다. 같은 정체성으로 분류되는 이들이 여섯 명씩 한 팀으로 빈 스튜디오에 초대되어, 제작진이 던지는 논쟁적인 질문에 답한다. 바닥에는 총 일곱 줄의 선이 그어져 있으며, 「더 커뮤니티」의 테스트처럼 '강하게 동의'부터 '강하게 반대'까지 단계별로 나뉘어 있다. 가운데에 중립이 한 줄 더 있어서 총 일곱 단계다. 질문이 나오면 자신이 생각하는 위치로 이동한 다음, 각자가 서 있는 자리에서 서로의 입장을 나눈다. 모든 에피소드의 제목 형식은 같다. "OOO는 다 똑같이 생각할까?" 당연히 그럴 리가 없지.

그중 기억에 남는 하나는 "백인들은 다 똑같이 생각할까?"라는 에피소드에 등장한 장면이다. 사실 이런 콘텐츠를 만드는 이들은 대개 진보적인 성향을 가진 경우가 많다. 게다가 흑인 인어공주를 향한 불만이 제기될 때마다 가장 흔히 돌아오는 반응이 '인종차별주의자!'였던 것처럼, 정체성 문제에 있어 좋게 말해 보수적인, 그러니까 조금이라도 차별의 뉘앙스가 담긴 말은 공적인 자리에서 꺼내서는 안 된다는 분위기가 트럼프 시대에도 여전히 미국 주류 사회의 중요한 합의로 남아 있다. 더욱이 얼굴을 드러낸 채 출연하는 유튜브 콘텐츠에서, 그것도 비슷한 성향들끼리 모인 것도 아닌 영상에서 이러한 합의 바깥에 놓인 이야기를 꺼내는 것은 표현의 자유를 강조하는 미국에서도 어려운 일이다.

"백인들은 다 똑같이 생각할까?" 편에서도 주로 백인의 특권이라고 여겨지는 주제들이 던져졌다. "인종주의 역차별은 존재할까?", "백인 문화라는 것이 존재할까?", "나는 노래 가사에 등장하는 N-word*를 따라 부를 수 있다.", "나는 특권을 누리고 산다." 등등. 이 질문들에 대해 여섯 명의 백인 출연자들은 일사분란하게 자신들의 특권을 겸허히 인정하는 방향으로 움직인다. 역차별은 존재하지 않고, 백인 문화라고 부를 만한 것은 없으며, 노래 가사여도 N-word는 따라 부르면 안 되고, 다른 조건과 무관하게 백인이라는 사실만으로도 특권층이라고 응답한다. 간혹 반대쪽으로 이동하는 사람도 있지만, 대부분 멀리 가지는 못하고 '약간 그렇다' 근처에서 서성인다. 그러면 나머지 사람들이 확신에 찬 목소리로 왜 그 생각이 잘못됐는지를 설파한다. 혼자 반대편에 섰던 사람은 잔뜩 움츠린 채 자기 생각을 얘기하다가 결국 사람들을 따라 한두 칸쯤 되돌아와 의견을 철회한다. 이것이 바로 계몽적 윤리가 유지되어 온 방식이다. 도덕과 계몽은 정당성과 수치심을 동원해 상대를 움직인다.

인상 깊었던 장면은 이것이다. "나는 백인인 것이 자랑스럽다."라는 질문에 역시나 출연자 대다수가 동의할 수 없다는 방향으로 움직인다. "자랑스럽다"로 겨우 한 칸 움직인 백인 여성은 이미 울상이다. 다른 사람들은 그를 꾸짖기 시작한다. 흑인이 스스로를 자랑스러워하는 것과 백인이 그 말을 하는 것은 전혀

---

* 니거Nigger를 뜻한다. 흑인을 비하하는 대단히 모욕적인 속어로, 노예제와 인종차별의 역사를 고스란히 내포하고 있다. 다만 흑인들 사이에서는 때때로 서로를 일컫는 내부적 호칭으로 사용하기도 하며, 이러한 맥락에서 일부 흑인 뮤지션의 거친 가사에 등장하기도 한다.

다르다고. 역사적으로 그 말을 해온 사람들이 나치와 KKK*였기 때문에 자신들은 그 말에 동의할 수 없다고. 자랑스럽다는 것은 스스로 성취한 것에 대해서 쓸 수 있는 말인데, 피부색은 나의 성취가 아니라고. 쏟아지는 맞는 말들 속에 혼자 반대 방향에 서 있던 여성은 울 것 같은 얼굴로 말한다. "내가 그냥 나인 걸 자랑스러워하면 안 되는 거야……? 나는 나인 게 좋고, 설령 나에게 지금과 다른 인종으로 살 선택권을 줘도 나는 지금의 내 삶을 살고 싶어. 그게 자랑스러운 것 아냐……?" 반대쪽에 서 있던 사람들의 논리가 모두 옳았지만, 나는 그 여성의 울 것 같은 얼굴과 떨리는 목소리가 잊히지 않는다.

그의 말은 그 자체로 비난하기 어렵다. 하지만 그의 반대쪽에 서 있던 이들이 지적하듯, "백인인 것이 자랑스럽다"라는 표현은 특정한 역사적 맥락에서 반복적으로 사용되어 왔다. "미국을 다시 위대하게!Make America Great Again"**라는 구호나 "모든 생명은 소중하다"라는 문장이 더 이상 문자 그대로의 의미로만 해석될 수 없는 것처럼, 어떤 말은 맥락을 고려하지 않을 수 없다. 이렇게 거대한 맥락이 강조되는 순간, 개인이 그 맥락 바깥에서 느끼는 일상적인 감정은 교정되거나 억압된다. 사람들은 이 감

---

* 큐 클럭스 클랜Ku Klux Klan. 1865년 미국에서 결성된 백인우월주의 비밀단체로, 흑인과 유색인종, 이민자, 유대인 등을 폭력적으로 탄압하며 인종차별을 선동해 온 극우단체.

** 원래는 미국 정치권에서 정당을 가리지 않고 관용적으로 쓰여온 표현이나, 2016년 트럼프의 대선 슬로건으로 쓰이면서 트럼프와 그 지지층의 문장으로 굳어졌다.

정과 맥락 사이에서 충돌한다. 그 자리에 트럼프가 나타난 것이다. 그는 저 울 것 같던 백인 여성에게 백인인 것을 자랑스러워해도 된다며 인정의 화폐를 제공한다. 트럼프는 이렇게 맥락 밖으로 밀려난 감정들을 하나의 거대한 흐름으로 집결시켰다.

서로 말이 통하지 않는 이유

일상 언어와 개념어의 맥락은 자주 충돌한다. 이로 인해 벌어지는 수많은 오해와 비난은 개념어가 갖는 사회학적·역사적 맥락을 두루 고려할 수 있는 사람들과, 그렇지 않은 사람들 사이의 차이 때문에 발생하기도 한다. 이 책에서 사상검증 테스트의 네 가지 차원을 하나하나 풀어서 설명한 이유도 거기에 있다. 같은 단어를 쓰더라도 서로 전혀 다른 이야기를 할 때가 많기 때문이다.

한국에서 가장 대표적인 예로는 '미소지니misogyny'라는 용어를 둘러싼 충돌이 있다. 이 단어는 그리스어에서 유래했으며, '싫어하다'는 의미의 misein과 '여성'을 의미하는 gyne이 합쳐진 단어다. 젠더 차원에서 살펴보았듯 여성을 '제2의 성'으로 취급해 온 역사는 그 시작을 추론하기 어려울 만큼 수많은 문명에서 지속되어 왔다. 남성을 인간의 기본형으로 두고, 여성을 항상 예외적이고 부차적인 존재로 취급해 왔다는 뜻이다. '사내놈'은 욕으로 들리지 않지만 '계집년'은 욕으로 들리는 것, 남자가 교사·배우·기자일 때는 붙지 않던 접두사가 여자일 경우에는 여

교사·여배우·여기자가 되는 것도 여성을 예외적 존재로 취급해온 역사의 산물이다. 이는 반대로는 성립하지 않는다. 구조적으로나 문화적으로 남성을 표준 바깥의 비정상적 존재로 취급해온 역사는 존재하지 않기 때문이다. 페미니즘은 공기처럼 여성을 깎아내리는 이 미소지니와 매순간 싸워왔다.

그런데 이 미소지니를 '여성혐오'로 번역하면서 문제가 한층 복잡해졌다. 개념어로서의 '혐오'는 단순한 감정을 표현하는 말이 아니다. 특정 집단의 고유한 정체성을 비하하고 경멸하거나 차별을 조장하고 정당화하는 모든 언어와 행동을 종합적으로 의미하는 개념이다. 그런데 '혐오'라는 단어는 개념어가 아니더라도 이미 일상적으로 널리 쓰이고 있다는 것이 문제다. '격렬히 싫어하고 미워하는 마음'을 뜻한다고 굳이 설명하지 않아도 될 만큼 익숙한 단어다. 이처럼 일상어와 개념어가 경합하면, 대개 개념어의 맥락이 밀려난다. 대다수의 사람들은 개념어를 잘 사용하지 않는다. 같은 단어라면 일상어의 의미로 이해한다. 그래서 여성에 대한 차별적 인식을 '여성혐오'라고 지적하면 "나는 여자를 미워한 적이 없는데 무슨 소리냐."라는 대답이 나온다. 이런 대화는 이미 감정이 격해진 상태에서 이루어지는 경우가 많기 때문에, 개념어의 의미를 차근차근 설명해도 "가르치려 든다"는 반발이 등장하거나, 종종 "가서 공부하고 오라"는 대응으로 충돌을 낳기도 한다.

미소지니의 반대 개념으로서 '남성혐오'는 구조적으로 성립하기 어렵다고 설명하기도 하지만, 남성들을 향한 두려움과 분노, 부정적인 인식은 현실 곳곳에서 발견할 수 있다. 일상어의 의미로 '남성을 혐오'하는 사람을 만나는 게 어렵지는 않다는 뜻이다. 페미니즘을 조롱하는 이들과 싸우다 지친 일부 여성들은 당한 대로 갚아주겠다며 그동안 일상적으로 사용되어 온 여성에 대한 멸칭들을 남성형으로 바꿔 부르기 시작했다. 조롱은 쾌감을 낳고, 더구나 전복적이기까지 한 이 전략은 급속도로 대중화되었다. 이를 두고 '남성혐오'라고 주장하며 분노하는 사람들이 생겼고 그러면 또다시 '남성혐오'는 구조적으로 불가능하다고 지적하는 사람들이 잇따른다. 그러나 남성이라는 이유만으로 조롱받거나 적대적인 대우를 받은 사람에게 남성혐오는 존재하지 않는다고 말하는 것은 결국 그 말을 하는 입장 전체에 대한 반감으로 이어질 뿐이다. 이렇게 서로 말이 통하지 않는다고 느낄 때 찾아오는 분노와 좌절감은 반대편을 점점 더 '무도한 존재'로 받아들이게 한다.

어떤 문장의 다양한 맥락을 파악하고, 그에 맞는 개념어를 익숙하게 구사하는 것은 많은 문화자본을 필요로 하는 일이다. 모든 사람이 그러한 문화자본을 지닐 수 있는 것도 아니고, 반드시 그래야 하는 것도 아니다. 정치적 올바름이나 포용성과 같은 감각도 많은 부분 그 사람이 태어나고 자란 계급과 환경, 세대 등 다양한 맥락 속에서 형성된다. 어릴 적부터 해외여행을 일상적으로 다닌 사람과, 한 지역에서 비슷한 가치관을 가진 사람들과 평생 살아온 사람의 세계관이 다른 것은 지극히 당연한 일이다. 학문은 현상을 정확히 기술하는 데 목적이 있으므로, 중의

적이거나 모호하게 읽히지 않도록 적확한 언어를 구사하는 것이 중요하다. 하지만 정치는 다르다. 정치의 언어는 사람들이 살아가는 삶의 맥락 속에서 그들의 감정과 표현을 반영하고 포착할 수 있어야 한다. 한국과 미국을 비롯한 수많은 선진국에서 노동자 계급이 문화 엘리트들에게 반감을 갖게 된 이유는 자신들의 삶과 언어가 반복해서 인정받지 못하고 배제되는 일을 더 이상 견디지 못했기 때문이다. 이들은 마침내 온라인에서 발언권을 얻은 뒤 그곳에서 자신들과 같은 목소리를 만났고, 자신들에게 '인정'을 공급해 주는 정치를 향해 결집했다. 살아온 삶과 언어를 계속해서 부정당하고 교정당해야 하는 계몽주의를 따라야 할 이유는 더 이상 찾기 어렵다.

우리는 관계 속에서 대화한다

나는 말재주가 좋은 편이다. 조용한 분위기를 좋아하는 내향적인 성격과는 별개로, 하고 싶은 이야기가 있으면 특별한 준비 없이도 말로 슬슬 풀어내는 데 별로 부담이 없다. 그리고 이런 면을 꽤 일찍 발견했다. 초등학교 시절, 처음으로 발표 수업을 했을 때 여러 사람 앞에서 말하는 일이 전혀 어렵지 않다는 사실을 깨달은 것이다. 그때부터 나는 생각과 주장을 잘 정리해서 말하는, 이른바 논리적인 발화에 익숙한 사람으로 자랐다. 동아리 신청이 좌절되었다고 교장실까지 찾아갔을 정도이니 자기주장도 제법 강했던 것 같다. 친구들과 의견이 엇갈릴 때면, 말을 다투어 논리적인 우위를 차지하는 과정에서 종종 스릴도 느꼈다. 이런 기질은 고등학생이 될 때까지 점점 더 강해졌다. 지식과 자아가 무서운 속도로 살을 찌우는 10대였으니, 그것이 기질과 만나 어떤 모습이 되었을지는 알만하다. 이렇게 남 일처럼 말하는 이유는, 당연히 그 시절의 나는 그런 내 모습을 객관적으로 볼 수 없었기 때문이다.

그런 내 모습을 자각하게 된 것은 고등학교 토론 수업 시간에서였다. 대입 수시 전형이 막 도입되었던 시점이었고, 이를 대비하기 위한 방과 후 토론 수업이 신설됐다. 선생님이 나눠 주신 읽을거리에는 명쾌하게 옳고 그름을 가릴 수 없는 복잡한 사회적 갈등과 삶의 이야기들이 적혀 있었다. 학생들이 돌아가며 발제를 맡으면, 다른 학생들이 질문을 던진 뒤 찬반을 나누어 토론을 진행하는 식이었다. 그때도 나는 여전히 반골 기질이 강한 학생이었고, 애초에 명쾌하게 나눠지지 않는 문제를 찬반 입장으로 가르는 토론 방식이 영 못마땅했다. 그럴 바엔 어차피 논리력을 키우는 것이 목적인 수업이니, 내 생각에 가까운 쪽이 아니라 아예 정반대 입장을 자처해 그 논리로 상대를 논박하는 것이 당시 내 나름의 반항이었던 것 같다. 내 입으로, 원래 내 생각이었을 입장을 몰아세우는 일에는 이상한 쾌감이 있었다.(써놓고 보니 진짜 이상한 사람 같다……)

그런데 언제부턴가 친구들이 토론 수업을 앞두고 나를 찾아오기 시작했다. 발제를 맡은 친구가 오늘은 제발 질문하지 말아 달라며 부탁을 하는가 하면, 토론을 앞두고 살살 해달라는 친구도 점점 늘었다. 그게 농담조가 아니라, 그늘진 얼굴로 정말 간절하게 건네는 부탁이었다는 것이 문제다. '어? 나 뭐 하고 있는 거지?' 그제야 모든 상황이 다시 보이기 시작했다. 또래 몇 명 사이에서 말재주가 조금 능숙하다고 얼마나 오만하게 굴었는지. 많은 사람 앞에서 말문이 막히는 일은 얼마나 괴로운 경험인지. 그런데도 나를 따돌리거나 비난하지 않고 조심스럽게 부탁을 해준 친구들이 얼마나 선량했는지도.

 권위주의를 그렇게 싫어했으면서, 상대의 의지와 감정을 언변으로 꺾어버리는 일은 설령 그것이 논리에 기반했다 하더라도 권위주의와 닮은 구석이 있었다. 신체적 힘이 강하다고 친구들을 제멋대로 짓누르는 교실의 폭력에 늘 분노하곤 했는데, 꼭 물리적 힘이 아니더라도 논리 역시 폭력처럼 느껴질 수 있겠구나 싶었다. 아무것에나 '폭력'이라고 명명하는 일은 진짜 폭력의 심각성을 흐릴 수 있어 문제라고 생각하는 편이지만, 그럼에도 나의 달변들에서 그 낌새가 느껴졌던 것은 부정할 수 없었다.

 그 이후로 내가 습관을 들인 말버릇은 '그럴 수 있어'였다. 한순간에 동의하기 어려운 말을 듣더라도, 곧장 논리로 반박하기 전에 '그럴 수 있어'를 먼저 떠올리려 애썼다. 반골 기질 때문에 여러 차례 반대 입장으로 참여했던 토론 수업들은 실제로 '그럴 수 있는' 이유들을 떠올리는 데 도움이 되기도 했다. 이러한 경험들은 시간이 흘러 논리로 누군가의 입을 다물게 만드는 것이 꼭 능사가 아님을, 토론이 끝나도 삶은 계속되고 해결되지 않은 감정은 관계와 정치로 이어진다는 것을 잊지 말아야겠다는 고민으로 정착했다.

    토론 수업에서 나 때문에 여러 번 곤란했던 친구들이 나에게 분노하거나 우리의 관계가 파탄 나지 않았던 것은, 그들의 선량한 기질만큼이나 우리가 친구였기 때문일 것이다. 논리를 다투는 토론 수업이 끝나면 서로 도시락을 나눠 먹고 농담을 주고받으며 웃기도 했기에, 토론 자리에서의 다툼만이 우리의 관계를 규정하지 않는다는 사실을 잊지 않을 수 있었다. 앞서 소개한 만족지연 실험의 후속 연구에서도 교사와 학생의 관계는 가정형편만큼이나 아이들이 마시멜로를 먹지 않고 견딜 수 있게 만드는 중요한 요소였다. 「더 커뮤니티」에서도 가장 격하게 대립했던 두 사람은 테스트 점수가 가장 유사했던 슈퍼맨과 마이클이었다. 두 사람의 충돌은 의견 차이 때문이 아니라 말하는 태도에서 비롯된 것이었다. 반면 마이클은 모든 차원에서 자신과 반대 점수를 가진 백곰, 하마와 더 가깝게 지냈다. 이 역시 태도와 관계의 문제였다.

    하마가 인터뷰에서 했던 말처럼, 일상에서 사람들은 논리만으로 설득되지 않는다. 상대가 나를 이해하고 존중한다고 느껴지는 관계 안에 있을 때, 비로소 상대의 말이 마음에 와닿는다. 같은 말을 하더라도 더 큰 설득력을 갖는 사람이 있다. 그것은 그 사람이 어떤 논리를 펼치느냐보다는 나의 마음과 경험을 얼마나 인정해 주느냐, 우리가 어떤 관계 안에 있느냐에 달려 있다. 결국 사람을 설득하는 것은 논리가 아니라, 그 사람이 살아온 삶의 방식이다.

작동하는 '위선'이 사회

4장

솔직하게 얘기해 보자면, 나는 대중교통에서 임산부 배려석이 비어 있으면 앉아도 된다고 생각하는 편이다. 일단 나 스스로 임산부가 탑승하면 기꺼이 자리를 양보할 준비가 되어 있고, 당장 자리를 필요로 하는 임산부가 없는데도 비워두는 건 현실적으로 낭비라고 느낀다. 고단한 저녁, 앉을 자리가 간절한데 분홍색 임산부 배려석만 동그마니 비어 있을 때는 더욱 그렇다. 그럼에도 불구하고 나는 아무리 피곤해도, 열차에 서 있는 사람이 아무도 없어서 양보할 임산부가 없는 게 확실할 때도 배려석에 앉지 않는다. 마음속 생각과 다르게 행동하는 것이다.

임산부 배려석은 서울과 수도권을 비롯해 전국 주요 도시 철도 대중교통에 설치된 교통약자 배려석이다. 좌석은 물론 바닥과 벽면까지 눈에 띄는 분홍색으로 도색되어 있다. 기존의 교통약자 배려석이 주로 고령층을 위한 노약자석으로 인식되는 경향이 강하다 보니, 또 다른 교통약자인 임산부는 이용하기 어렵다는 문제를 개선하기 위해 마련되었다. 특히 임신 초기인 3개월 전후에는 신체적 피로감이 가장 극심해지는 반면 임부의 체형 변화는 뚜렷하지 않아 일반 좌석에서는 양보를 받기 어렵다는 것도 설치의 이유가 되었다.

　임산부 배려석에 대한 서울교통공사의 입장은 비워두기를 적극 권장하는 정도다. 원칙적으로 자리 양보는 시민들의 자율적인 판단의 영역이다. 다른 승객의 착석을 제지할 법적 근거가 없기 때문이다. 하지만 임산부 입장에서는 누군가 앉아 있는 자리에 가서 자리를 양보해 달라고 부탁하는 일은 부담스러운 일이 되기도 한다. 실제 설문 조사에 따르면, 자신이 임산부임에도 배려석을 이용하지 않은 사람들의 45퍼센트는 "앉아 있는 사람에게 부담을 주기 싫어서", "일반석에 앉는 것이 마음이 더 편해서" 배려석 이용을 포기했다고 답했다.[1] 심지어 겉으로 티가 나지 않는 경우를 위해 임산부 배지를 나눠 주기도 하지만, 이 역시 "배려를 강요하고 싶지 않아서" 착용하지 않는다고 응답한 사람들도 적지 않았다. 즉 앉아 있는 사람이 기꺼이 양보할 마음이더라도, 그 자리에 일단 누가 앉아 있는 것 자체가 어떤 임산부에게는 심리적인 장벽이 될 수 있다는 이야기다. 나 역시 누군가에게 칭찬을 듣거나 호의를 받으면 어색해서 어쩔 줄 모르는 사람이라 그 마음이 십분 이해된다. 하물며 같은 조사에서 임산부의 절반 가까이는 배려석 이용에 어려움을 겪었다고 대답했는데, 가장 큰 이유는 "앉아 있는 승객이 양보하지 않아서"였다. 일단 자리에 앉으면 양보하지 않는 사람들도 많다는 사실은 아예 비워두는 편이 차라리 낫다는 결론으로 이어진다.

분홍색으로 요란하게 장식되어 있는 것은 이런 이유 때문이다. 교통공사 입장에서는 양보를 강제할 근거가 없으니 '비워두기'를 권장하는 캠페인과 함께 배려석을 눈에 띄게 만들어 앉는 사람이 눈치를 보게 하는 것이다. 특히 남성에게 이 요란한 분홍색 자리는 설령 양보할 사람이 없을 때도 앉기가 부담스럽다. 나 역시 열차가 텅텅 비어 있을 때도 이 자리에는 앉지 않는 이유를 취지에 공감하기 때문이라고 말할 수도 있겠지만, 사실 그보다는 그냥 눈치가 보여서다. 지금 당장 같은 열차 안에 있는 낯선 사람들과, 나아가 내가 잘 보이고 싶은 주변 사람들이 그 자리는 비워두는 것이 맞다고 생각할 수 있다는 점이 신경 쓰인다. 그 사람들에게 좋은 사람으로 보이고 싶다. 그러면 약간 피곤한 다리나 아까워 보이는 빈자리는 그렇게 중요하지 않다. 이건 진심에서 우러나오는 행동이 아니라, 위선인 셈이다.

위선은 나쁜 것인가

「더 커뮤니티」에서 출연자들이 자주 사용한 단어 중 하나는 '위선'이다. 인간은 본래 이기적인 존재인데, 착한 척을 하느라 욕망을 감추고 연기를 한다는 것이다. 이러한 시선은 누군가 탈락해야만 자신이 살아남는 서바이벌 쇼라는 상황 때문에 더 자주 등장했겠지만, 이 말을 가장 적극적으로 꺼낸 사람들은 평소에도 위선에 대해 복잡한 감정을 가지고 있는 것으로 보였다. 위선을 가장 큰 악처럼 여기는 사람들의 전제는 두 가지다. 첫째, 인간의 본성은 선하지 않으며 둘째, 본성에서 우러나오지 않은 행동은 나쁘다. 이 두 전제를 합치면 인류는 어떤 선행도 행할 수 없다. 본성이 선하지 않은데, 본성이 아닌 행동은 나쁘기 때문이다.

인간의 본성에 대한 연구는 철학, 진화심리학, 사회학, 문화인류학, 생물학, 뇌과학 등 다양한 분야에서 수없이 이루어져 왔지만, 당연하게도 명쾌한 하나의 해답을 내놓지는 못했다. 하지만 인간의 이기성을 더 많이 발견한 연구들도 공통적으로 동의하는 지점이 있다면, 바로 그 이기성에도 불구하고 인간이라는 종이 오늘날의 문명을 이룰 수 있었던 것은 호혜적인 상호작용과 협력 덕분이라는 것이다. 그것이 진정한 이타심 때문이든, 혹은 자신의 장기적 이익을 위한 전략적 협동, 즉 위선에서 비롯된 것이든 말이다.

물론 위선을 죄악시하는 사람들이 그 사실을 몰라서 하는 말은 아닐 것이다. 이들이 문제 삼는 것은 결국 행동으로 이어지지 못한 말뿐인 선의다. 남들 앞에서는, 자신에게 유리할 때는, 말로는 선한 태도를 내세웠지만, 막상 불리해지면 자기가 했던 말조차 번번이 어기는 모습을 실망스럽게 여기는 것이다. 끝내 지켜내면 그거야 말로 선이겠지. 그러니까 지하철에서는 좋은 사람으로 보이고 싶어 임산부 배려석을 비워두고, 심지어 거기 앉는 누군가에게 양보 좀 하시라고 나섰던 사람이 정작 자기 아내가 임신했을 때는 작은 부탁 하나 거드는 것도 귀찮아한다면 그야말로 위선자라 불릴 만하다.

하지만 바로 그러한 이유에서 위선이 필요하다. 집에서는 자기 아내를 챙기는 것조차 귀찮아할 만큼 엉망인 사람도, 밖에서는 남 눈치 보느라 임산부 배려석을 비워두게 만드는 것이 위선이다. 모두가 진심으로 선하고 착한 세상에는 위선 따위는 필요하지 않다. 그러나 엉망인 사람이 많을수록 가짜 선이라도 절실해진다. 인류는 자신들의 민낯이 얼마나 엉망인지, 또 얼마나 끔찍한지를 수없이 확인해 왔다. 그때마다 위선을 더 큼지막하게 못 박아 두었다. 그것은 때로 문명이라 불리고, 때로 법이며, 삼권분립, 인권선언, 종교, 예절, 덕이라는 이름들로 불리기도 한다.

「더 커뮤니티」에서 화제가 된 장면 중 하나는 출연자 '테드'의 인생 스피치였다. 그는 자신이 평소 주변으로부터 선량한 이미지 덕분에 칭찬받는 일이 많다고 인정하면서 "나이스한 것으로 칭찬받고 싶지 않고, 나이스하지 않은 심성을 갖고 있는데 그걸 꾹 눌러가며 끝까지 나이스한 척 버텨낸 사람으로 칭찬받고 싶다."라고 고백한다. 심지어 그는 성공적인 위선자가 자신의 꿈이라고까지 말한다. 성공한 위선자는 결국 그저 선한 사람일 뿐이다. 하물며 남들에게 인정받고 싶어 남들 앞에서만 선을 연기했다 한들 그 순간의 선은 여전히 선이다. 우리는 어차피 모든 순간에 항상 선할 수 없다. 선한 순간을 조금이라도 늘려갈 수 있다면, 그 동기가 위선인들 어떠하랴.

인간은 악한 존재일까, 선한 존재일까

「더 커뮤니티」 방송이 끝나고 얼마 뒤, 한 영화 홍보사로부터 곧 개봉할 영화의 '관객과의 대화' 행사를 제안받았다. 예능 피디가 영화와 완전히 무관한 직업이라고 할 수는 없겠지만, 그 관계를 굳이 따지자면 티라노사우루스와 칠면조 사이쯤 되는 거리일 텐데, 어째서 수많은 공룡을 놔두고 조류 단계까지 섭외가 넘어왔는지 조금 의아했다. 영화의 제목은 「존 오브 인터레스트」. 그렇잖아도 칸 영화제와 아카데미에서 두루 수상했다는 소식도 들었고, 포스터 또한 몹시 인상적이어서 궁금했는데 한국 개봉이 해외보다 조금 늦어져 기다리던 작품이었다.

이 영화는 홀로코스트를 다룬 작품이다. 보다 정확히는 홀로코스트가 자행되던 아우슈비츠 수용소 바로 옆에서 평화로운 일상을 보내던 어느 나치 간부 가족의 실화를 다룬다. 영화의 주인공이자 실존 인물이었던 '루돌프 회스'는 수용소에서 유대인 관리와 학살을 책임지는 장교이고, 그의 아내와 아이들은 루돌프와 함께 수용소 담장 바로 옆 장교용 저택에서 정원을 가꾸고 소풍을 즐기는 등 소소한 일상을 보낸다. 카메라는 단 한 번도

담 너머 수용소의 참상을 비추지 않은 채, 마치 수용소가 존재하지 않는 것처럼 회스 가족의 삶을 통속극인양 천연덕스럽게 따라간다. 하지만 평화로운 장면들 사이로 화면 밖에서 쉼 없이 침범해 들어오는 끔찍한 소음들이 이 영화의 진짜 주인공이다. 그 모든 순간, 짐짓 평범한 얼굴을 하고 있는 가족들을 담아내는 스크린이 '존 오브 인터레스트', 즉 '관심 영역'*이라는 제목을 직관적이고 강렬하게 이해시키는 놀라운 영화다. "과연 악마는 다른 세상을 사는가?"라는 영화의 홍보 문구는 이제 너무나 유명해져 버린 한나 아렌트의 '악의 평범성'을 다시 한번 질문한다.

영화의 홍보사는 이 영화가 「더 커뮤니티」의 이야기와 만나는 지점이 있는 것 같다며 나를 섭외한 이유를 밝혔다. 심지어 유명 영화 유튜버이자 '위선자 스피치'의 주인공 테드도 진행자로 함께 섭외한 것 같았다. 아니, 이 무서운 영화와 우리 프로그램을 함께 둔다니요……. 「더 커뮤니티」는 서로 다른 사람들 속에서도 이해할 구석을 찾아보자는 이야기지만 그렇다고 그게 나치까지 갈 수는 없잖아요……. 하지만 오랫동안 궁금했던 영화를 하루라도 빨리 보고 싶었기 때문에 일단은 수락했다. 관객과의 대화 같은 행사를 하게 되면 영화를 개봉 전에 미리 볼 수 있으니까. 그나마 두 작품의 교집합에서 질문거리를 찾아낸다면 '서 있는 자리가 사람의 입장을 어떻게 바꾸는가?' 정도는 뽑

---

* 실제로는 나치 친위대가 아우슈비츠 강제수용소 인근 구역을 중립적인 용어로 위장하기 위해 사용한 공식적인 행정 용어였다. 영화의 제목 또한 이 단어를 활용해 이중적인 의미를 담았다.

을 수 있을 것 같았다. 그 폭이 까마득히 다르긴 하지만.

농담처럼 말했지만, 이 영화의 메시지를 오해하면 안 된다. 끔찍한 악인의 평범하고 일상적인 모습을 보여주는 이유는 '그 악인에게도 이렇게 인간적인 면이 있으니 용서하고 화해할 여지가 있다.'라는 이야기를 하고자 하는 것이 아니다. '이렇게 평범해 보이는 사람도 얼마든지 끔찍한 악인이 될 수 있으니, 특별한 본성을 가진 사람만이 악이 될 수 있다고 방심하지 말라.'라고 경고하는 것에 가깝다. 이 설명도 좀 부족하다. 이렇게 말하면 꼭 상황에 따라서는 누구나 어쩔 수 없이 악인이 된다는 면죄부를 줘야 할 것 같은 느낌이다. 마치 서바이벌 쇼에서 이기적인 모습을 드러내는 것은 당연한 일이라고 강변하는 사람들처럼.

평범한 사람도 상황에 따라 얼마든지 악마가 될 수 있다는 뉘앙스로 오해받는 한나 아렌트의 악의 평범성은 'banality of evil'을 번역한 것이다. 초역 당시에는 이 문학적 번역이 주는 충격이 효과적이었겠지만, 오해를 감안해 banality의 의미를 더 좁게 번역하자면 '시시함', '따분함', '진부함' 정도로 옮길 수 있겠다. 이 표현은 아렌트가 예루살렘에서 열린 나치 전범 아돌프 아이히만의 재판을 참관하고 기록한 책 『예루살렘의 아이히만』에 등장한다. 아이히만은 시종일관 책임을 회피하며 관료주의적 진술을 반복했고, 아렌트는 바로 그런 모습에서 '자신의 행동을 스스로 성찰하지 못한 채, 진부하고 텅 빈 존재가 되어버린 악'을 담아내고자 했다.

그럼에도 불구하고 희대의 전범이 유대인에 대한 증오로

가득 찬 확신범이 아니라 무료하고 성실한 관료제의 얼굴을 하고 있었다는 사실은 당시 지식 사회에 거대한 충격을 안겼다. 그 연장선상에서 이러한 충격을 해석하고자 했던 서구 지식 사회의 노력을 재차 확인할 수 있는 것이 바로 스탠리 밀그램의 '권위 복종 실험'과 필립 짐바르도의 '스탠퍼드 교도소 실험'이다. 이미 널리 알려진 실험들이지만 간단히 소개하자면, 먼저 권위 복종 실험은 권위의 상징인 하얀 가운을 입은 교사가 명령만 하면, 평범하고 선량한 실험 참가자들도 명령에 따라 무고한 사람의 생명이 위태로워질 때까지 전기충격을 가할 수 있다고 밝혀 낸 실험이다.[2] 한편 스탠퍼드 교도소 실험은 대학생들을 교도관과 죄수의 역할로 무작위로 나눈 뒤, 가상의 교소도 역할극을 시행한 실험이다. 특별히 다를 것이 없었던 교도관 역할의 학생들이, 부여받은 권력에 심취해 죄수 역할의 학생들에게 선을 넘는 가혹행위를 일삼기 시작했다는 내용을 주로 다루고 있다.[3] 두 실험 모두 끔찍한 악행이 개인의 내면이 아닌 환경과 구조에서 비롯될 수 있다는 공통점을 시사하며, 아렌트의 악의 평범성 개념과 함께 현대의 악을 해석하는 중요한 축으로 자주 인용된다.

인간의 본성을 재현할 수 있을까

내가 스탠퍼드 교도소 실험을 처음 접한 것은 대학생 시절이었다. 해당 연구를 진행한 짐바르도 교수가 직접 쓴 『루시퍼 이펙트』를 아주 흥미진진하게 읽었다. 그런데 예능 피디가 되고 나니 이 실험이 새롭게 보였다. 지금은 윤리적 문제로 재현할 수 없는 이 실험이, 사실상 오늘날 리얼리티 쇼의 원형으로 보인 것이다. 실험 참가자들은 자세한 내용을 고지받지 못한 채 격리 장소로 이끌려, 특정한 규칙과 역할을 제시받은 뒤 24시간 내내 다수의 카메라로 며칠간 관찰된다. 이거 어디서 많이 본 그림 아닌가?

  이 실험이 오늘날 학계 윤리 기준에 위배되는 이유는 다음과 같다. 참가자들의 심리적·신체적 안전을 보장하지 않았고, 참가자가 원할 경우 실험을 중단할 권리가 제대로 이행되지 못했으며, 실험 과정에서 발생할 수 있는 위험에 대한 충분한 고지가 없었고, 연구자가 직접 실험에 개입하기도 했다. 이러한 윤리 기준들은 당연히 방송 촬영에도 적용된다. 서바이벌 쇼의 경우 출연자가 신체적 혹은 심리적인 압박을 받긴 하지만, 유사시에 대비한 의료적·심리적 조치들이 마련되어 있고, 원할 경우 촬영을 중단할 수 있으며, 위험 요소에 대해서는 사전에 안내한다. 차이가 있다면 연출자가 상황에 다양한 방식으로 적극 개입한다는 점이다. 물론 기본적으로는 출연자들의 '진짜 반응'을 담아내는 것이 장르의 문법인 만큼 출연자들에게 직접적인 지시는 하지 않지만, 적절한 반응을 끌어내기 위한 구조적 개입이 전혀 이루어지지 않으면 '연출자'라는 역할 자체가 성립하지 않는다. 반면 학문적 연구에서 설계자의 개입은 신뢰도를 훼손하는 치명적인 결함이 된다.

  이 실험에 대한 가장 중요한 비판은, 이토록 특수한 상황에서 소수를 대상으로 진행된 실험을 이론으로 일반화할 수 있는가, 즉 재현성에 대한 지적이다. 재현성은 이론의 신뢰도를 구성하는 핵심 요소이기에 이런 방식의 실험은 결국 학계에서 설 자리를 잃고 리얼리티 쇼에 '사회실험 장르'라는 이름으로 수혈된 셈이다. 이는 뒤집어 말하면, 이른바 '사회실험'을 표방하는 리얼리티 쇼에서 사람들이 보여주는 모습을 인간의 본성 비슷한 것으로 여기는 것 또한 무리라는 뜻이다. 이 점은 「더 커뮤니티」도 마찬가지다. 열세 명의 아주 특수한 사람들로 이루어진 이 작은 공동체는 현실의 재현이라기엔 이미 많은 해석과 기획이 개입된 구조물이다. 하지만 그 안에 담긴 한 사람 한 사람의 생각과 말, 그리고 그 입체성만큼은 분명 진실이기에, 하나의 참고문헌 정도는 될 수 있기를 바란다. 그것이 내가 생각하는 이 프로그램의 의미다. 우파나 좌파, 페미니스트나 안티 페미니스트, 부유층과 꼰대 같은 라벨들 앞에서 출연자들의 얼굴과 그들이 남긴 의외의 말들을 떠올릴 수 있다면 좋겠다.

　나는 원래 시청자로서 서바이벌 쇼를 그리 즐기지 않는다. 기본적으로는 대부분의 서바이벌 쇼가 장르적으로 스포츠 게임에 가깝기 때문이다. 앞에서 젠더 토론 주제를 설명할 때 이야기한 것처럼 나에게 '구경'과 '연루됨'이라는 구분은 중요한데, 스포츠 게임은 대부분 구경에 초점을 맞춘 콘텐츠다. 나와 상관없는 저 뛰어난 선수들의 퍼포먼스에 경탄을 보내며 감상하는 것이 일차적인 재미다. 물론 계속 보다 보면 좋아하는 팀도 생기고 선수들의 개인사도 알게 되면서 연루되기도 하지만, 그 모든 것은 결국 플레이가 구경할 만하다는 전제가 충족되어야 성립한다. 두뇌 싸움이나 신체 대결이 주요 구성인 서바이벌 게임도 마찬가지다. 나는 주로 나를 연루시키는 이야기를 좋아하기 때문에 스포츠 같은 서바이벌 쇼에는 흥미가 적다.

하지만 그보다 더 근본적인 이유는, 몇몇 서바이벌 쇼와 그 감상의 문법이 전제하는 장르적 정서 자체에 동의하지 못해서이기도 하다. 기본적으로 서바이벌 쇼는 승자 독식 구조이고, 매일매일 '너를 죽이지 않으면 내가 죽는 상황' 안에 사람들을 몰아넣는다. 게다가 더 격한 갈등과 그로 인한 흥분이 시청률을 견인한다는 사실을 학습한 일부 프로그램들은 승자 독식 구조가 요구하는 경쟁 이상으로 출연자들을 감정적으로 몰아붙이기도 하며, 승리를 위해서라면 어떤 부도덕한 행동이든 용인된다는 단서를 달아 갈등을 더욱 부추길 때도 많다. 여기에는 당연히 철학과는 무관한 흥행의 논리가 가장 크게 작동하지만, 시청하는 입장에서는 마치 인간의 본성이 이러하다고 말하는 뉘앙스로 느껴지기도 한다. 그러나 이토록 특수한 상황과 의도된 압박 속에서 나타나는 모습들이 누군가의 본성일 수는 없다. 어떤 인간은 상대적으로 좀 더 악할 수도 있고, 어떤 인간은 좀 더 선하겠지만, 그보다는 본성이란 환경과 상황에 많은 영향을 받는다는 것이 차라리 진실에 가까울 것이다.

「더 커뮤니티」의 출연자들이 다른 서바이벌 쇼에 비해 비교적 신사적이었던 것도 사실이지만, 그것이 꼭 카메라 앞이라 몸을 사렸다고 보기만은 어려운 것도 바로 이런 이유 때문이다.

촬영 중이라는 인식은 카메라 앞에 서 있는 사람으로 하여금 오히려 그 시선에 부응하고 싶게 만든다. 카메라가 격한 갈등을 원한다고 느끼는 순간, 사람들은 자의로든 부지중에든 작은 갈등도 더 키우고 싶은 충동을 느낀다. 다른 출연자들과 달리 서바이벌 쇼에 여러 번 출연한 이력이 있던 마이클이 대표적인 예다. 그는 촬영 내내 다른 출연자들은 대수롭지 않게 여기는 작은 갈등의 조짐에도 하나하나 민감하게 반응하며 이른바 '방송 분량'을 뽑아냈다. 촬영장의 규범이 보통 그것을 요구하기 때문이다.

언뜻 서바이벌 쇼 출연자의 노련한 태도처럼 보이지만, 이는 사회실험에서 중요한 개념인 '요구 특성demand characteristics'과 맞닿아 있다. 실험 참가자가 연구자의 의도나 기대를 눈치채고, 이에 부응하는 방향으로 행동하려는 경향을 뜻한다. 이러한 현상은 스탠퍼드 교도소 실험에서도 확인되었다. 이 실험은 아무런 지시 없이 단지 교도관 역할을 부여받은 것만으로도 참여자들 스스로 가혹행위를 저질렀다는 내용으로 널리 알려져 있지만, 실제로는 연구자인 짐바르도 교수가 체계적으로 교도관들에게 행동 방침을 지시했으며, 교도관 역할을 맡은 학생 중 한 사람은 실험이 제대로 진행되어야 한다는 명분 아래 거칠게 행동하기를 거부하는 다른 학생들을 지속적으로 압박했다는 사실이 밝혀졌다.[4] 이들은 말 그대로 '방송 분량 좀 뽑을 줄 아는 마이클'처럼 행동했던 것이다.

본성 너머의 사회

스탠퍼드 교도소 실험을 리얼리티 쇼의 원형으로 생각했던 사람이 나뿐만은 아니었던 것 같다. 2001년, 원조 리얼리티 쇼 「빅브라더」로 재미를 본 방송계는 진짜 '원조'를 놓칠 수 없었는지 스탠퍼드 교도소 실험을 재현하는 방송을 기획했다. 자그마치 BBC가 제작에 뛰어들자 영국 언론은 실험의 비윤리성을 우려하는 목소리를 강하게 쏟아냈고, 곧 수많은 시청자의 관심을 받았다. 결과는 어땠을까? 별일 없었다. 가혹행위나 폭력은 벌어지지 않았고, 참가자들은 배정된 역할에 크게 몰입하지도 못했다. 원조 스탠퍼드 교도소 실험과 비교했을 때 가장 결정적인 차이는, 교도관 역할을 맡은 이들에게 강력한 지침이 주어지지 않았다는 것이다. 아주 간단한 상황 설정만으로 사람이 악해지는 것은 아닌 것 같다.

아렌트의 기념비적인 저작도 세월이 지날수록 새로운 기록들이 발견되면서, 다른 해석을 피할 수 없게 되었다. 더 많은 자료들 속에서 아이히만은 관료제의 명령에 따르기만 했던 수동적인 부품이 아니라, 확고한 반유대주의자이자 강한 의지와 자부심을 가지고 학살을 주도한 인물이었다는 사실이 밝혀져 왔다. 독일의 철학자 베티나 슈탕네트는 『예루살렘 이전의 아이히만』이라는 책을 통해, 아이히만이 결코 평범하거나 진부한 존재가 아니었음을 방대한 자료를 바탕으로 입증했다. 아이히만은 그저 재판정에서 텅 빈 눈으로 연기를 잘했을 뿐이었다.

「존 오브 인터레스트」관객과의 대화 자리에서 영화가 보여주는 환경과 조건의 힘에 대해 설명하던 나에게, 어느 관객이 이런 질문을 던졌다. 아무리 환경이 끼치는 영향력이 강력하다고 해도, 영화의 주인공 루돌프는 본질적으로 내면이 악한 사람인 것 같다고. 그는 다른 상황에 놓였더라도 여전히 악인이었을 것 같다고. 그래서 영화와 「더 커뮤니티」가 강조하는 환경의 힘에 동의하기 어렵다는 것이 질문의 요지였다.

맞다. 환경의 힘을 강조하기엔 루돌프는 아이히만처럼 확신에 찬 악당이다. 영화 속에서도 그는 단순히 명령에 따르는 것이 아니라, 자부심을 가지고 적극적으로 학살을 행하는 인물로 반복해서 묘사된다. 따라서 환경의 영향력을 말한다는 것이 이들 부부에게 이해의 여지를 남긴다는 뜻은 결코 아니며, 영화 역시 이 부분에 대해 확실하게 선을 긋고 있다. 영화는 서사적으로도, 기술적으로도 루돌프와 그의 아내에게 그 어떤 감정이입도 허락하지 않는다.

그럼에도 나는 환경이 중요하다고 생각한다. 어떤 사람들은 끊임없이 인간의 본성을 궁금해하지만 차원과 스펙트럼만큼이나 인간의 본성도 한 가지 경향으로 수렴하는 것 같진 않다. 분명 어떤 인간은 더 악한 기질을, 어떤 인간은 좀 더 선한 영혼을 갖고 태어날 것이다. 살아가면서 그 기질을 더욱 가파르게 키워나가는 사람도 있고, 삶의 어느 국면에 전혀 다른 방향으로 꺾이는 사람도 분명 있다. 내가 환경의 힘을 강조하는 것은, 조건이 바뀌면 반드시 본성도 달라진다고 믿어서가 아니다. 중요한 것은 사회가 어떤 본성을 얼마나 허락하느냐의 문제다. 악한 기질을 부추기는 사회가 있고, 선한 기질이 달리 필요가 없을 만큼 최소한의 선을 넉넉하게 보장하는 사회가 있기 때문이다.

    루돌프는 확신을 가진 악인이었다. 그러나 그가 아무리 악한 마음을 품고 있었다 한들, 제2차 세계대전의 나치 친위대라는 조건을 만나지 않았다면 그의 확신이 결코 학살로 이어질수는 없었을 것이다. 아무리 유대인을 향한 증오가 마음속에 가득해도, 정상적인 법과 윤리와 선이 작동하는 사회에서는 단 한 사람의 유대인에게 주먹을 휘두르는 일조차 수많은 금지와 제약에 부딪힌다. 루돌프가 그 한계를 넘어 끔찍한 악마가 될 수 있었던 것은 아우슈비츠라는 공간이 그 악을 허락했기 때문이다. 그곳에서는 그래도 되니까. 그리고 그런 사회일수록 선한 본성이 더욱 간절하게 요구된다. 제도도, 문명도, 심지어 가냘픈 위선조차 허락되지 않는 암흑 속에서는, 오로지 자신을 기꺼이 희생할 수 있는 숭고한 선만이 밝게 빛날 것이다. 본성이란 그런 의미다. 시스템이 기능하지 않는 곳에서 우리가 마지막으로 의지하게 되는 것.

위선이 위선으로 남을 수 있으려면

    「더 커뮤니티」에서 위선에 대한 공격이 본격적으로 거세지는 시점은 첫 번째 탈락자가 발생한 순간부터였다. 탈락자를 만들지 말자는 초기 합의 아래, 서로의 위선을 애써 존중하던 사람들은 더 이상 탈락을 피하기 어려울 것 같다고 느끼자 하나둘씩 이기적인 모습을 드러내기 시작한다. 양도가 가능한 탈락면제권을 가진 출연자들이 있었지만, 이들이 자신의 안전을 확보하기 위해 탈락 위기에 처한 사람을 구하지 않은 것이다. 특히 위기가 발생하자 특권을 가진 이들끼리 따로 모여 대처 방안을 논의하는 장면은 같은 공간에 있던 다른 출연자들의 분노를 더욱 부추겼다. 촬영 내내 사람들의 위선을 못마땅하게 여겨왔던 몇몇 출연자들은 그럴 줄 알았다며 냉소를 보내기도 했다.

흥미로운 점은, 이러한 부정적인 반응들이 결국 공동체의 리더로 선출된 백곰에게 향했다는 사실이다. 백곰은 개인으로서는 유일하게 자신의 특권으로 탈락자 한 사람을 구제했음에도 불구하고, 리더로서 위기를 제대로 관리하지 못했다는 비판을 받았다. 그가 선거 과정에서 '탈락자를 최대한 발생시키지 않도록 위기를 관리하는 데 최선을 다하겠다.'라고 약속했다는 점을 생각하면 예상할 수 있는 반응이기도 했다. 백곰이 그 약속을 구체적인 실천으로 구상하기도 전에 첫 번째 위기가 너무 빨리 찾아왔을 뿐이다. 변호사인 출연자 벤자민은 특권을 내어놓지 않은 이들의 행동에 대해 "내 거잖아요. 내 걸 뺏어가려면 규정이 있든지 뺏어갈 힘이 있어야 하는데, 안 그러면 호의를 바라야 하는 것"이라고 설명한다. 이 말은 곧 제도와 시스템이 부재한 곳에서는 선의에 기댈 수밖에 없다는 이야기다. 그리고 누군가의 선의는 이토록 유동적이고 불안정하다. 인간의 본성과 무관하게 작동하는 환경을 강조할 수밖에 없는 이유다.

이 장면은 시청자들에게도 격한 반응을 불러일으켰다. 첫 번째 탈락자가 유독 많은 시청자에게 깊은 인상을 남긴 하마였기에 반응은 더욱 다양하고 복합적이었다. 대체로 출연자 전반에 대한 실망과 냉소가 주를 이루었고, 모두들 다시 한번 '위선'이라는 단어를 꺼내들었다. 위기의 순간 앞에서 위선이 얼마나 힘이 없는지 이야기했다. 하지만 이 장면에서 인간에 대한 어떤 종류의 회의를 느꼈다면, 그다음에 던져야 할 질문은 이것이다. '이러한 선택을 강요당하지 않으려면 우리는 어떤 시스템을 구축해야 하는가?' 우리에게 필요한 건 위선을 집어던지는 일이 아니라, 위선을 끌어안고 지켜나갈 수 있게 하는 시스템이다.

시스템은 위선을 지켜주는 최저선이다. 앞서 말했듯 악한 기질을 부추기는 사회가 있듯이, 시스템의 최저선이 내려가면 사람들의 위선도 함께 벗겨진다. 스탠퍼드 교도소 실험은 설계자의 적극적인 개입이 있었기에 인간의 본성을 보여주는 실험이라고 부를 수 없게 되었다. 그럼에도 여전히 이 실험이 의미를 갖는 이유는, 본성이 아니라 설계자의 개입이라는 이 강한 압력이 평범한 사람으로 하여금 어떤 행동까지 하게 만드는지를 보여주기 때문이다. 이러한 경향은 밀그램의 권위 복종 실험에서 더 잘 드러난다. 이 끔찍한 실험에서, 가엾은 참가자들은 전기충격을 받는 것처럼 연기하는 '피해자'가 고통을 호소하자 불안과 죄책감에 괴로워하면서도 실험자의 권위적인 명령에 따라 전기충격의 강도를 계속 높였다. 당시 밀그램이 공개한 실험 영상 속에서 괴로운 표정으로 버튼을 누르는 참가자들의 충격적인 모습은 이 실험이 역사적인 위상을 차지하는 데 핵심적인 역할을 했다.

스탠퍼드 교도소 실험에서 가학적인 교도관 역할을 가장 적극적으로 수행한 학생과, 권위 복종 실험에서 가장 높은 전기충격을 가한 참가자의 공통점은 그들이 악의를 갖거나 쾌감을 위해 행동한 것이 아니었다는 점이다. 오히려 이들은 자신들의 행동에 부담을 느끼면서도, 이것이 과학의 발전이라는 대의를 위한 일이라고 스스로를 설득했다.[5] 전기충격 실험은 당시 참가자들에게 의료적 연구를 위한 목적이라고 안내되었고, 한 참가자는 뇌성마비를 앓고 있는 자신의 딸을 떠올리며 인류를 돕기 위해서라면 무슨 일이든 하겠다는 마음으로 실험에 참여했다고 고백하기도 했다. 그러니까 그들은 진짜 선의를 가지고 다른 사람들보다 '덜' 망설였다. 그리고 지금까지 우리가 이야기해 온 인물들 중에서 대의를 향한 확신은 가장 강한 반면 망설임은 가장 적었던 이들은 바로 '아이히만'과 '루돌프'였다. 종종 인류의 가장 큰 비극은 악의 때문이 아니라, 망설임 없는 자의적인 선의 때문에 벌어진다. 거짓 없고 표리부동한 선의는, 때때로 눈치 보고 망설이는 위선보다 위험하다. 우리는 망설일 필요가 있다. 어쩌면 지금보다 더 많이.

한편 밀그램의 권위 복종 실험도 훗날 다소 과장된 면이 있다는 사실이 밝혀졌다. 실험 참가자들 중 실제로 전기충격이 가해지고 있다고 믿은 이들은 절반에 못 미쳤으며, 그중에서도 대부분은 지시를 거부하고 실험을 중단해 달라고 요청했다.[6] 밀그램이 공개한 충격적인 영상의 주인공들은 사실 전체 피험자들 중 인상적인 일부였다는 이야기다. 그렇다면 실험을 거부하고 나간 참가자들의 가장 중요한 공통점은 무엇이었을까?

그들은 피해자와 대화했다.[7]

주

1부   서로 만나지 않는 세상

1장   세계를 넓히는 불편한 만남

1   Melissa Bateson, Daniel Nettle, and Gilbert Roberts, "Cues of Being Watched Enhance Cooperation in a Real-World Setting," *Biology Letters* 2, No. 3 (2006): 412-414.
2   한국도로공사, 「道公이 개발한 '잠 깨우는 왕눈이', 화물차 후미추돌 예방」, 2020.

2장   예능, 유희적 공론장

1   와이즈앱·리테일·굿즈, 「모바일앱 총결산 리포트」 2021~2024년 자료.

3장   갈등을 자세히 들여다보면

1   한국리서치, 「'채식할 권리'는 어디까지 보장되어야 할까?」,《여론 속의 여론》, 2022.
2   Kumar, Srijan, William L. Hamilton, Jure Leskovec, and Dan Jurafsky, "Community Interaction and Conflict on the Web.", In Proceedings of the *2018 World Wide Web Conference*, 933-943, ACM, 2018.
3   오주현, 「누가 온라인 정보를 생산하고 확산시키는가? 비판적 사고를 중심으로」, 『KISDI STAT 리포트』 23-21호, 정보통신정책연구원, 2023.
4   한국리서치, 앞의 자료.

5 (사)동물복지문제연구소 어웨어, 「2023 개 식용에 대한 국민인식조사 결과」, 2023.
6 통계청, 「2020 인구주택총조사 표본 집계 결과」, 2021.
7 「개의 식용 목적의 사육·도살 및 유통 등 종식에 관한 특별법」, 법률 제20195호.
8 (사)동물복지문제연구소 어웨어, 앞의 자료.

4장 차원과 스펙트럼

1 송미리, 박보민, 강새하늘, 김명준, 「한국인 대표 표본의 MBTI 유형 분포 연구: 2012-2020년 자료를 바탕으로」, 《심리유형과 인간발달》 제22권 제2호, 2021.

2부 각자의 입장을 점검하기

1장 정치, 자유 대 평등 너머로

1 이탈리아 원저는 1994년 출간되었지만 나는 이탈리아어를 읽을 수 없어서 번역본을 참고했다. Norberto Bobbio, *Left and Right: The Significance of a Political Distinction*, Translated by Allan Cameron, Chicago: University of Chicago Press, 1996.
2 보건복지부, 「2024년 사회보장급여 부정수급 신고 3140건, 전년대비 44.4% 증가」, 2024.
3 Marketplace Pulse, "Amazon Steers Third-Party Seller Share to All-Time High", *Marketplace Pulse*, April 2024.
4 Norberto Bobbio, 앞의 책, 77쪽.

2장 기울어진 파란색

1 채널 십오야, 「빠삐용특집 - 이진주 피디 1편」, 유튜브, 2023년 8월 2일, https://youtu.be/-vWebcTF4Dc?si=yNDXu0K7IaPAzvbl

3장 계급, 실력과 노력으로 성공했다는 당신에게

1 통계청, 「종사상지위별 취업자」, 국가통계포털(KOSIS), https://kosis.kr/statHtml/statHtml.do?orgId=101&tblId=DT_1DA7003S
2 김장장TV이십세기들, 「EP58. '싸인'의 장항준은 어떤 감독이었을까?」, 유튜브, 2021년 9월 1일, https://youtu.be/xC6dYL7z9DM?si=TzIw09un4UYpNeih

3 Mischel, Walter, Ebbe B. Ebbesen, and Anton R. Zeiss, "Cognitive and attentional mechanisms in delay of gratification", *Journal of Personality and Social Psychology* 21, No. 2 (1972): 204-218.

4 Watts, Tyler W., Greg J. Duncan, and Haonan Quan, "Revisiting the marshmallow test: A conceptual replication investigating links between early delay of gratification and later outcomes", *Psychological Science* 29, No. 7 (2018): 1159-1177.

4장 내가 왜 부유야

1 샹탈 자케, 『계급횡단자들 혹은 비-재생산』, 류희철 옮김, 그린비, 2024, 160쪽.

2 Sarah F. Brosnan and Frans B. M. de Waal, "Monkeys reject unequal pay", *Nature* 425, No. 6955 (2003): 297.

3 통계청, 「2024 통계로 보는 1인가구」, 2024.

4 보건복지부 홈페이지, 2022년 기준중위소득 194만 4812원. 2025년에는 많이 증가해 239만 원으로 측정되었다.

5 보건복지부, 「사회보장행정데이터로 본 1인가구 데이터」, 2023.

5장 젠더, '이퀄리즘'의 세계

1 대한성서공회, 마태복음 14:21, 『성경전서 개역개정판』, 1998.

2 OECD, *PISA 2015 Results (Volume I): Excellence and Equity in Education*, Paris: OECD Publishing, 2016.

3 한국교육개발원, 「2022년 교육기본통계」, KESS: 교육통계서비스, 2022.

4 Niobe Way, *Deep Secrets: Boys' Friendships and the Crisis of Connection*, Cambridge, MA: Harvard University Press, 2011.

5 배민욱, 「"짝사랑과 연애 중, 마냥 기쁘지 않은 이유 1위는 '이것'"」, 《뉴시스》, 2023년 10월 7일, https://www.newsis.com/view/?id=NISX-20231005_0002473013&cID=10433&pID=13000

6 와이즈앱·리테일·굿즈, 「데이팅/랜덤채팅 앱 TOP10 설치 & 사용현황」, 2023, https://www.wiseapp.co.kr/insight/detail/469

7 데이터에이아이, 「2024년 모바일 현황 보고서」, 2024.

8 Barrie Thorne, *Gender Play: Girls and Boys in School*, New Brunswick, NJ: Rutgers University Press, 1993.

9 김경진, 「[2023.07~08] 군인권보호관 1년의 기록」, 《국가인권위원회 웹진》,

2023년, https://www.humanrights.go.kr/webzine/webzineListAndDetail?issueNo=7609305&boardNo=7609307
10 경찰청,「2022년 범죄통계」, 2023.
11 한국여성의전화,「2022년 전국상담통계」, 2023, https://www.women1366.kr/board/statistics
12 2022년 전체 폭력범죄 27만 4673건 중 남성 가해자 22만 4035건.
13 도로교통공단,「교통사고분석시스템(TAAS)」 2019~2023년 평균, https://taas.koroad.or.kr
14 권김현영,「페미니즘은 여성을 피해자로만 생각하는 그 생각과 싸워왔다」,《한겨레》, 2020년 5월 9일, https://www.hani.co.kr/arti/society/society_general/944255.html

3부 정답 없이 공존하기

1장 개방성, 너의 문제가 나의 문제가 될 때

1 글로벌 시장조사 컨설팅 기업 입소스(Ipsos),「LGBT+ Pride 2023」, 2023.
2 법무부 출입국·외국인정책본부,《출입국·외국인정책 통계월보》 2025년 3월호, 2025.
3 한국리서치,「2023 채식과 비거니즘 인식조사」,《한국리서치 주간리포트》, 2023.
4 국가인권위원회,「2023 국가인권보고서」, 2025.
5 「개인정보보호법」제15조, 제25조.
6 대한성서공회, 앞의 책, 마태복음 19:24; 마가복음 10:25; 누가복음 18:25.
7 대한성서공회, 앞의 책, 디모데전서 6:9-10.

2장 무지의 장막이 걷힐 때

1 KBS,,「실업급여 반복 수급 49만여 명…20회에 걸쳐 1억 가까이 받기도」, 2025년 4월 16일, https://news.kbs.co.kr/news/pc/view/view.do?ncd=8228744
2 고용노동부,「2024년 12월 고용행정 통계로 본 노동시장 동향」, 2025.

3장 누구에게나 인정이 필요하다

1 부산노동권익센터,「부산지역 봉제업종사자 노동실태와 지원방안」, 2025.
2 배승윤,「'좋은 사장'이 되겠다던 봉제노동자의 '착각'」,《참여와 혁신》, 2024년

7월 8일, https://www.laborplus.co.kr/news/articleView.html?idxno=34064

3   Jonathan Portes and John Springford, *Early impacts of the post-Brexit immigration system on the UK labour market*, CER INSIGHT, Centre for European Reform, 2023.

4   The Migration Observatory At The University of Oxford, *The Labour Market Effects of Immigration*, 2025.

5   장영욱, 이철원, 임유진, 「브렉시트 5년: 평가와 시사점」, 《오늘의 세계경제》, 대외경제정책연구원(KIEP), 2025.

6   Michael A. Clemens and Ethan G. Lewis, *The effect of low-skill immigration restrictions on US firms and workers: Evidence from a randomized lottery*, NBER Working Paper No. 30589, National Bureau of Economic Research, 2022.

7   Albert O. Hirschman, "Social Conflicts as Pillars of Democratic Market Society", *Political Theory* 22, No. 2 (1994): 203-218.

4장 '위선'이 작동하는 사회

1   인구보건복지협회, 「2023년 임산부 배려 및 실천수준 설문조사 결과」, 2023.

2   Stanley Milgram, "Behavioral Study of Obedience", *Journal of Abnormal and Social Psychology* 67, No. 4 (1963): 371-378.

3   Zimbardo, Philip G, "On the Ethics of Intervention in Human Psychological Research: With Special Reference to the Stanford Prison Experiment", *Cognition* 2, No. 2 (1973): 243-256.

4   뤼트허르 브레흐만, 『휴먼카인드』, 조현욱 옮김, 인플루엔셜, 2019, 219~222쪽.

5   뤼트허르 브레흐만, 앞의 책, 242~244쪽.

6   Gina Perry, *Behind the Shock Machine: The Untold Story of the Notorious Milgram Psychology Experiments*, Melbourne: Scribe Publications, 2013.

7   Matthew M. Hollander, "The repertoire of resistance: Non-compliance with directives in Milgram's 'obedience' experiments", *British Journal of Social Psychology* 54, No. 3 (2015): 425-444.

커뮤니티에
입장하셨습니다

각자의 현실 너머,
서로를 잇는
정치를 향하여

초판 1쇄 발행 2025년 6월 25일   지은이 권성민
초판 4쇄 발행 2025년 10월 15일

발행인 김희진   출판등록 2021년 5월 20일
편집 조연주, 황혜주   등록번호 제2021-000173호
마케팅 이혜인   주소 서울시 강남구 선릉로 704 12층 282호
디자인 이지선   이메일 info@dolgoraebooks.com
제작 제이오   ISBN 979-11-988502-6-3
인쇄 민언프린텍
발행처 돌고래

· 이 책은 저작권법에 따라 보호받는 저작물이므로 무단전재와 복제를 금합니다.
· 이 책 내용의 전부 또는 일부를 이용하려면 반드시 저작권자와 돌고래에 서면 동의를 받아야 합니다.